STUDIA
HUMANITATIS
문명텍스트

STUDIA
HUMANITATIS
문명텍스트
37

선사시대 사회들의 과거 인식

리처드 브래들리 지음 | 고일홍 옮김

서울대학교출판문화원

STUDIA HUMANITATIS
문명텍스트
37

선사시대 사회들의 과거 인식

초판 1쇄 인쇄 2018년 4월 25일
초판 1쇄 발행 2018년 4월 30일

지은이 리처드 브래들리
옮긴이 고일홍
펴낸이 성낙인
펴낸곳 서울대학교출판문화원

출판등록 제15-3호

주소 08826 서울 관악구 관악로 1
대표전화 02-880-5252 | 팩스 02-888-4148
홍보마케팅팀(주문 상담) 02-889-4424, 02-880-7995
이메일 snubook@snu.ac.kr
홈페이지 www.snupress.com

ISBN 978-89-521-1900-1 94900
978-89-521-1574-4 (세트)

이 저서는 2007년 정부(교육과학기술부)의 재원으로
한국연구재단의 지원을 받아 수행된 연구임(NRF-2007-361-AL0016).

❁ 옮긴이의 말

'나'는 누구인가? 그리고 내가 속해 있는 집단, 즉 '우리'는 누구인가? 이것은 인간이라면 누구나 갖고 있을 근원적인 질문이다. 이에 답하기 위해서는 또 다른 질문들이 필요하다. 그중 하나가 '나(우리)는 어디에서 왔는가?'라는 과거에 관한 질문이다. '과거'가 중요한 이유는 과거를 바탕으로 '현재'의 우리가 평가되고, 그 평가를 바탕으로 '미래'의 지향점이 결정되기 때문이다. 그렇다면 과거에 관한 서사는 어떻게 형성되는가?

문자를 사용하는 사회들의 과거 인식은 여러 분야에서 이미 심도 있게 다루어 온 연구 주제이다. 하지만 인간이 문자를 사용한 기간은 도구를 만들고 언어를 사용하며 생각할 줄 아는 인간인 호모사피엔스가 지구상에 등장한 지 1/40의 세월인 5천 년에 불과하다. 따라서 문자가 없었던 나머지 시간 동안 사람들이 어떻게 자신과 자신이 속한 공동체의 과거를 인식했는지에 대해서도 살펴볼 필요가 있다.

대학 시절부터 이 주제에 관심을 가졌으나 접근하는 방법을 몰라 답답하기만 했던 필자는 영국 유학 도중에 우연히 학교 앞 서점에서 'The Past in Prehistoric Societies'라는 제목의 신간을 보게 되었다. 제목만 그럴싸한 책들에 실망한 적이 많아 기대 반 우려 반 속에서 책을 펼쳤는데, 조금만 읽고도 설레기 시작했다. 왜냐하면 이 책을 쓴 저자의 고민이, 고인돌을 처음 보았을 때 '고인돌의 실체를 몰랐던 옛 사람들은 어떤 생각을 했을까'라는 생각부터 들었던 필자의 고민과 일치했기 때문이다. 이후 이 책을 탐독하며 '과거 사회들의 과거 인식' 담론에 한국 고고학이 목소리를 낼 수 있는 방법에 대해 많이 고민하게 되었다. 뿐만 아니라 필자 혼자의 역량만으로는 부족하고 한국 고고학계 전체의 인식과 참여가 중요하다는 것을 깨닫게 되었다.

이러한 깨달음의 결과, 필자에게 고고학 자료를 바라보는 새로운 시각을 알려 준 리처드 브래들리(Richard Bradley)의 명저 *The Past in Prehistoric Societies* (2002)가 번역서로 나오게 되었다. 워낙 애정을 가지고 있던 책인지라, 번역을 하면서 한국 독자들에게 좋은 책을 소개한다는 즐거움보다 혹여 부족한 번역으로 책에 누를 끼치지 않을까 하는 걱정이 앞섰다. 그래도 '시를 쓰고 나서는 평생 미워했던 사람의 시로 생각하고 결점을 더 이상 찾을 수 없을 때가 되어서야 발표해야 한다'는 이규보의 엄밀함으로 최대한 좋은 번역을 하고자 했음을 밝힌다.

2018년 4월

고일홍

❁ 차례

인간, 과거, 그리고 고고학

■ 해제

1. 들어가며

고고학은 무엇보다도 과거를 다루는 학문이지만, 과거 사람들이 과거를 어떻게 인식했는지는 아직 생소한 주제이다. 이는 고고학 내에서 진행된 '시간'이나 '과거'에 대한 대부분의 논의가 철학, 인류학, 역사학 분야의 연구 성과들을 그대로 수용하는 단계에 그대로 머물러 있고, '과거 사람들이 남긴 물질문화'를 통해 과거를 어떻게 파악할 것인지에 대한 논의가 미진했기 때문이다. 그나마 1990년대에 들어와 '고고학자의 시간 인식'과 '고고학적으로 확인되는 선사시대 사회들의 시간 인식'이라는 두 가지 주제를 중심으로 '시간'에 대한 고고학적 연구가 진행되기 시작했다. 하지만 '선사시대 사회들의 과거 인식'은 여전히 고고학자들이 선불리 다가서기 어려운 주제로 남아 있는 실정이었는데, 이러한 상황에서 리처드 브래들리(Richard Bradley)의 연구는 과거 인식이라는 주제에 대하여 수십 년 동안 꾸준히 고민해 오고, 그것에 접근하기 위한 고고학 고유의 해석적 틀을 마련함으로써 현대 고고학의 저변을 넓히는 데 중요한 기여를 한 것으로 높이 평가되고 있다. 특히 2002년에 출간된 『선사시대 사회들의 과거 인식(*The Past in Prehistoric Societies*)』에는 '과거 속의 과거' 연구에서 요구되는 이론적 배경, 실제 고고학 자료를 통하여 이 주제를 탐구할 때 활용되는 분석의 틀, 그리고 선사시대 사람들이 실제로 과거를 의식했음을 보여 주는 다양한 사례들이 담겨 있다. 이 때문에 이 저서는 과거 인식에 대한 연구 분야의 교과서이자 고전으로 평가받고 있다.

2. 고고학자들이 외면하는 불편한 진실: 과거 속의 과거 인식

고고학자라면 누구나, 발굴 현장에서든 보고서를 통해서든, 과거 사람들이 더 앞선 과거와 직면했었던 현장을 목격하게 된다. 어떤 경우에는 '특수한' 고고학적 맥락에서 그러한 현장이 목격되는 경우도 있으므로, 고고학자들은 대강의 언급 정도는 한다. 한국 고고학의 사례로는 청동기시대 지석묘나 입석 주변에 매납(埋納)된 후대의 청자, 백자, 혹은 근대 옹기편, 가야의 고령 지산동 고분에서 발견된 청동기시대 암각화 일부 등이 이에 해당된다.

하지만 이러한 것들은 일상적인 고고학적 맥락에서 목격되는 경우가 더 많다. 일례로, 한국의 전기 청동기시대 주거지 내부에서는 종종 신석기시대 토기편이 발견된다. 발굴 보고서에는 이러한 사실이 기록되지만, 앞선 시기의 토기가 후대의 주거지에서 발견된 정황이 의미하는 바에 대한 언급은 보이지 않는다. 물론 이러한 현상은 후퇴적 과정에 따른 유물의 단순한 유입에 불과할 수도 있다. 하지만 청동기시대 유물과 함께 신석기시대 토기편이 나오더라도, 이에 대해 침묵하는 경우가 다반사이다. 그런데 이러한 신석기시대 토기편이 후대에 노출되었다면, 당시 사람들은 그것을 분명히 관찰했을 것이다. 현대 사회에서도 바닥에 떨어진 동전을 줍는 것이 인간의 속성인데, 하물며 청동기시대 주민들이 앞선 시대의 이질적인 물질 자료를 지나쳤을 것 같지는 않다. 그렇다면 당시에 사용되던 토기와는 확실히 다른 토기편을 본 과거의 사람은 어떠한 생각을 했을까? 그 토기편을 보면서 앞선 과거에 또 다른 주민이 그곳에 살았다는 사실을 인식했을까? 아니면 다른 방식으로 그 토기편에 대해 납득했을까? 과거 사람들이 무덤을 조성하는 과정에서 같은 장소에 있었던 앞선 시대의 무덤이나 집자리를 파괴하고 그 안에 있는 물질 자료를 직면했을 경우도 마찬가지이다. 무덤의 장소가 유의미한 공간이었다는 것을 감안할 때, 앞선 시대의 물질 자료를 목격한 사람들은 그 자료에 대해 어떻게 판단했을까? 그것을 태곳적 조상과 연결 지었을까, 아니면 타자의 흔적으로 보았을까?

위와 같이 과거와 더 앞선 과거 사이에 조우가 일어났고, 조우가 고고학 자료에서도 확인된다는 사실을 부정하는 고고학자는 없을 것이다. 한편 과거 사람도 인지능력을 가지고 있었던 만큼, 그러한 조우 속에서 일련의 생각들을 하게 되었을 것임을 예상할 수 있다. 하지만 그럼에도 불구하고 대부분의 고고학자들은 이 현상에 더 이상 큰 의미를 부여하지는 않는다. 왜냐하면 그것을 특정한 의미가 있는 현상으로 파악하고 연구 주제로 인정하는 순간, 그 문제에 대한 학문적 접근 방법은 무엇인지에 관한 막연함이 밀려들기 때문이다. 따라서 대부분 그 현상을 외면하기로 결정한다. 그런데 리처드 브래들리는 그 막연함에 굴복하지 않고, 해결책을 찾아 나섰다.

브래들리는 영국 고고학의 전통 연구자이고, 공교롭게도 영국 고고학의 이론적 담론의 중심에 있는 신석기시대와 청동기시대 거석 기념물을 연구하고 있었기에, 자칫 줄리언 토머스(Julian Thomas)나 크리스토퍼 틸리(Christopher Tilley)와 같이 '이론 고고학'을 지향하며, 그 일환으로 '과거 사회들의 과거 인식'이라는 추상적인 주제를 다룬 것이라는 오해를 받을 수 있다. 그런데 브래들리는 무엇보다도 현장에서 거석 기념물에 대한 야외 조사와 발굴 조사를 진행해 온 고고학자이다. 그의 이러한 연구 경력은 그의 저술 목록에도 잘 드러나 있다. 그는 다만 고고학 자료 중에서 거석 기념물에 대하여 집중적으로 연구했을 뿐이고, 그 일환으로 여러 기념물들이 축조, 사용 및 폐기되는 양상에 관심을 가졌던 것이다. 그리고 그 과정에서 후대의 기념물이 앞선 기념물에 대하여 여러 가지 방식으로 '작용'했던 현상을 관찰하는 일이 반복적으로 이루어지면서 그러한 현상을 더 이상 우연적인 것으로 치부할 수 없게 되자, 그에 대하여 스스로 납득하기 위한 일종의 방책으로 '과거 사회들의 과거 인식'이라는 '과제'를 안게 된 것이다.

이렇듯 '과거 속의 과거'에 관한 브래들리의 관심은 이론적 담론에서 비롯된 것이 아니고 실증적 자료에서 출발한 것이기 때문에, 이 주제를 다루기 위하여 그가 구사하는 해석적 접근은 매우 상식적이고 실용적이며, 이론적 논의도 그리 현학적이지 않다. 또한 그가 제시한 사례 연구들은 풍부함과 자세함, 명료함을 지니면서 핵심을 잘 전달하고 있는 까닭에 오랜 시간 동안 현장에서 그 자료를 다루어 온 고고학자의 연륜이 묻어 나온다.

3. 과거와 관계를 맺는 네 가지 방식

이 책의 구성은 저자 브래들리가 제1장에서 도면까지 활용하면서 잘 소개하고 있으므로 해제에서 굳이 이 작업을 할 필요는 없다. 그 대신 브래들리가 이 책에서 전달하고 있는 내용을, 과거 사람들이 '과거'와 관계를 맺었던 네 가지 방식을 중심으로 요약해 보고자 한다.

과거 사람들이 자신들의 과거와 관계를 맺었던 첫 번째 방식은 '태곳적' 조상과의 관계 맺음이었다. 과거 집단들은 자신들의 머나먼 조상에 대한 서사를 '기원 신화'의 형태로 형성했고, 그것을 지속적으로 변형시켰다. 이는 공통의 기원에 관한 인식이 공동체의 통합을 유도하는 작용을 했기 때문에 중요한 의미를 지닌다. 브래들리는 이런 관계 맺음의 사례로, 유럽 신석기시대 선형토기 문화의 세장방형 주거지와 그 후대의 집단들이 세운 유사한 형태의 거석 기념물을 다루었다. 그에 의하면, 북서부 유럽 지역으로 농경을 확산시킨 선형토기 문화 집단의 세장방형 주거지는 고토(古土)인 발칸반도에서 이주해 온 세대별 구성원들을 기억하는 장치로 활용되었으며, 후대에 가서는 세장방형 주거지와 비슷한 형태를 가진 거석 기념물을 통하여 '태곳적' 조상에 대한 관념들이 유지되었던 것이다.

브래들리가 제시한 두 번째 방식은 가까운 과거와의 관계 맺음이다. 이와 관련해서 선사시대 사람들이 과거의 물질문화는 물론, 취락, 경작지, 매장지 등 경관 속에 있는 과거 행위의 흔적을 어떻게 능동적으로 활용했고, 이것이 어떠한 사회적 의미를 가졌는지에 대해 살펴보았다. 이러한 관계 맺음 방식의 핵심 사항은 선사시대의 개인이나 집단들이 일상생활에서 접하는 '사연 있는' 사물, 건축물, 장소를 통해 자신들의 일생사를 객관화시켰다는 점이다. 선사시대 사람들이 과거의 물품들을 어떤 이유에서든 계속 보관하고 있었다는 사실은 영국 남부 지역의 중기 및 후기 청동기시대 퇴장유구의 내용물을 통해 알 수 있다. 퇴장유구에 매납된 유물은 대부분 선사시대 집단들 간에 일어났던 사회적 교환용 물품들이었다. 따라서 그런 유물을 오랜 시간에 걸쳐 보유하다가 땅에 묻는 행위는 마치 역사시대에 집단의 역사를 글로 기록한 행위와 비슷한 방식으로 이해할 수 있을 것이다.

과거 사람들은 자신들의 '현재'가 미래의 집단들에게 하나의 '과거'로 인식될 것이라고 인지했을 것이고, 그에 따라 일련의 행위들이 진행되었다. 이것이 브래들리가 말하는 세 번째 방식의 관계 맺음이다. 고고학에서는 기념비적 건축물을 통해 이 문제에 접근할 수 있다. 왜냐하면 기념비적 건축물의 축조는 장기적인 지속을 전제로 하는 것이어서 미래의 집단들과 소통하는 하나의 방식으로 간주할 수 있기 때문이다.

그리하여 브래들리는 선사시대 주민들이 기념비적 건축물을 축조하는 행위에는 당시의 공동체뿐만 아니라 미래의 집단들에게까지 자신들의 세계관을 전달하고자 하는 적극적인 의도가 담겨 있었을 가능성을 타진하였다. 그는 그에 관한 대표적인 사례로 프랑스 브르타뉴 지방에 있는 카르나크(Carnac)의 거석 기념물 군집에 주목했다. 카르나크는 정신 없이 펼쳐진 다수의 석렬들을 연상시키지만, 이러한 모습은 수백 년에 걸쳐 일어났던 거석 기념물 축조 행위의 마지막 모습이었다는 것을 명심할 필요가 있다. 즉, 카르나크에서는 처음에 거석 무덤이나 석축 담장시설의 입구로 이어지는 접근로를 표시하기 위해 한 쌍의 석렬을 평행하게 세웠다. 이 경우, 이 제의적 경관 속에서 중심적 위치를 차지했던 것은 석렬보다는 거석 무덤이나 담장시설이었다. 그러나 시간이 흐르면서 더 많은 석렬들이 추가되는 과정에서 석렬의 주 기능이 와해되었을 뿐만 아니라, 석렬이 기존의 기념물들을 압도하기에 이르렀다. 석렬을 추가로 축조함으로써 전달하고자 했던 메시지가 무엇이었는지는 정확히 알 수 없다. 하지만 그것이 기존 기념물들을 대신하여 미래의 집단들에게 어떤 메시지를 전달했으리라고 예상할 수는 있다.

그런데 과거 집단들이 기념비적 건축물을 통해 전달하고자 했던 메시지가 지속적으로 유지되거나 전달된다는 보장은 없다. 왜냐하면 후대의 집단들은 앞선 시대의 집단들이 남겼던 흔적을 적극적으로 변형시키거나 활용하는 방식으로 역사를 재구성하기 때문이다. 브래들리는 특히 문자를 사용했던 집단들이 앞선 선사시대 집단들의 흔적을 어떻게 재활용했는지, 그리고 이 과정에서 과거 집단들을 어떤 방식으로 인식했는지에 대하여 살펴보았다. 아일랜드의 타라 유적은 신석기시대에 기념비적 건축물이 처음으로 세워진 이후 청동기시대를 거치면서 기존의 건축물들이 계속 증축되었고, 철기시대에 왕조의 중심지가 되자 내부 환호(環濠)와 외부 토성으로 이루어진 시설물이 조성되었다. 바로 이 시설물 내부에 왕조의 제의적 공간이 마련되었고, 그것을 보완해 주는 방어적 성격의 구조물들도 조성되었다. 타라 유적의 이러한 모습은 기원전 1천 년기의 후반부 동안 그대로 유지되었는데, 이 시기부터 타라 유적이 아일랜드의 문학 작품 속에 등장하면서 그 위상이 굳건해졌다. 문학 작품에서 타라는 신들이 기거하는 장소로, 다른 세계로 가는 출입구가 있는 성스러운 장소로 인식되었다. 아일랜드의 왕들은 이곳에서 땅의 비옥함을 기원했고, 새로운 왕의 즉위식도 이곳에서 거행하였다. 또한 전설에 의하면, 성 패트릭이 아일랜드의 왕을 기독교로 개종시킨 것도 타라에서였다. 전기 중세 시대에 들어와서는 서로 다른 정치 집단들이 자신들의 조상들을 타라와 연계시킴으로써 권력의 정당화를 추구했다. 결국 타라는 아일랜드 상왕의 자리라는 특별한 지위를 얻게 되었고, 11세기에 정치적 중심지가 더블린으로 옮겨진 이후에도 이 장소의 중요성은 변하지 않았다. 그런데 흥미로운 사실은, 역사시대 집단들에 의해 그토록 중요하게 인식되었던 타라에 역사시대의 흔적은 거의 존재하지 않는다는 점이다. 유일한 건축물은 늦어도 1212년에는 세워져 있었던 것으로 기록된 교회 한 곳뿐이다. 결국 이렇게 머나먼 과거의 잔적을 해석하고, 그것에 새로운 의미를 부여하는 것이 바로 브래들리가 말하는 네 번째 방식의 관계 맺음이다.

4. 동서 문명이 어우러지는 '교계지 한반도'의 인문학

동서고금을 막론하고 모든 인간은 과거에 대해 인식할 수 있다. 또한 모든 고고학자는 과거를 다룬다. 하지만 그럼에도 불구하고, 고고학에서의 '시간'이나 '과거'에 대한 논의는 거의 대부분 서구의 연구자들을 중심으로 진행되었고, 그와 관련해서 다루어진 자료도 주로 동아시아 이외의 지역에서 나온 옛 인간의 흔적이다. 그 결과 동아시아의 고고학적 성과는 이러한 담론에서 배제되어 왔는데, 이는 실로 안타까운 상황이 아닐 수 없다.

인간이 옛 물질문화를 통하여 과거와 대면하고 또한 그것에 작용하는 방식에는 보편성도 존재하지만, 한편으로는 환경이나 건축 전통 등에서 비롯된 지역적 특수성도 상존한다. 예컨대 선사시대 한반도의 경우, 지석묘나 입석과 같은 거석 기념물의 축조가 이루어졌다. 하지만 그와 관련된 제의 행위는 거석 기념물이 자리 잡고 있는 구역 전체가 제공하는 '무대'에 걸쳐 이루어졌다기보다는, 개별 기념물 위주로 진행되었던 것으로 보인다. 특히 일부 지석묘에서 발견할 수 있는 개별 '묘역'의 존재나 그러한 묘역에 집중되어 나타나는 제의적 파쇄 행위의 흔적이 이를 잘 보여 준다. 즉, 영국의 청동기시대에는 경관 전체에 대한 물리적 재해석이 과거와 작용하는 주된 방식이었다면, 한반도의 청동기시대에는 (최소한 현재 주어져 있는 고고학 자료만을 보면) 무덤 속의 '조상'을 그 매개체로 하는 과거와의 만남이 공간적으로 훨씬 더 한정된 양상으로 이루어진 것으로 보인다.

이러한 차이는 두 지역 간의 환경적 차이와 거기에서 비롯된 경관적·경제적 차이를 감안해 볼 때 어찌 보면 당연하다고 여겨질 수 있다. 목축은 브리튼 제도의 환경적 조건 속에서 생계 경제의 중요한 한 축을 담당했다. 따라서 '경관 속의 이동'이 그곳에 살았던 사람들에게는 매우 친숙한 실천의 한 가지 방법이었고, 그것이 제의 행위의 중요한 부분을 차지하게 된 것은 놀랄 만한 일이 아니다. 반면 한반도의 청동기시대에 시작된 농경의 방식은 노동력의 집약이 식량 생산의 증대로 이어지는 시스템을 갖추고 있었다. 즉, 이곳 사람들에게는 하나의 공간적 구역에 집중하는 것이 친숙한 실천의 방법이었으므로, 그들은 기존의 수렵-채집민이나 이목(移牧)을 행하는 집단들에 비해서 더 한정된 경관 속에서 제의 행위를 지냈을 것으로 상정할 수 있다.

결국 수도작이라는 집약적 농경 체계를 도입한 한반도를 비롯한 동아시아의 고고학 자료를 통하여 과거 사람들이 앞선 과거의 흔적에 어떻게 대응했는지 살펴보는 연구는 그 자체로도 동아시아 고고학의 신지평을 열어 준다는 측면에서 의미가 있을 것이며, 아울러 이 주제에 관해서 서구 고고학의 연구에서는 포착되지 않았던 새로운 현상과 시각을 제시함으로써 고고학 전체의 지식 전통을 더더욱 풍부하게 하는 데 일조할 것이다. 즉, 서구 고고학의 해석적 접근과 동아시아의 고고학 자료 간의 상호 작용은 확실히 시너지 효과를 일으킬 수 있으며, 한국 고고학자들은 이 과정에 참여함으로써 동서 문명의 지식 전통이 어우러지는 '교계지 한반도'로의 도약을 실천하는 한편, 한국 인문학의 발전에도 기여할 수 있을 것이다.

5. 결론을 대신하여: 이 책이 한국 고고학에 가져다주는 의미

앞의 논의를 통해 고고학자가 '과거의 시간 인식'이나 '과거의 과거 인식'과 같은 주제에 대하여 연구해야 할 필요성과 그 가능성, 한국 고고학이 이러한 과업에 동참함으로써 제기될 수 있는 세계 고고학 및 한국 인문학 차원에서의 학문적 의의에 대해 살펴보았다. 이와 같은 작업의 당위성에 동의하는 필자는 최근 이 주제에 관한 연구를 진행해 왔다.[1] 하지만 이 분야의 연구가 앞으로 계속 발전하기 위해서는 한국 고고학계의 전반적인 노력이 필요하며, 특히 현장에서 고고학 자료를 직접 발굴하여 보고서를 작성하는 연구자들의 역할이 절대적으로 중요하다. 따라서 그들이 '과거 속의 과거'라는 연구 주제에 대하여 인식하고, 어떠한 고고학적 현상을 통하여 이 주제를 살펴볼 수 있는지에 대한 선지식을 갖추기 위한 첫걸음으로 이 책을 출간하는 바이다.

한국의 고고학자들이 이 책을 접함으로써 과거 사람들이 그보다 앞선 시대의 과거를 인식하고 있었고, 또한 앞선 과거의 물질적 잔해를 적극적으로 활용했다는 사실을 인식하게 된다면, 과거와 더 앞선 과거의 조우가 일어났던 현장들은 의미 있는 고고학 자료로 인정받을 수 있을 것이다. 그렇게 될 경우, 새로운 연구의 장이 확보될 뿐만 아니라, 기존의 해석에 대한 반성의 기회도 가질 수 있을 것이다. 한국 고고학에서 이를 보여 주는 대표적인 사례로, 필자는 신라 나정(蘿井)에 관한 해석과 재해석의 가능성을 들고자 한다.

사료에 등장하는 '나정'은 박혁거세의 탄생 신화와 관련된 우물터로, 그 실체로 인식되어 온 구조물은 현재 사적 제245호로 지정되어 있다. 그런데 중앙문화재연구원에서 네 차례에 걸쳐(2002-2005년) 그 지점을 발굴한 결과, 몇 가지 흥미로운 사실이 밝혀졌다. 최초에는 이 자리에 청동기시대 주거지 7기와 그 뒤를 이어 철기시대의 수혈유구, 구상유구 및 목책렬이 서 있었다. 그러다가 6세기 무렵 구상유구가 복토된 후 두 줄의 원형 초석렬을 가진 건물이 조성되었는데, 이때까지도 기존의 수혈유구는 유지되었다. 그러다가 어느 시점

1 졸고, 「'사회적 시간'의 고고학적 연구: 한국 청동기시대 농경사회로의 전환을 바라보는 또 하나의 시각」, 『인문논총』 72-4, 2015; 졸고, 「청동기시대 '전기 옹관묘' 재고」, 『숭실사학』 35, 2015.

에 철기시대로 올라가는 이 수혈유구에 목주가 설치되었고, 7세기가 넘지 않은 시점에 이 수혈유구를 복토한 자리에 제의적 기능을 지녔으리라 생각되는 팔각 건물지를 세웠다. 이 팔각 건물지의 중앙에는 수혈유구(남-북 220㎝, 동-서 194㎝, 깊이 78㎝ 내외) 하나가 존재했는데, 발굴 결과 그 안에서 조선시대 자기가 수습되었다.

이를 통하여 '나정'으로 전해진 지점에 '우물'이라고 해석할 수 있는 수혈유구가 신라시대 이래로 존속한 것은 아니었다는 사실이 명백해졌다. 즉, 철기시대에는 수혈유구가 존재했으나, 이 수혈유구는 팔각 건물지를 세우는 과정에서 복토되었고, 우물로 생각된 팔각 건물지 내부의 수혈은 어쩌면 조선시대에 '만들어진' 우물일 가능성이 있다. 참고로 그 옆에 건립된 비석에는 순조 3년인 1803년경에 나정에 대한 정비가 이루어졌다고 기록되어 있다. 이러한 발굴 결과는 사료에 등장하는 나정의 물질적 실체를 확인하고자 했던 고고학자들에게 당혹스러움을 안겨 주었고, 이후의 논쟁은 철기시대에 조성되었던 수혈유구를 나정으로 볼 수 있는지의 여부에 초점이 맞추어졌다. 그런데 그 열띤 논쟁 와중에 정작 매우 중요한 사실 하나가 간과되었다고 볼 수 있다. 이는 조선시대에 들어와서도 1,000년 이전에 존재했던 신라라는 머나먼 과거 왕국의 기원 신화가 기억되고 있었으며, 그것의 물질적 흔적이 보존되었을 뿐만 아니라, 정비 과정 등을 통하여 적극적으로 재생산되고 심지어 어쩌면 '만들어지기도' 했다는 점이다. 즉, 현재의 패러다임 내에서는 나정에 대한 발굴 결과가 기존의 해석을 '비판'하는 작용만 하고 있지만, 이 책에서 제시하고 있듯이 더 앞선 과거에 대한 과거 사람들의 능동적 대처를 의미 있는 연구 주제로 인정한다면 나정에서 확인된 '신라 우물의 부재' 그 자체가 하나의 중요한 학술적 연구의 대상이 될 수 있는 것이다.

신라 나정에 관한 앞의 논의는 다만 첫걸음에 불과하다. 한국 고고학에서 이 방면에 대한 연구가 앞으로 활발하게 진행된다면, 한반도에 살았던 과거 주민의 삶과 죽음에 대한 접근법에 대하여 한 차원 더 풍부한 논의가 가능해질 것이다.

❁ 일러두기

1. 이 책의 각주는 모두 옮긴이가 추가한 것이다.
2. 이 책에는 유럽 선사시대의 기념비적 건축물들이 다양하게 등장한다. 따라서 각 명칭에 적절한 번역어를 찾는 것이 매우 고민스러운 작업이었다. 그 기념물 중 일부의 경우에는 그 명칭이 이미 번역되기도 했지만 이 책에서는 너무나 다양하고 세분화된 기념물 명칭들이 등장하며, 이 때문에 기존의 국문 번역어를 그대로 사용하기 어려운 경우도 많았다. 일례로 'long barrow'는 '장방형 고분'으로 번역된 바 있다(김종일, 「유럽 중기 신석기시대 사회 구조의 변화: 거석 문화의 등장과 의미에 대한 논의들의 비판적 검토를 중심으로」, 『고고학』 12-2, 2013, 88). 옮긴이도 이 표현이 매우 적합하다고 생각하나, 이 책에는 'long barrow' 이외에도, 이것을 포함하는 상위 개념인 'elongated mound', 'long mound'도 등장한다. 따라서 이 경우에는 후자를 모두 '세장방형 봉분묘'로 번역하고, 'long barrow'는 — 이 독특한 무덤 형식이 특정 문화적 현상의 표지적 물질문화로 이해되고 있는 만큼 — '롱배로 무덤'으로 번역하였다. 한편 'enclosure'의 경우에는, 영어로 '무언가로 둘러싸인 공간'을 의미하므로, 둘러싸고 있는 시설이 도랑이든, 흙담이든, 돌담이든, 나무 울타리든 그런 장소를 모두 'enclosure'라고 부를 수 있다. 하지만 옮긴이는 이에 대응하는 적합한 한국어 명칭을 찾지 못했다. 따라서 이 책에 나오는 다양한 'enclosure'의 경우에는, 둘러싸는 시설의 성격이나 기능을 감안하여 각각 서로 다른 명칭으로 번역했다. 예를 들어 'ditched enclosure'은 '환호(環濠)'로 번역했으나, 'earthwork enclosure'의 경우에는 '토축 담장시설'로 번역했다.

아래 표는 이 책에 나타나는 기념비적 건축물의 원어 표현과 옮긴이가 선택한 국문 번역어를 병기한 것이다. 'Cromlech'와 'Enclosure'의 경우에는 둘 다 '인클로저'로 번역했는데, 각각 서로 다른 장에서 서로 다른 성격의 유적과 관련되어 나타나므로, 동일한 국문 번역어를 사용하되 그것이 등장하는 장 및 유적·맥락을 별도로 표시해 두었다.

원어	국문 번역어	비고
Allées couvertes	알레쿠베르트 무덤	
Angled passage grave	연도가 각을 이루는 패시지그레이브 무덤	
Barrow	봉분묘	
Cairn	적석묘	
Causewayed enclosure	둑길 환호	
Chambered cairn	묘실 적석묘	
Chambered tomb	묘실 무덤	
Cromlech	인클로저/석축 인클로저	제4장: 카르나크 유적
Ditched enclosure	환호(環濠)	
Earthen long mound	세장방형 토축 봉분묘	
Earthwork enclosure	토축 담장시설	
Elongated mortuary enclosure	세장방형 무덤 담장시설	
Enclosure	인클로저	제5장: 타라 유적, 철기시대
Flat cemetery	무지상시설식 매장지	
Funerary enclosure	장례용 담장시설	
Grands tumulus	그랑투물루스 무덤	
Long barrow	롱배로 무덤	
Long mound	세장방형 봉분묘	
Megalith	거석 무덤	
Passage grave	패시지그레이브 무덤	
Stone cist	석관묘	
Tertres tumulaires	테르트르튀밀레어 무덤	

The Past in Prehistoric Societies

선사시대 사회들의
과거 인식

서문

필자는 아주 오랫동안 이 책을 쓰고 싶었다. 10-15년 전부터 쓰기 시작한 일련의 논문을 통하여 이 작업이 시작되었고, 이 책과 동일한 주제를 다룬 두 권의 *World Archaeology* 편집호를 통하여 작업이 지속되었다. 첫 번째 *World Archaeology* 편집호는 '시간관념과 고대사회'라는 제목으로 1993년에 출간되었고, 1998년에는 하워드 윌리엄스(Howard Williams)와 공동으로 편집한 두 번째 *World Archaeology* 편집호를 통하여 '고대 건축물의 재사용'이라는 주제를 다루었다. 또한 브리튼, 포르투갈, 에스파냐 등에서 야외 조사를 진행하면서 이러한 생각들을 적용시키기도 했다.

그렇다면 이 책을 쓰는 데 왜 이렇게 오랜 시간이 걸렸는가? 여기에는 두 가지 이유가 있다. 첫 번째 이유는 선사시대 연구자라면 누구나 가지게 되는, '시간'이나 '기억'과 같은 주제를 다룰 때의 불안함이다. 그 추상적인 내용을 실제로 다루기 힘들었을 뿐만 아니라, 물질세계와 관련시키는 것도 참으로 어려웠다. 또 다른 이유는 다루어야 할 자료의 방대함이었다. 필자가 이렇게 방대한 자료를 다룰 수 있었던 것은 레딩대학교에서 연구년을 제공해 주었기 때문이고, 옥스퍼드대학교의 뛰어난 도서관을 활용할 수 있었기 때문이다. 이 책에는 필자가 참고한 자료의 아주 작은 부분만 담겨 있지만, 오랜 시간 동안 낯선 자료를 접하지 못했더라면 이 책을 쓰는 것은 불가능했을 것이다.

이 작업을 수행하는 과정에서 네 분의 도움을 크게 받았다. 존 크레이튼(John Creighton), 마틴 헤니그(Martin Henig), 앤디 존스(Andy Jones)는 필자가 이 책을 쓰는 과정에서 지속적으로 원고를 읽고 책의 접근 방법, 내용, 양식 등에 대하여 많은 코멘트를 해 주었다. 또한 에런 왓슨(Aaron Watson)은 도면을 작성해 주었다.

필자는 앤디 존스, 해나 사켓(Hannah Sackett), 리세 노르덴보르그 뮈레(Lise Nordenborg Myhre)와 함께 노르웨이에서 야외 조사를 하고 나서 이 책을 완성했다. 그들과 함께했던 창의적인 시간 덕분에 필자는 미처 완성하지 못하고 있었던 원고를 신명 나게 다시 잡게 되었다. 그에 대한 고마움을 표시하기 위해 그들에게 이 책을 바친다.

리처드 브래들리

제1장 서론: 다윈의 크리스마스 만찬

데지레항에서

선사고고학의 발달사를 요약해 주는 일화가 하나 있다.

영국 해군의 탐험선 비글호(The Beagle)는 1833년에 파타고니아의 해안가에 위치한 데지레항(Port Desire)에 정박해 있었다. 이곳에서 비글호에 탑승해 있던 찰스 다윈은 크리스마스 만찬을 맞이했다. 크리스마스 만찬은 매우 깊은 전통을 가진 행사였으나, 식사 메뉴는 결코 전통적이지 않았다. 왜냐하면 항해 도중에는 방문하는 지역에서 직접 구한 음식을 주로 먹었기 때문이다. 이날 상에 오른 것은 그가 직접 총으로 쏘아 잡은 타조의 일종이었다. 식사를 마치고 나자 남은 것은 새의 머리와 다리, 그리고 한쪽 날개뿐이었다. 그런데 바로 그 순간 다윈은 그가 전혀 새로운 종의 동물을 먹어 치웠다는 것을 깨닫게 되었다. 그리하여 그는 남은 뼈를 수습하고, 기록하여, 영국으로 가져갔다. 다윈이 먹은 만찬의 잔해는 이후 레아 다위니(*Rhea Darwinii*)[레아새]라는 과학적 이름을 부여받게 되었다(Desmond &

Moore 1991: 144-5, 225).

다윈의 이러한 경험은 현장에서 발굴을 하는 고고학자의 경험과 비슷하다고 볼 수 있다. 왜냐하면 고고학자의 작업도 물질적 흔적에 바탕을 두고 있기 때문이다. 19세기 초반의 자연사 연구는 파괴적인 측면을 가지고 있었다. 사진술이 도입되기 이전에는 덫을 놓거나 총을 쏘아 동물을 잡는 것이 동물에 대해 기술하는 가장 효과적인 방법이었다(Barber 1980). 동물에 대한 분류, 묘사 및 논의는 흔히 사체를 대상으로 이루어졌다. 시간이 지난 후에야 동물의 모습과 야생에서의 행동 방식을 사진이라는 매체를 통하여 기록할 수 있게 되었다. 다윈이 진행했던 현장 조사는 그가 기록하고자 하는 바를 파괴했다는 점에서 고고학 발굴과 유사하지만, 당시에는 그럴 수밖에 없는 상황이었다. 오늘날에는 다윈이 사냥과 자연사 연구를 함께 진행했다는 사실을 받아들이기 어려울 수 있겠으나, 다른 방식으로 정보를 수집했다면 그가 이루어 낸 성과는 훨씬 적었을 것이다. 이와 마찬가지로, 고고학 연구가 지표 조사에만 의존한다면 고고학 자료의 복잡한 양상을 이해하기 어려울 것이다.

고고학과 다윈의 연구 분야는 또 다른 측면에서도 비교할 수 있다. 둘 다 역사학 분야의 연구와 마찬가지로 기억의 보존을 동반한다. 레아 새에 대한 완전한 기술을 하기 위해서는 조리되기 이전의 형체를 묘사해야 하듯이, 발굴에 앞서서 파괴되기 이전 유구의 모습을 기록해야 한다. 자연사의 선구적 연구에서 활용되었던 동물 사체들은 발굴을 통해 확보된, 더 이상 사용되지 않는 유물들과 유사한 측면이 많다. 다윈이 만찬에서 섭취했던 음식의 잔해가 기술되고 연구된 이후에야 과학적 논의에 기여할 수 있었듯이, 생명력 없는 동물의 사체는 생생한 그림을 통하여, 현장에서의 메모는 완성된 글을 통하여 되살아나는 것이다. 출판된 기록물은 이미 과거의 것이 되어 버린 발견들의 기억을 보존한다. 그리고 그 기록물은 더 야심 찬 해석의 밑바탕이 된다.

19세기 고고학의 경우도 이와 같다. 즉, 이 무렵부터 고고학은 순전히 문헌 기록에만 의존하는 학문에서 더 실증적인 학문 분야로 탈바꿈했다. 아주 먼 과거에 대한 해석은 수백 년 동안 성경이나 초기 역사학자들이 남긴 저서 등 문헌 기록을 바탕으로 이루어졌다. 따라서 유럽에서 과거는 고전기시대 이전으로는 거슬러 올라가지 못했고, 이 때문에 과도하게 많은 고대 기념물들은 그리스·로마 사람들 혹은 그 적들이 남긴 것으로 해석되었다. 그보다 앞선 시대의 편년 체계를 확립하는 데에는 많은 어려움이 따랐기에(Trigger 1989: 2, 3장), 이러한 관점이 변화하기까지는 오랜 시간이 걸렸다. 그러나 한편으로 다윈과 같은 과학 분야 연구자들과 고고학자들이 접촉하는 기회가 늘어나면서 현장 조사에서 관찰을 통하여 확인된 사실들은 신빙성을 더욱 확보하게 되었다. 이러한 발전을 보여 주는 것이 기록 관리에 대한 관심사가 커졌다는 사실이다. 조사 대상에 대한 기술 및 문서를 통한 그 기록이 문헌 자료의 활용만큼이나 고고학에서 중요한 부분을 차지한다는 인식이 점차 형성되었고, 그 결과 당시에 출판되었던 주된 보고서들은 오늘날에도 중요한 정보의 원천으로 활용된다. 보고서에 담겨 있는 저자의 의도를 파악하는 일도 중요하지만, 두 번 다시 진행될 수 없는 관찰의 내용을 전달하는 2차 자료로서의 보고서들은 과학 분야의 기록들과 유사하다. 또한 잊힐 수도 있었던 정보의 기억을 간직하고 있다는 점에서도 과학 분야의 기록들과 유사하다.

고고학자들이 출간한 글들 역시 일종의 역사 기록이 되며, 과거에 쓰였던 다른 기록들과 마찬가지로 그에 대한 철저한 검토가 이루어진다. 또한 그 글들은 미래의 행위에도 영향을 미친다. 후대의 집단들이 자신들의 과거 유산을 이해하고자 할 때 그 글들을 활용할 수 있기 때문이다. 그것은 '유산(heritage)'이라고 불리는 것에 대한 설명에도 개입하지만 역사 기록과는 달리 직접적으로 개입하지는 않는다. 왜냐하면 이런 글들은 해석의 대상이 되는 1차 자료가 아니라, 과거의 고고학자가 그 자료와 조우했던 일련의 사건들을 묘사한 것에 불과하기 때문이다. 이와 같은 한계에도 불구하고, 그 글들은 하나의 기억을 형성하며, 더 넓은 독자층에게 전달된다. 이러한 형태의 집단 기억은 현대 정치에서도 크게 작용하고 있어서, 고고학 현장 조사의 결과만 가지고 과거에 대한 허구적 이야기에 반박하기가 점점 더 어려워지고 있다.

이것의 아주 명백한 사례로 고대 켈트족의 존재를 들 수 있다(Chapman, M. 1992). 특히 브르타뉴 지방에서는 이 사안이 매우 중요하게 여겨지고 있는데, 그곳에 분포하는 신석기시대의 거석 기념물들을 남긴 집단은 카이사르에게 지속적으로 저항했던 베네티(Veneti) 부족이었던 것으로 한때 해석되기도 했다. 선사고고학자들은 브르타뉴 민족주의의 성장에 중요하게 기여한 이러한 시각이 허구인 것으로 규정했으나, 아스테릭스(Asterix)의[1] 위업을 접한 대중은 여전

1 『아스테릭스의 모험(*The Adventures of Asterix*)』은 로마군과 싸우는 켈트족 전사들의 이야기를 그린 프랑스의 유명한 만화이다. 1959년에 처음 발간되었고, 2015년 현재 총 36권이 출간된 상태이다.

히 그 허구를 믿는다. 이와 비슷한 성격의 기억은 데지레항에 정박했던 다윈의 경험에도 영향을 끼쳤다. 다윈은 왜 만찬의 일부로 레아새를 먹었던 것일까? 크리스마스 만찬의 전통을 따라서 그랬던 것도 있지만, 훗날 다윈 자신의 연구를 통하여 그 의의가 크게 훼손될 기독교라는 신앙 체계의 기원을 축하하기 위함이기도 했다. 크리스마스는 기독교 신앙 체계의 중요한 축일(祝日) 중 하나였고, 그것을 비롯하여 한 해 동안 순차적으로 진행되는 기독교의 제의들은 거의 2천 년 동안 반복되었던 하나의 서사를 이루었던 것이다.

다윈의 연구에서 2천 년은 크게 중요하지 않은 시간이었다. 남아메리카에서 이루어진 관찰들은 자연선택에 관한 그의 생각에 많은 영향을 끼쳤다. 파타고니아에서 만났던 레아새는 진화에 관한 그의 이론에서는 사실상 그렇게 큰 역할을 하지 않았다. 하지만 다윈이 당시에 진행했던 조사는 근본적으로 중요한 사건이었다. 왜냐하면 그 결과 인류가 성경이나 전통 문헌들이 시사하는 것보다 훨씬 더 오래 전에 기원했다는 결론에 도달했기 때문이다. 성직자들은 그의 이런 이론을 당연히 반가워하지 않았다. 그런데 그의 추종자들 역시 그 이론을 받아들이기 위해서는 과거에 대한 새로운 접근을 도입할 수밖에 없었다. 그 과정에서 사람들은 인류가 완성된 형태로 기원했다고 생각했을 때에는 불가능했던 전혀 새로운 방식으로 인류의 고대에 대해 조사할 수 있게 되었다. 사실 다윈이 이와 같은 결론에 도달했을 무렵에 '선사(prehistory)'라는 용어가 만들어진 것도 우연의 일치는 아닐 것이다(Chippindale 1988).

선사에 관하여

'선사(先史)'라는 용어에는 많은 문제점이 있다. 이는 19세기에 이 용어가 사용되었던 방식에서부터 비롯된다. 문자 그대로 받아들이면, 선사라는 용어는 역사 기록이나 그 외의 문헌 기록이 없는 사회들에 대한 연구와 관련이 있다. 역사학자의 방법론으로는 이 '선사' 사회들을 조사할 수 없기 때문이다. 유럽 대륙에서 원사(原史, protohistory)라는 또 다른 용어가 사용되면서, 선사의 개념은 더욱 복잡해졌다. 원사란 스스로 문자 기록을 남기지 않은 사회들이 문자 기록을 남긴 사회들과 공존했던 시대를 의미하며, 일반적으로 그것은 기원전 1천년기를 지칭한다(Hawkes 1950). 하지만 여기서 필자는 좀 더 간단한 틀을 사용하기로 하겠다.

애석하게도 빅토리아 시대에는 고고학과 민족지학 이 두 분야가 겹쳐 있었던 관계로 선사라는 용어가 일관성 있게 사용되지 않았다. 1865년에는 존 러복 경(Sir John Lubbock)의 유명한 저서인 『선사시대(*Pre-historic Times*)』가 출간되었다. 그런데 거의 언급되지 않는 이 저서의 원래 제목은 『고대 잔적과 현대 야만인의 행태와 풍습을 통해 묘사된 선사시대(*Pre-historic Times, as Illustrated by Ancient Remains* ***and the Manners and Customs of Modern Savages***)』[굵은 글씨 강조는 필자]이다. 이 틀에 따라 '인간의 태고성에 관하여(The antiquity of man)'라는 장의 뒤를 이어 현존하는 집단들에 관한 장들이 나온다. 그 장들에서 다루어지는 주제로는 '야만인의 진보(Progress among savages)', '야만인의 기술적 능숙함(Skillfulness of savages)', '품위에 관한 관념(Ideas of decency)', '흥미로운 관습(Curious customs)', '신에 관한 저급한 관념(Low ideas of

[그림 1.1] 존 러복 경이 유럽의 선사시대 기념물과 비교한 미국 원주민의 환상석렬
출처: Lubbock (1870)

the deity)', '야만인의 윤리적이고 지적인 열등함(Moral and intellectual inferiority of savages)', '야만인의 전반적인 가엾음(General wretchedness of savages)', 그리고 이상하게도 '바느질의 깔끔함(Neatness in sewing)'이 있다. 이 내용은 구세계와 신세계의 몇몇 지역에서의 고고학적 양상에 대해 길게 논의한 부분 이후에 나오는데, 이러한 구성이 시사하는 바는 명백하다. 선사시대 사람들의 생활 방식과 직접적으로 비교할 수 있는 삶의 방식을 영위하는 집단들이 19세기에도 여전히 존재했다는 것이다([그림 1.1]). 이 집단들은 사회 진화의 과정에서 도태되었으며, 한편으로 대체로 문명적인 생활 방식에 대하여 교육을 받아야 했다. 이러한 관점 역시 다윈의 연구로부터 영향을 받았던 것이다. 물론 적자생존의 개념을 인간 사회에 대한 연구에 확대 적용시킨 것은 허버트 스펜서(Herbert Spencer)였다(Trigger 1989: 93). 그리하여 선사라는 개념은 경멸의 함의를 가지게 되었다.

추측에 입각한 이러한 역사학은 이제는 더 이상 유효하지 않지만, 이 접근이 생각보다는 오래 유지되었다고 볼 수 있다. 왜냐하면 1960년대와 1970년대의 과정주의 고고학에서 진행한 문화들 사이의 분석과 별다르지 않기 때문이다. 이 접근 역시 선사시대에 대한 이해와 현재의 집단들에 대한 민족지 연구를 결합한 것으로, 다만 그 방법면에서 더 체계적이었던 것일 뿐이다. 이후 이러한 접근에 대한 반작용이 일어났다. 트리거(Trigger 1980)는 동료 고고학자들이 북미 대륙의 원주민 집단을 마치 실험실의 분석 대상과 같이 여긴다고 비판했고, 파비앙(Fabian)은 그의 저서 『시간과 타자(*Time and the Other*)』에서 인류학자들이 어떻게 지리적 거리를 시간적 거리와 동일시하고, 그럼으로써 마치 비서구 사회들이 여전히 과거에 존재하는 것으로 여기게 되었는지에 대하여 지적했다(Fabian 1983).

실제로 '선사'라는 용어는 두 가지 서로 다른 방식으로 사용되어 왔다. 이 책에서는 지금까지 그 첫 번째 용례에 해당하는, 고고학의 한 분과로서의 선사에 대해 다루어 왔다. 그것은 특정한 전공을 가진 일련의 연구자들이 만들어 낸 결과물과 그 결과물이 시사하는 바를 지칭한다. 하지만 선사는 정치적 오용의 가능성이 적은 또 다른 성격의 개념으로도 이해할 수 있다. '선사'는 비문명 혹은 머나먼 것에 대한 단순한 동의어이기보다는, 시간에 대한 특별한 인식을 의미하기도 한다. 이러한 개념적 차이는 사회인류학에서 기존에 '원시(primitive)' 사회라고 불렀던 것을 이제는 '전통(traditional)' 사회라고 부르며 개념적 차이를 두는 것과 비슷하게 바라볼 수 있다.

물론 선사를 이렇듯 새롭게 규정함으로써 고고학적 분석의 결과에 대한 오해가 발생할 수도 있다. 즉, 구전 전통에 의하여 통치되었던 사회들의 경우, 그 사회들의 행위 양식마저도 오로지 구전 전통에 의해서만 규정되었다고 본다면, 그것들은 물질적 흔적만을 다루는 고고학자의 연구 대상이 될 수 없다. 고고학자들이 선사 사회들에 대하여 연구할 수 있는 것은 그들이 남긴 물질문화가 마치 다른 사회들의 문헌 자료와 동일한 것으로 인식되기 때문이다. 만약 과거 사회들을 '전통' 사회라고 부른다면, 그것은 그 사회들이 남긴 유물과 건축물 및 경관이 그러한 전통의 근거를 제시하기 때문이다. 만약 그렇지 않다면, 기존의 부적절한 용어를 대신하고자 했지만 역시 부적절한 용어를 사용한 것에 불과할 것이다.

시간 인식

전통은 시간의 흐름 속에서만 형성될 수 있는데, 시간은 고고학자가 다루는 매체이다. 고고학자들은 시간에 대하여 무비판적으로 접근하기도 하는데, 그럴 경우 중요한 문제들을 간과하게 된다. 선사고고학자들이 이 문제에 대해 고민하기 시작한 것은 최근의 일이다. 그들에 의하면 시간은 사회적 삶과 분리해서 다룰 수 없다. 왜냐하면 시간은 문화적으로 구성된 것으로, 인간 행위의 차원에서 이해되어야 하기 때문이다. 시간은 다수성을 가지며 겹쳐 있기도 하다. 또한 과거에서 미래로 이어지는 시간의 끈 하나만 존재하는 것이 아니다. 고스든(Gosden)은 이 점을 아주 잘 표현하고 있다.

모든 행위는 시간성이 동반된 행위로, 과거의 흔적을 바탕으로 미래에 대한 기대가 형성된다. 과거에서 미래로의 흐름은 인간의 신체와 물질문화를 통해 이어진다. 인간에게 시간의 흐름은 여러 차원에서 일어난다. 각각의 차원은 통용되는 기준틀(frame of reference)의 서로 다른 측면을 반영한다. 장기적으로 존속되는 기준틀은 경관의 형태, 인간 사회의 특수한 사회적 관계, 그리고 인간과 세상 사이의 관계 맺음을 통해 구성되는데, 바로 그 속에서 인간의 사회화가 진행된다. … 장기적 기준틀은 문화 경관의 형태 속에 담겨 있다. … 이 거대한 틀 속에서 … 단기적 기준틀 내에서 일어나는 구체적인 행위들의 구체적 증거가 존재하는 것이다.

(Gosden 1994: 17-18)

시간은 사회 내에서 살아가는 과정의 한 부분이다. 똑같은 모습을 가진 사회들이 없듯이, 시간을 경험하고 묘사하는 방법에도 여러 가지가 있다.

사람들이 하나의 척도에 따라 시간을 측정하기 시작한 것은 근대 산업 사회에 들어와서부터이다. 이는 자본주의 사회 내에서 시간이 곧 돈이기 때문이다. 그것은 구체적인 액수의 지불을 동반하며, 금전적 가치를 가진 상품처럼 분할될 수 있다(Shanks and Tilley 1987: 5장). 하지만 그와는 다른 맥락에서는 시간에 대한 경험이 달라질 수 있다. 그것은 다양한 단위들을 통해 인식된다. 예를 들어, 달이 차고 지는 과정이나 계절의 변화 등 순차적으로 일어나는 자연적 현상들과 관련해서 시간이 인식될 수 있다. 또한 시간은 인간 세대의 흐름을 통해 인식되며, 탄생, 입문식, 성인식, 죽음 등 개인의 삶에서 중요한 사건들을 통해 측정될 수 있다(Adam 1990; Gell 1992; Hughes and Trautman

1995). 그 인식의 방법들은 무한하다.

만약 시간이 하나의 사회 내에서도 다양한 방법으로 경험될 수 있다면, 그것은 서로 다른 단위들을 통해 연구할 수 있다. 프랑스의 역사학자 브로델(Braudel)은 빠르게 변동하는 사건들의 역사가 일어나는 '단기 지속', 경제적 현상들의 '중기 지속', 그리고 인구 변동이나 자연 환경과 관련이 있는 '장기 지속'을 구분하였다(Braudel 1969). 학문적 분화에도 이러한 구분이 반영되어 있다. 즉, 정치사는 주로 단기 지속을, 경제사는 중기 지속을 다룬다. 또한 장기 지속은 경관사에 더 많은 영향을 끼쳤다. 연구 주제에 어떤 시간 단위가 적합한지는 선택의 문제이다. 고스든(Gosden 1994)은 선사고고학에서도 비슷한 구분이 가능하다고 보았다. 그는 '습관'에 의해 규정된 과거 사람들의 일상적 행위와 '공적 시간'의 증거가 되는 기념비적 건축물이나 그와 유사한 구조물에 반영된 장기적 연속성을 구분하였다. 고고학자의 과제 중 하나는 과거의 특정한 상황 속에서 이 두 가지가 서로 어떻게 연관되어 있었는지 생각해 보는 것이다.

시간이 사회적 구성물로 이렇듯 다양한 방식으로 개념화될 수 있다면, 고고학자들은 시간을 어떠한 방식으로 연구할 수 있을까? 이와 관련해서 필자는 특히 겔(Gell)의 저서 『시간의 인류학(*The Anthropology of Time*)』의 도움을 받았다. 겔은 시간에 대해 생각하는, 서로 근본적으로 다른 두 가지 방법을 구분했으며, 선행 연구자들의 업적을 이어받아 그것을 각각 'A시간관(A-series)'과 'B시간관(B-series)'으로 규정했다. A시간관에서는 시간이 과거, 현재, 미래의 세 가지 상태로만 인지되는 반면, B시간관에서는 모든 사건이 어느 특정한 순간의 '이전' 혹은 '이후'로만 인지된다.

A시간관의 시간은 인간 행위자가 경험하는 주관적 시간이다. 앞서 보았듯이, 비서구 사회에서는 시간을 인식하는 여러 가지 방법들을 가지고 있다. 시간을 무한대의 미래로 이어지는 사건들의 연속으로 이해하는 근대의 산업화된 사회들의 시간관은 매우 제한된 시간 인식의 한 가지 방법일 뿐이다. 사실 시간은 A시간관의 범주에 해당하는 서로 다른 다양한 방법으로 인식될 수 있으며, 심지어 동일한 사회 내에서도 그 맥락에 따라 시간을 서로 다르게 인식하는 방법이 존재할 수 있다. 이와 마찬가지로, 이웃하는 집단들도 시간을 서로 다르게 인식할 수 있다. 그렇다면 선사시대 집단들이 오늘날 우리와 같은 방식으로 시간의 진행을 경험했을 가능성은 매우 낮다. 그들의 반응은 매우 다양했을 것이고, 오늘날 그것들을 해석하기란 매우 어려울 것이다.

반면 B시간관은 자연과학에서 근본적인 역할을 담당한다. 그것은 보편적이며, 그것을 기준으로 그 외의 모든 시간 인식의 틀들이 성립한다. 그런데 겔의 논지에서 A시간관과 B시간관은 서로 대안적 관계에 있는 것이 아니다. 겔은 B시간관은 보편적 시간 진행의 과정을 묘사하는 것이고, 그에 대하여 해설을 제공하는 것이 '주관적' 시간 인식이라고 보았다. 두 범주의 시간 인식은 모두 감안되어야 하지만, 그래도 '과학적 시간'을 기반으로 할 필요가 있다. 왜냐하면 그것은 서로 다른 시간 인식 체계들을 비교할 수 있도록 해 주는 하나의 공통된 기준을 제공하기 때문이다.

이 시간 인식의 틀은 선사고고학과 직접적으로 관련이 있다. 왜냐하면 선사고고학자들의 주된 연구 목표 중 하나가 층위의 분석이나 절대연대 측정법과 같은 기본적 방법을 통하여 과거의 사건을 위한 객관적인 편년 체계를 구축하는 것이기 때문이다. 이러한 과정은 과거의 물질적 잔적에 대한 자리매김에 결정적으로 중요한 역할을 해 왔다. 게다가 이 편년 체계가 제공하는 틀 안에서 과거에 관한 상이한 해석들이 고려될 수 있는 것이다. 그중에는 선사시대 집단들이 경험했을 시간의 주관적인 경험이 포함될 수도 있겠지만, 고고학자들이 이러한 접근을 구사할 수 있는 경우는 극히 드물다.

고고학에서 B시간관에 대응하는 바를 찾는 것은 쉬운 일이다. 특정 사건의 '이전'과 '이후'에 무엇이 일어났는지 고고학적으로 확인하지 못한다면, 그다음 해석의 단계로 나아갈 수 없다. 이 책에서 진행된 대부분의 논의도 바로 이렇듯 '순서'를 성공적으로 확인하는 작업에 의존한다. 간혹 A시간관을 확인할 수도 있겠지만, 이 작업이 가능하기 위해서는 정확한 편년 체계의 구축이 선행되어야 한다. 관련 단서 중에는 명백한 것들도 있다. 예를 들어, 예상할 수 있는 천체의 움직임과 관련이 있는 건축물이나 규칙적인 주기에 따라 축조되거나 해체된 기념물 등이 있을 수 있다(두 가지 사례 모두 제4장에서 다루어진다).

이 외에 가장 눈에 보이는 현상은 개별 유적들이 장시간에 걸쳐 형성되었다는 사실이다. 개별 유물 형식들이 장시간에 걸쳐 그것의 독특한 모습을 지속적으로 유지했다는 사실도 명확히 확인된다(이 주제들은 제3장과 제4장에서 다루어진다). 고대 사람들이 자신들의 창조물이 미래에 어떻게 전개될지에 대해 생각한 바는 알기 어렵지만, 최소한 자신들의 과거에 대하여 인지를 했던 것으로는 보인다. 왜냐하면 과거의 흔적은 뿌리 깊은 것이기 때문이다. 현대의 고고학자들이 현존하는 다수의 유물과 기념물에 직면하듯이, 고대 사람들도 앞선 세대들의 물질적 잔적 속에서 자신들이 생활하고 있었음을 모르지는 않았을 것이다. 또한 그 잔적과 당시 사람들 간의 관계를 보여 주는 단서들은 궁리의 대상이 되었을 것이다. 과거의 유물과 기념물이 당시에 만들어지고 있던 그것들과 행태적으로 유사할 경우에는 특히 그러했을 것이다. 겔이 제시한 개념들을 빌리자면, 그 유물들은 순서에 따라 배열될 수 있으며, 이는 B시간관의 시간 인식에 해당된다. 하지만 그 유물들은 시간의 주관적인 이해에도 개입될 수 있으며, 이는 A시간관과 관련이 있다.

이 지점에서 역사학과 선사고고학의 구분은 매우 중요할 수밖에 없다. 역사학자들은 탐구하고자 하는 시간대에 살았던 증인들의 기록을 통하여 과거를 연구할 수 있다. 그 증언은 부분적일 수도 있고 왜곡되어 있을 수도 있지만, 동일한 사건에 대한 서로 다른 증언들을 비교함으로써 그러한지의 여부도 평가할 수 있다. 이것은 문자생활의 발달과, 특히 출판물의 보급으로 가능해진 방법론 중 하나이다(Goody 1977; Ong 1988; Hutton 1993). 선사고고학자들에게는 이러한 이점이 제공되지 않으며, 그들은 물질문화의 증거를 연구할 수밖에 없다. 그러한 물질문화가 과거에 어떻게 서로 관련되어 있었는지 궁리함으로써 그것들과 인간 생활의 관련성도 타진한다. 이 경우, 편견의 근원은 연구자 자신이 된다.

선사시대 사람들은 자신들의 과거와 미래에 대하여 여러 가지 방식으로 인식했을 것이다. 물론 그것에 대하여 구체적으로 알 길은 없지만, 이와 관련해서 과거 사람들이 오늘날의 고고학자들과 비슷한 방식으로 과거의 물질문화에 대하여 반응했을 가능성을 생각해 볼 수 있다. 이럴 경우, A시간관과 B시간관은 서로 만나게 된다. 문헌 기록이 부재한 상황에서 사회 집단들은 자신들의 기원이나 앞선 시대의 역사를 어떻게 기억했을까? 선사시대 집단들이 과거의 사건들이 일어났던 장소나 과거로부터 전승된 건축물 및 물질문화와 지속적으로 관계를 맺었을 가능성 한 가지를 생각해 볼 수 있다. 또한 구전 전통이 그 역할을 했을 가능성도 생각해 볼 수 있는데, 이 역시 새로운 문제를 불러일으킨다. 만약 문헌 기록의 부재가 선사 사회의 특징이라면, 문헌 대신 존재했던 전통들은 얼마나 안정적이었겠는가?

이것은 논의하기 어려운 문제이기는 하지만, 최근에 와서는 역사학자들이 이 문제를 다루고 있다. 아울러 호메로스의 서사시와 같은 구전 전승된 텍스트의 안정성을 연구하는 문학 전공자들도 이 문제에 관심을 가져 왔다. 역사학자들은 시간이 흐르면서 일어나는 정보 소실의 문제를 살펴보았다. 이 문제에 관한 그들의 결론은 저마다 다소 차이가 있으나, 구전 전통이 200년 이내에 불안정해지거나 아예 와해된다는 것은 분명한 듯하다(Henige 1974; Vansina 1985). 그리고 이 과정은 더욱더 빨리 진행될 수도 있다. 물론 기억이 소실되는 속도를 늦추는 기제들도 있다. 앵글로-색슨(Anglo-Saxon) 시대 영국에서 계보를 기록할 때 사용되었던 두운체(頭韻體)의 운문이 이에 해당한다. 하지만 오랜 과거로 소급되는 구전 기록의 경우에는 그 기억의 정확성이 떨어질 수밖에 없다(Sisam 1990). 구전 문학에 대한 연구에서도 비슷한 관찰이 제시된 바 있다. 구전자는 내용을 똑같이 전달하고 있다고 생각할지라도 그 내용은 점차 변한다고 한다. 이는 '텍스트'를 그대로 전하는 것이 중요하다고 특별히 인식되는 경우에도 마찬가지이다. 어느 시점 이전의 과거에 대한 기억은 불완전할 수밖에 없고, 그리하여 그 앞선 단계의 과거는 다른 성격을 갖추게 되는 것이다. 최근의 논문에서 고스든과 로크(Gosden & Lock 1998)는 사람들이 떠올릴 수 있는 계보적 과거와 그보다 더 오래된 과거에 대한 해석을 구분한 바 있다. 그들은 전자를 '전설적 과거(mythical history)'라고 지칭했는데, 이것은 더 이상 정확하게 기억될 수 없는 역사이다. 하지만 대부분의 경우, 과거의 물질문화에 대하여 해석할 때 그것이 필요하기는 하다.

문화와 물질문화

물질문화라는 용어는 유용하면서도 우리를 곤혹스럽게 한다. 문화에는 부분적으로 겹치는 많은 정의들이 있다. 따라서 그것에 대하여 논의하는 것조차 어려운 용어이기도 하지만, 고고학에서는 차일드(Childe 1956)의 연구를 통하여 하나의 구체적인 함의를 부여받게 되었다. 그는 문화를 하나의 분류 단위로 여겼으며, 그것이 선사시대의 집단과 동급으로 취급될 수 있다고 보았다. 그는 '물질문화'의 분석을 통하여 이러한 분류가 이루어지는 것으로 보았는데, 여기에서 '물질문화'란 선사고고학자들이 연구할 수 있는 현존하는 건축물, 기념물, 그리고 유물을 의미한다.

이와 같은 연결 고리가 가능한 것은 전통 때문이다. 사람들이 특정한 물건을 특정한 방식으로 사용하게 되는 이유는 그렇게 하도록 배웠기 때문이다. 개별 유물 형식의 구상과 생산도 이와 같은 논리에 따라 일어난 것으로 볼 수 있다. 각각의 형식은 구체적인 아이디어를 따른 것인 만큼, 차일드는 서로 다른 물질문화 양식들 간의 관계를 확인하고 또한 그것의 시공간적 궤적을 추적함으로써 고대 사회 내에서 아이디어의 확산 양상을 파악했던 것이다. 그런데 이러한 아이디어들은 학습되는 것이므로 과거의 생산 전통이나 행위 전통을 고고학적으로 파악할 수 있다는 결론에 도달했던 것이다. 그리고 많은 전통들이 지속적이고 공통적으로 나타날 경우, 동일한 삶의 방식을 공유한 사회를 상정할 수 있다고 보았다. 차일드에게는 그것이 바로 벨비커 문화(Bell Beaker Culture)나 투물루스 문화(Tumulus Culture)와 같은 '문화'였다.

이와 같은 과정을 통해 고고학자들은 지금은 사라져 버린 과거의 문화들을 확인할 수 있지만, 여기에서 명심해야 할 중요한 사항은 차일드가 그러한 문화를 지역 집단의 정체성에 관한 명쾌한 표현으로 보지 않았다는 점이다. 그는 물질문화가 그보다 수동적인 방식으로 작용하며, 물질문화와 관련된 배움의 네트워크가 거의 무의식적으로 인지된다고 보았다. 즉, 문화는 공유된 아이디어들이 외적으로 드러난 것이기는 하나, 명백하게 표현된 것은 아니라는 것이다. 또한 물질문화가 전략적으로 사용된 것은 더더욱 아니었을 것이다. 하지만 공통된 관념에 입각한 공동체의 존재를 상정하고 있어서, 빈퍼드(Binford)와 같은 고고학자들은 이러한 접근 전체를 '고심리학'이라고 하면서 폄하하기도 했다.

그러나 민족지 고고학의 연구 결과는 이러한 부정적 관점을 뒷받침하지 않는다. 왜냐하면 이 분야의 연구를 통해서 살아 있는 인구 집단과 관련 유물 양식의 분포 양상을 살펴볼 수 있기 때문이다. 즉, 사물을 만들고 사용하는 행위에 대하여, 그 주체가 되었던 집단들이 어떻게 인지하는지를 조사할 수 있다. 이러한 연구 결과는 차일드가 원래 제시한 바를 뒷받침하면서도, 한편으로는 그가 확인한 현상에 대한 새로운 해석의 가능성을 제시하기도 한다. 예를 들어, 호더(Hodder)가 케냐에서 진행한 민족지 조사를 통하여 확인한 것은 물질문화상에서 구체적인 차이를 보이면서 명확히 구분되는 서로 다른 문화들이 아니었다(Hodder 1982). 그보다는 훨씬 더 미묘한 차이가 있는 패턴들이 확인되었는데, 유물 양식, 의복 양식, 그리고 서로 다른 건축 형태는 모두 의사소통의 수단으로 사용되었음을 알 수 있다. 즉, 그것들은 — 물론 그 학습 체계들이 중요한 변수로 작용하기는 했지만 — 서로 다른 학습 체계의 수동적 결과가 아니었다. 서로 다른 매체들은 사회 내의 가장 기본적인 몇몇 관계들을 확인하고 해석하는 데 사용되고, 또한 적극적이고 공개적으로 사용됨을 알 수 있다. 따라서 그것들은 친족과 이방인, 남성과 여성, 노인과 젊은이, 그리고 서로 다른 인종 집단 간의 관계를 조정하는 데 사용될 수 있는 것이다. 고고학 내에서도 민족성에 관한 연구가 비슷한 양상으로 진행되어 왔으며, 그 결과 민족성도 역시 전략적으로 운용될 수 있었던 것으로 이해되고 있다(Jones 1997).[2] 즉, 특정 인간 집단에 속해 있다는 명백한 선언이야말로 인종적 계보보다 훨씬 더 의미가 있을 수도 있는 것이다.

만약 물질문화가 의사소통의 수단으로 사용된다면, 오로지 그것이 사용된 맥락 속에서만 이해될 수 있다. 차일드가 선사시대 물질문화에서 보이는 상이성과 상사성을 학습 체계의 외부적 현현으로만

2 이 책은 고고학에서의 민족주의에 관한 논의를 담고 있으며 한국어로도 번역되었다. 시안 존스, 2008, 이준정·한건수 옮김, 『민족주의와 고고학』, 2008, 사회평론.

이해했던 것과 달리, 우리는 그것들이 고대의 사회적 생활에서 중요한 역할을 했던 것으로 이해할 수 있다. 그리고 이러한 현현이 과거 정체성을 거의 무의식적으로 나타낸 지수로 이해했던 차일드와 달리, 그것들이 그 정체성을 형성하고 유지하는 과정의 일부를 이루었을 가능성을 생각해 볼 수 있다.

그러나 차일드의 최종 목표는 문화의 확인이 아니었다. 그는 문화를 이용하여 선사시대 유럽 지역에 걸쳐 주민과 아이디어들이 전파된 양상을 파악하고자 했다. 또한 지리적 분포만큼이나 편년을 중요시했다. 그의 접근은 아직 유효하게 사용되고 있으며, 그의 사후에 발달한 연대 측정 방법들의 도움을 받아 근간이 더 튼튼해졌다. 흥미롭게도 차일드가 확인한 다양한 유물 양식의 분포 양상이나 공반 양상이 많은 비판적 검토의 대상이 되었던 것과 달리, 그가 확인한 물질문화상의 연속성은 그다지 관심을 받지 못했다. 그런데 물질문화의 생산과 관련된 행위의 전통은 왜 이렇게 끈질기게 이어졌는가?

만약 물질문화가 서로 다른 집단을 구분하거나 특정한 거래 과정의 의의를 부각시키기 위해 능동적으로 사용되었다면, 통시적으로 일어난 그것의 성격 변화는 수동적인 것이 아니었을 듯싶다. 왜냐하면 그 변화를 수동적인 것으로 이해했을 경우, 물질문화의 분포 양상은 의미가 있지만, 그것의 편년적 전개는 우연의 산물인 것으로 바라보는 셈이 되기 때문이다. 실제로 물질문화가 왜 통시적으로 변화하는지에 대한 관심은 덜했고, 그 이유는 대체로 명백한 것으로 여겨져 왔다. 즉, 유물과 건축 환경에서 포착되는 변화는 자연 세계에 대한 인간의 통제 능력이 발달한 결과로 이해되었다. 그것이 바로 삼시 기법의 전제이며, 그러한 입장은 그 정도는 덜하지만 오늘날에도 유효하게 작용한다. 그것은 또한 문화를 '신체 외적 적응의 수단'으로 규정한 빈퍼드(Binford 1965)의 유명한 정의의 근간이 되기도 한다. 또한 사람들은 실험을 할 줄 알았고, 다른 인구 집단에서 온 관념들을 수용하기도 했다. 이것이 바로 차일드의 편년안에서 중요한 역할을 했던 '전파'의 원리 중 하나이다. 한편 통시적 변화는 여러 세대에 걸친 전승의 과정 속에서 특정 개념이나 기술이 다음 세대에 잘못 전달되고, 그 결과 그것이 잘못 이해되거나 변형된 것의 결과일 수도 있다. 이 경우, 구전 문학이 중요한 참고 대상이 된다(Ong 1988). 그러나 물질문화의 통시적 변화를 자연스러운, 혹은 당연한 것으로 접근하는 관점은 적절하지 않다.

물질문화의 통시적 변화 패턴 중 하나는 순서배열법(seriation)이라는 방법론의 실증적 근거를 제공하기도 했다. 이 편년 분석법은 흔히 오랜 시간에 걸쳐 축적된 층위들이 있는 유적에서 활용되며, 서로 다른 종류의 유물들이 그 빈도가 순차적으로 변화한다는 관찰에 입각한다. 특정 유물은 처음에는 희귀하다가, 그다음에는 고고학 자료에서 그 빈도가 증가하다가, 마지막에는 다른 종류의 유물들도 동일한 과정을 거치게 되면서 그 빈도가 감소한다. 순서배열법은 이러한 유물 빈도의 증감 곡선을 가장 논리적으로 배열하는 능력에 의존한다(Brainerd 1951). 이러한 패턴이 존재한다는 것은 의심의 여지가 없지만, 그에 대한 설명이 시도된 적은 거의 없다. 어쩌면 그나마 가장 설득력 있는 모델은 유물의 사회적 의의를 강조한 모델일 것이다. 즉, 처음에는 신기한 제품에 불과했던 유물 형식이 점차 널리 사용되면서 그것이 원래 가지고 있던 참신한 의미가 상실되고, 그 시점부터 그 유물 형식의 빈도가 감소하여 끝내 새로운 형태의 물질문화에 의해 대체되었을 가능성이 있다는 것이다(Miller 1985: 184-96; Bradley 1988).

만약 이러한 해석이 옳다면, 이는 물질문화가 '일정 기간 동안' 특별한 의미를 지녔음을 시사하는 것이 된다. 이러한 관점을 뒷받침해 주는 증거도 있다. 선사시대 물질문화에서 확인되는 변화의 속도를 살펴보는 것이 유익하다. 어떤 사회들에서는 유물 양식의 변화 속도가 매우 빨랐던 것으로 보이지만, 다른 사회들에서는 장기간에 걸쳐서도 그러한 변화를 포착하기 어렵다. 예를 들어, 퍼널비커토기 문화(Funnel Beaker Culture)[3]나 선형토기 문화(Linearbandkeramik)[4]의 토기에서는 시간 폭이 짧은 여러 단계에 걸쳐 급격한 변화가 일어났기 때문에, 순서배열법을 이용해서 아주 세세한 편년안이 구축되었다(Midgley 1992; Lüning & Stehli 1994). 반대로 브리튼 제도의 이른 신석기시대 토기의 경우에는 양식적인 변화가 거의 확인되지 않는다(Herne 1986). 즉, 거의 500년이라는 세월 동안 몇 가지 장식적 요소가 추가된 것 이외에는 양식적 발전이 일어나지 않았던 것이다. 이 경우에는 전통적인 토기 형식을 유지하고자 했던 의식적인 노력이 있었던 것으로 보인다.

---

3 이 문화의 독일어 명칭인 'Tricherrandbecher' 혹은 'Trichterbecher'를 줄여서 'TRB 문화'라고도 부르는데, 이는 비커 문화(Beaker Culture)에서 파생된 문화 중 하나이다. 중북부 유럽에서 대략 기원전 4300년경부터 2800년경까지 존속했던 이 문화는 이 지역 최초의 농경민 집단이 남긴 것으로 이해되고 있다. 이 문화의 토기 중 특징적인 깔때기 모양의 구연부를 가진 비커 토기들은 아마도 음용 용기로 사용되었던 것으로 보인다. Mallory, J. & Adams, D. Q. eds., 1997, *Encyclopedia of Indo-European Culture*, London: Fitzroy Dearborn Publishers.

4 이 문화에 관한 자세한 내용은 이 책의 제2장을 참고.

기념물의 형태와 관련해서도 위와 같은 문제가 성립된다. 어떤 지역에서는 다양한 변이가 존재하며, 기념물의 형식이 복합적이고도 지속적으로 진화해 가는 양상이 포착된다. 브르타뉴 지방의 거석 기념물이 좋은 예이다(Boujot & Cassen 1993). 그러나 다른 지방의 경우에는 그것의 기능적 변화와 상관 없이 기념비적 건축물의 외부적 형태가 아주 긴 세월 동안 변하지 않은 채 그대로 유지되었다. 거의 1,500년 동안 사용되었던 유럽 신석기시대의 둑길 환호(causewayed enclosure) 시설이 그 좋은 예이다(Bradley 1998: 5장). 일상생활에 사용된 건축물의 경우도 마찬가지이다. 원형 주거지를 사용하는 대서양 연안 지역의 전통은 동기시대부터 철기시대 후기까지 유지되었다(Cunliffe 2001). 또한 방형 주거지를 선호하는 유럽 대륙 지역의 전통은 신석기시대 이래로 이어져 내려온 것이었다. 종종 원형 주거지와 방형 주거지가 함께 나타나는 취락도 있지만, 이 두 전통이 서로 관여했음을 보여 주는 증거는 없다.

상기의 내용에 관한 가장 개연성 있는 해석은 이러한 연속성 역시 차일드가 포착했던 물질문화의 변이만큼 전략적으로 사용되었다는 것이다. 사람들이 유물이나 건축물을 전통적인 틀에 맞추어 제작한 것은 다른 것을 상상할 수 없었기 때문이 아니다. 그것은 오히려 전통을 고수하는 방법이자, 그들이 인식했던 자신들의 과거와의 연결 고리를 유지하는 방법의 하나였다. 오래전부터 전해 내려온 방식에 따라 토기를 제작하고 장식하는 것은 봉분묘를 축조하고 그곳을 방문하는 것 못지않게 기억을 유지하는 하나의 방법이었던 것이다. 이와 마찬가지로, 전통적 방식과의 단절에는 과거와 현재 사이의 관계에 대한 입장이 반영되어 있을 수도 있다.

> 양식의 편년적 전개 과정을 층위나 연대측정법을 이용해서 신뢰성 있게 구축할 수 있는 경우에는 과거 사람들이 자신들의 삶을 구성하는 데 사용했던 서사에 대한 유추도 시도할 수 있다. 그런데 필자가 여기에서 말하는 것은 개인의 일생사나 짧은 역사가 아니다. 대신 … 우리 모두가 포함된 … 대규모의 서사를 말하는 것이다. … 문화의 기술적 부분이 아닌 표현적 측면에서 이러한 서사가 나타나는 것이다.
>
> (Hodder 1993: 269)

이렇듯 물질문화는 표현 수단으로 사용될 수 있기 때문에, 이미 존재하는 것들 혹은 가까운 과거에 존재했던 것들에 대한 인식을 바탕으로 창조된다. 그것의 성격적인 변화는 우연의 결과일 리가 없고, 전통과의 유사성이나 차이를 강조하고자 했던 의식적인 노력의 결과일 수 있다. 이것이 바로 물질문화의 '수사'이며, 이런 측면에서 물질문화의 전개 양상이 주제나 서사를 내포하는 것이다. 호더는 북부 그리스의 시타그로이(Sitagroi)[5]에서 나온 토기에 대한 연구를 바탕으로 관련된 사례를 제시한 바 있다. 그에 의하면, 이 유적의 토기에서 보

5 그리스 북부 지역에 있는 텔 유적으로, 중기 신석기시대(기원전 4500년경)부터 전기 청동기시대(기원전 3천년기)까지 점유된 이곳의 층위적 양상은 북부 에게해 지역의 편년을 구축하는 데 중요한 역할을 했다. Renfrew, C., Gimbutas, M. & Elster E. S., 1986, *Excavations at Sitagroi: A Prehistoric Village in Northeast Greece Volume* 1, Los Angeles: Institute of Archaeology, University of California. 호더는 이 텔 유적에서 확인된 물질문화에 입각한 '단계'들이 고고학자에게만 의미가 있는 것이 아니라, 당시 사람들에게도 의미가 있었을 것이라고 주장했다. 특히 물질문화의 흥망성쇠에 관한 서사를 은유나 아이러니와 같은 수사학적 기제를 도입해서 읽을 수 있다고 보았다. Hodder, I., 1993, 'The narrative and rhetoric of material culture sequences', *World Archaeology* 25: 268-82.

이는 형태적 변화는 앞선 단계의 토기들이 가졌던 형태를 환기시키려는 목적에서 기인했던 것일 수도 있다.

기억하는 것에 관하여

이러한 주장들을 입증하기는 어렵지만, 인간 문화 전체가 기억에 의존한다는 것은 분명한 사실이다. 왜냐하면 기억을 통해 전통에 대한 학습이 이루어지고 그것이 체화되기 때문이다. 물론 그 가르침은 현대의 교육 방식을 따르지 않았다. 다만 전통 사회 내에서는 생활 그 자체 속에서 적절한 행위 양식들이 터득되었을 것이다. 그것은 최소한 두 가지 방식으로 이루어졌을 것이다. 첫째, 신체적 실천(bodily practice)이라고 부를 수 있는 방법을 통해서이다. 즉, 제의나 의식에 실제로 참여하는 과정 속에서 그 규칙들이 무의식적으로 체화되었을 것이다. 이 경우에는 사람들이 지능적이라기보다는 본능적으로 행동한 것이 된다(Connerton 1989). 물질문화의 역할도 마찬가지로, 사회 내의 적절한 행동을 알려 주는 일련의 신호들을 제공했을 것이다. 건물 내에서 어느 지점에 서는 것이 바람직한지, 특별한 맥락에서 어떤 종류의 물질문화를 사용하는 것이 옳은지, 각각의 상황에 올바른 옷차림이 무엇인지 등이 그에 해당한다(Bourdieu 1977). 이러한 관습은 경험이나 다른 사람들에 대한 관찰을 통해 학습되었을 것이며, 성문화가 아예 안 되었을 수도 있기 때문에 옳은 행동이 무엇인지에 대한 의식이 형성되었을 것이다. 이 정보는 건물의 배치 양상이나 식사 자리에서 사용된 토기 종류 등 사물이 정리된 양상을 통해 전달되었을 것이다.

사회적 기억이 형성되는 또 다른 방식은 세상을 바라보는 하나의 특별한 시각을 영속시킬 목적으로 진행된 기념물의 축조를 통해서이다. 이러한 행위는 현대 사회에서 문서를 남기는 행위와 유사하기 때문에, 그 과정을 '각인(inscription)'이라고 묘사하기도 한다(Connerton 1989). 역사학자들의 작업은 이러한 과정에 기여하며, 고고학자들의 저술 작업도 정도는 덜하지만 그러하다. 이와 같은 성격의 사회적 기억은 공적 건축물, 조각상, 그리고 예술 작품에 간직되어 있다. 어쩌면 그것을 구성하는 매체가 가지고 있는 안정적인 성격이 그 기억을 안정적으로 유지하는 데 기여했을 수도 있다. 그것들이나 구전된 서사나 동일한 의도를 가지고 만들어졌을 수 있으나, 전자의 경우에는 여러 세대에 걸쳐 그 형태가 변하지 않았을 것이다. 물론 그렇다고 거기에 내포된 의미까지도 안정적으로 유지되었다는 것은 아니다.

이러한 각각의 접근들은 서로 다른 종류의 기억을 형성했다. '각인'이라 명명된 것은 내구성이 있는 물질문화의 생산을 동반했으며, 그것은 꽤 오랜 시간이 지난 이후에도 유지되고 해석될 수 있었다. 이것은 주로 취락, 기념물, 그리고 다른 상당한 규모의 건축물의 조성에 해당되는 것으로, 이러한 구조물의 조직 양상은 세상에 관한 더 광범위한 관념들까지 암호화된 형태로 거기에 내포되어 있었을 것이다. 하지만 작은 물건들을 제작하는 데에도 그 원리는 동일하게 적용된다. 즉, 일부 유물은 제작된 이후에도 꽤 오랜 세월 동안 유통되었을 수 있었던 것이다.

인간의 실천을 통한 기억의 생성은 번거로운 용어인 '내포된 실천(incorporated practices)'을 통하여 묘사된다(Connerton 1989). 그것은 흔적을 남기지 않고 다양한 형태로 나타난다. 사물의 의도적 파쇄가 그 방법 중 하나이다. 특정 사물들의 경우, 그에 대한 해석이 더 이상 일어나지 않도록 의도적으로 더 이상 유통시키지 않았을 것이다. 그 대신 그 사물을 파쇄한 사건은 구전으로 기록되어 전승되었을 것이다. 이런 사건들은 반복적으로 일어났을 수도 있고, 문화적 파괴가 진행되는 사건은 일정 시간이 지난 다음에 다시금 반복되었을 것이다. 이러한 방법으로 첫 번째 파쇄의 사건이 기억되었을 것이다. 즉, 이 과정은 '망각을 통해 기억하는(remembering through forgetting)' 역설적인 형태를 띠게 된다(Küchler 1987, 1999).

두 행위는 모두 고고학 자료의 형성에 기여했다. 각인 과정의 경우에는, 내구성이 있는 물질문화를 전제로 하기 때문에 별로 문제가 되지 않는다. 기념물이나 경관에 대한 변형이야말로 선사고고학 발전에 기여한 요소 중 하나이다. 그런데 사물을 파쇄함으로써 기억을 형성하는 행위 역시 선사고고학에 영향을 끼쳤다. 흔히 이 물건들을 더 이상 유통시키지 않는 방법은 그것을 땅속에 묻는 것이었다. 이로써 이 물건들은 과거 사람들의 일상적 경험으로부터 단절되었지만, 그 대신 오늘날까지 보존되었고 고고학 연구의 많은 부분을 차지하게 되었다. 차일드의 편년의 근거가 된 완형의 금속 유물은 많은 경우에는 의도적으로 더 이상 유통되지 않았기에 연구될 수 있었던 것이다. 이 때문에 고고학 자료가 편향될 우려도 있지만, 달리 생각하면 그것은 고고학이라는 학문의 초기 단계에 그 누구도 예상할 수 없었을 만큼 고고학자들의 연구를 풍부하게 해 주었다.

각각의 과정은 선사시대에도 해석을 동반했을 것이다. 사람들이 그들의 경관 내에 존재하는 과거의 물질적 흔적에 대해 인식했을 것임은 의심의 여지가 없다. 설령 그것을 무시하고자 했어도 그 역시 문제가 되었을 것이다. 또한 앞서 언급한, 땅속에 매납된 앞선 시대의 유물들을 의도치 않게 발견했을 수도 있다. 땅을 경작하다가, 혹은 기존의 봉분묘에 무덤을 새롭게 추가하다가, 혹은 취락을 다시 조성하는 과정에서 앞선 시대의 매납 유구들이 발견되었을 것이고, 그것 역시 문제적으로 다가왔을 것이다. 다윈이 활동했던 시기 이후의 고고학자들처럼, 과거 사람들도 고대 물질문화의 이러한 잔존물을 이용해서 이 세상에서 자신들의 위치가 어디인지 확인하고자 했을 것이다.

이 책에서는 바로 이러한 독특한 과정을 다루고자 한다.

과거 속의 과거와 미래

세대 간에 기억을 정확히 전승하는 특별한 장치가 마련되지 않는다면 구전 전통이 200년 이내에 와해된다는 사실은 역사학자들이 동의하는 바이다. 대부분의 해상도 높은 선사시대 편년안의 경우에도 그 시간적 범위는 대략 이와 비슷하다.

이러한 이유로 우리가 원하는 만큼 정확하게 전통의 성장과 와해를 추적하기란 어렵다. 다만 연대측정법의 발전으로 언젠가는 그것이 가능해질지도 모른다. 이와 동일한 논리로, 아주 특별한 경우가 아니면 고고학자들이 과거의 시간 관념을 복원하는 것은 불가능한 작업이다. 따라서 이 문제를 다룬 최근의 두 가지 연구 모두 — 고스든(Gosden 1994)의 『사회적 존재와 시간(*Social Being and Time*)』, 그리고 토머스(Thomas 1996)의 『시간, 문화, 그리고 정체성(*Time, Culture and Identity*)』이 그것이다 — 매우 추상적인 접근을 취하고 있다. 그 결과, 고스든은 고고학 자료의 복잡한 상황을 제대로 활용하지 못하고 있고, 기존의 발굴 자료를 이용한 그의 사례 연구들에서는 고고학 자료의 세부적 사항들이 어느 정도 빠져 있다. 토머스의 연구는 다른 극단으로 가고 있다. 그는 일련의 고고학 자료에 대하여 아주 세밀한 분석을 제시하고 있으나, 이 부분은 그의 책 앞부분의 내용에 해당하는 20세기 철학적 담론과 연결되지 않는다. 또한 두 저자 모두 더 중요한 문제를 간과하고 있다. 고대의 잔적에 대하여 과거 사람들이 어떠한 종류의 행위들을 통해 반응했는지가 그것이다. 구전 전통이 잊히면서 이러한 잔적은 특별히 중요했을 것이며, 그것과의 작용 과정에서 일어난 행위들은 위의 작가들이 다룬 추상적 주제와는 달리 고고학자들이 다룰 수 있는 명백한 흔적을 남겼다. 이러한 실증적인 패턴에 대해서는 지금까지 대체로 관심이 주어지지 않았으나, 이제는 그것을 연구할 때가 되었다.

이 책에 나와 있는 연구 사례들은 실제 고고학적 조사를 통하여 확인된 내용을 바탕으로 상기의 이론적 주제들을 다루고 있다. 그것들은 특정 사회와 그 사회의 '과거에 대한 이해' 사이의 관계를 살펴보고 있다. 대부분의 경우에는 선사시대 유럽의 서로 다른 지역을 대상으로 하는 구체적인 사례들을 다루고 있다([그림 1.2], [그림 1.3]). 제2장에서 다루고 있는 것은 사람들이 아주 먼 거리에 있는 사건을 기념한 현상이다. 기원 신화가 바로 그와 관련된 주제인데, 유럽 신석기시대의 두 가지 사례를 통하여 이를 다루고 있다. 하나는 세장방형 주거지(longhouse) 및 그것을 대체한 토축 기념물(earthwork monument)

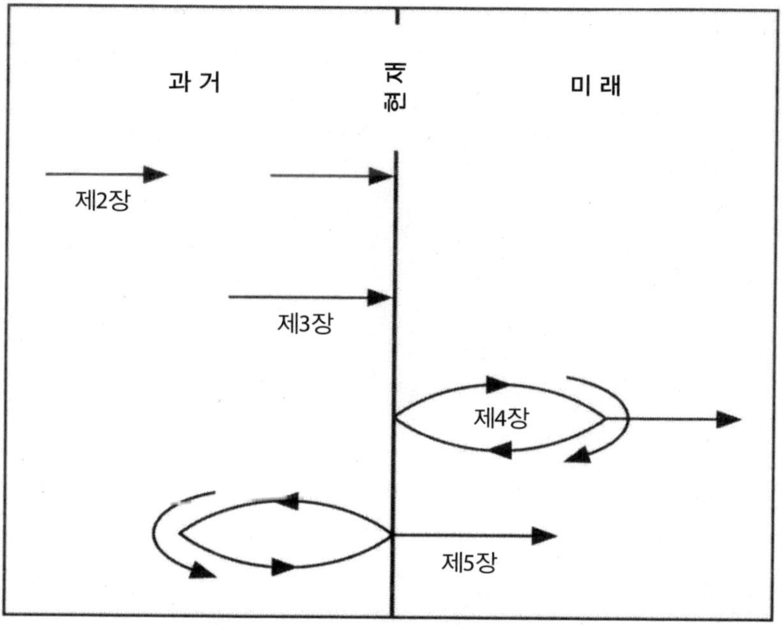

[그림 1.2] 이 책의 구성에 대한 도식

의 상징적 의미에 관한 것이고, 또 하나는 대서양 연안 지역의 경관적 특징 중 하나인 입석들에 관한 것이다. 파란만장한 역사를 가진 이 입석들은 처음에는 공터에 독립적으로 세워졌다가 결국에는 그 편들의 일부가 거석 기념물의 석재로 사용되었다. 중부 및 북부 유럽과 남부 및 서부 유럽 지역을 대상으로 하는 각각의 사례 연구를 통하여 사회적 기억이 형성되는 기본 과정을 비교할 수도 있을 것이다. 한 가지 경우에는 거석 기념물의 사용을 통하여 이루어졌지만, 다른 경우에는 도상의 파괴 및 은폐가 그 역할을 했다.

제3장은 선사시대 사람들의 가까운 과거를 다루고 있다. 우선 그들이 물질문화를 어떻게 사용했는지 살펴보고, 서로 다른 유물의 일

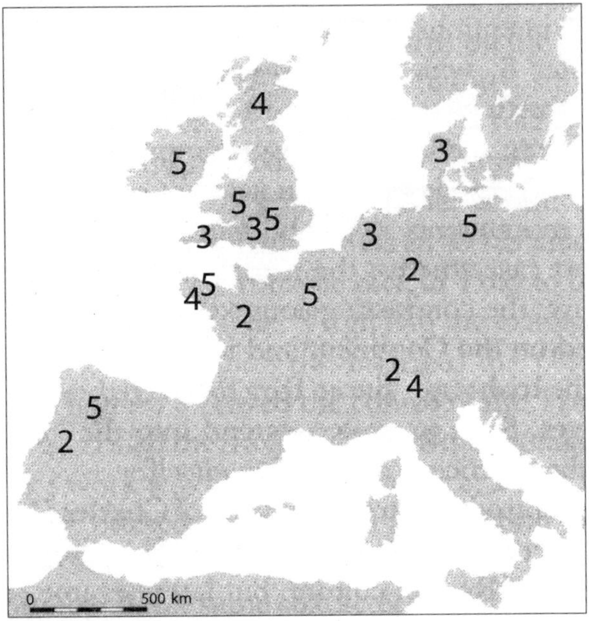

[그림 1.3] 이 책에서 다루고 있는 유럽의 지역들
숫자는 해당 장을 나타낸다.

생사를 확인하는 작업의 중요성을 강조한다. 여기에서 특히 중요한 것은 유물이 그 기간 동안에 어떻게 특별하게 다루어졌는지 확인하는 것이다. 첫 번째 절에서는 스칸디나비아와 브리튼 제도에서 사용된 토기 및 금속기를 논하고 있다. 각각의 경우에 그 유물들이 과거의 행위들과 어떻게 연관되어 있는지 알아야만 그 유물들이 어떻게 특별히 다루어졌는지를 이해할 수 있다. 이후 논의는 확장되어 일상생활 속에서 주거지와 취락 유적들이 어떻게 다루어졌는지를 살펴보며, 특히 각 취락의 역사 속에서 건물들이 어떻게 새로운 건물에 의하여 대체되었는지 살펴보고 있다. 또한 무덤과 경작지의 관계도 살펴보고 있다. 이러한 사례들은 유럽 북부 지역의 선사시대에서 비롯되었다. 또 하나의 논의에서는 경관 전체에 대한 변형이 어떻게 이루어졌는지 다루고 있다. 영국 남서부 다트무어(Dartmoor) 지방의 독특한 고고학 자료와 청동기시대 동안 이 지역에서 일어난 변화를 논의의 대상으로 삼고 있다.

그 이후 제4장에서는 기념비적 건축물과 후속 세대의 기억에 영향을 끼칠 의도로 진행되었던 작업들에 대하여 다루고 있다. 스코틀랜드, 이탈리아, 북부 프랑스 여러 지역의 사례를 통하여 서로 다른 작업들의 특징들이 확인된다. 우선 기념물을 주기적으로 파괴했다가 다시 축조했던 현상이 확인된다. 브리튼에 있는 일련의 기념물들을 통하여 이를 확인할 수 있다. 이와 비슷한 두 번째 사례는, 최초의 조성부터 폐기까지의 시간이 짧도록 의도되었던 기념물에 대하여 다루고 있다. 이와는 대조적으로, 또 다른 일련의 기념물들은 아주 긴 세월 동안 지속적으로 축조되고 재해석되었다. 유럽의 유명한 거석 기념물 유적 두 곳의 고고학 자료에서 이러한 양상을 확인할 수 있는데, 북부 이탈리아에 있는 아오스타(Aosta)와 북서부 프랑스에 있는 카르나크(Carnac)의 거석 기념물이 그 예이다. 각각의 유적에서 기념물의 축조 그 자체는 하나의 역사를 가졌으며, 두 곳 모두에서 그것을 원래 축조했던 사람들이 의도했던 것보다 기념물이 훨씬 더 오래 사용되었다. 그러면서 자연스럽게 제5장으로 이어지는데, 여기에서는 고대 사람들에 의한 과거의 재발견을 다루고 있다. 우선 로마 시대와 중세 시대의 사람들이 더 앞선 시대의 유물을 어떻게 여겼는지에 대해 살펴본다. 이 사례들은 에스파냐, 북부 프랑스, 그리고 웨일스의 고고학 자료와 관련이 있다. 그다음의 논의에서는 아주 오래전에 폐기되었던 기념물들이 후대에 다시 사용되는 다양한 방식을 다루고 있다. 이와 관련해서 세 개의 짧은 사례 연구들이 제시된다. 북부 독일에서 보이는 선사시대 매장 기념물의 재사용 양상, 라텐(La Tène) 매장 인클로저 시설이 유럽 대륙 지역과 저지대 잉글랜드 지역에서 서로 다르게 도입된 양상, 그리고 마지막으로 신석기시대부터 전기 중세시대까지 이어진 아일랜드의 왕족 유적인 타라(Tara)의 발전 양상이 그것이다. 이러한 과정들은 역사시대로까지 내려오며, 심지어 오늘날의 고고학 작업에도 직접적으로 영향을 끼친다.

찰스 다윈의 젊은 시절에 관한 일화로 이 책을 시작했으므로, 마지막 장에서는 그와 동시대에 살았던 리처드 콜트 호어 경(Sir Richard Colt Hoare)의 연구자로서의 업적을 다루도록 하겠다. 그는 로마 문화 연구자로 시작했지만, 이후 선사시대 유적에 대한 체계적 조사 및 발굴을 실행한 유럽 최초의 고고학자 중 하나가 되었다. 필자는 다윈과 호어 경이 야외 고고학에 끼친 영향에 대해 살펴보면서, 그들의 연구에서 파생된 시간에 대한 새로운 관념들에 대해서도 다루도록 하겠다.

제2장 태곳적 과거에 대한 인식: 머나먼 기원을 탐구하는 고고학을 위하여

정착을 둘러싼 수수께끼

공통의 기원에 대한 인식은 공동체의 통합을 유도하는 하나의 중요한 요소가 된다. 이런 인식은 'aboriginal'이라는 형용사가 지닌 본래의 뜻이기도 하다. 『옥스퍼드 간단 영문사전(*Oxford Concise English Dictionary*)』에 의하면, 그것은 "가장 이른 시기부터 그 땅에 존재해 온(exist[ed] in a land from the earliest times)" 특정 집단을 지칭한다. 이 집단은 그 땅에서 형성되었을 수도 있으므로 그들의 조상이 어떤 형태로든 여전히 그 땅에 기거하는 것으로 인식될 가능성이 있다. 그러나 다른 한편으로, 집단의 기원 시점이 시간적·공간적으로 멀리 떨어져 있을 수도 있다. 사람들은 자신들과 동떨어진 지역에 있는 마을에서 자신들의 뿌리를 찾기도 하는데, 바로 이런 이유로 기원에 관한 서사에는 영웅적 선조들의 여행 과정이 흔히 등장한다.

이런 생각은 널리 퍼져 있고, 그 내용은 놀라울 정도로 많이 겹친다. 그 이유는 공통된 기원에 관한 인식이 식자층 엘리트의 자아 정체성의 유지에 기여했기 때문일 것이다. 그런데 기원에 관한 이야기들은 근대 역사학에서 요구하는 증거의 기준에 따라 평가되지 않는다. 베르길리우스의 대서사시 『아이네이드(*Aeneid*)』에 포함된 고전기 세계의 대표적인 기원 신화가 대표적인 예가 되겠다. 이 서사시는 트로이가 함락된 이후에 주인공[1]이 이탈리아에 이르기까지의 여정을 다루고 있는데, 이 주인공의 후손들이 이후 이탈리아에 도시 로마를 세웠다. 베르길리우스는 호메로스의 서술 방식을 모방했는데, 『아이네이드』에 등장하는 일부 사건들도 호메로스의 대서사시인 『일리아드(*Iliad*)』, 『오디세이(*Odyssey*)』와 비슷하게 다루어졌다. 『일리아드』는 트로이 전쟁의 이야기를 전하고 있고, 『오디세이』는 트로이 전쟁이 끝난 이후 전쟁에 참여했던 한 인물의 여정을 다루고 있다는 측면에서 『아이네이드』와 유사하다. 호메로스의 작품이 처음 문자로 기록되던 무렵은 그리스 사회가 엄청난 정치적 격변을 경험하고 있던 시기로, 어쩌면 이 서사시들은 이런 사회적 변화를 정당화하는 역할을 했을지도 모른다(Morris 1986).

이와 같은 서사시들의 등장인물들은 북부 유럽 왕조들의 기원 신화에도 등장한다. 이 왕조들의 계보를 보면 개연성이 떨어지는 다양한 조상이 확인되는데, 고전기 만신전과 북유럽의 신화에 등장하는 신적인 존재들은 물론 구약성서의 인물들도 등장하며, 트로이 전쟁에 참가했던 인물도 나온다(Sisam 1990). 또한 몬머스 출신의 제프리(Geoffrey of Monmouth)가 쓴 『브리튼 왕들의 역사(*History of the Kings*

1 뒤에서 언급되는 아이네아스(Aeneas)가 그 주인공이다.

of Britain)』에는 상대적으로 덜 알려진 이야기가 하나 포함되어 있는데, 그것은 양부모를 죽음에 이르게 할 운명을 타고난 아이네아스의 손자 브루투스(Brutus)의 이야기이다. 이탈리아에서 추방된 브루투스는 아프리카와 아퀴타니아(Aquitania)[2]를 떠돌다가 결국에는 브리튼에 이르게 되었다. 그는 토트네스(Totnes)[3]에 정착했는데, 그 시점은 오늘날 우리가 철기시대라고 부르는 시기이다. 그의 후손들은 그 지역을 지배했으며, 율리우스 카이사르에게 정복당하면서 브루투스의 후손들은 로마의 형제들을 다시금 만나게 되었다. 넨니우스(Nennius)[4]에 의하면, 브루투스의 아들과 조카로는 프랑쿠스(Francus), 로마누스(Romanus), 알바누스(Albanus), 고투스(Gothus), 부르군두스(Burgundus), 랑고바르두스(Langobardus), 그리고 반달루스(Vandalus)가 있다. 이런 관계를 기반으로 아이네아스, 트로이 전쟁, 그리고 전기 중세시대(Early Middle Ages)의 여러 정치 집단들의 기원 사이에 연결 고리가 형성되었던 것이다(Creighton 2000: 138-45). 마찬가지로 아일랜드와 전기 중세시대 웨일스 왕조들의 계보를 보아도 유사한 서사가 등장한다. 한편 스코틀랜드의 왕들은 한때 자신들의 계보를 이집트의 파라오와 연결시키기도 했다. 그런데 이것은 크로마티의 토마스 어쿼트 경(Sir Thomas Urquhart of Cromarty)이 주장한 자신의 계보에 비하

---

2 로마제국의 속주인 갈리아 아퀴타니아(Gallia Aquitania)를 지칭하는 것으로, 오늘날 프랑스 남서부 지역에 해당된다.

3 영국 동남부 지역의 데번(Devon)에 있는 다트강(River Dart) 하구 초입에 위치한 마을이다.

4 9세기 전반에 활동한 웨일스 출신의 역사가로 브리튼 주민의 역사를 다루었다. 브루투스에 관한 이러한 이야기는 그가 편집한 『브리튼의 역사(*Historia Brittonum*)』에 나와 있다.

면 화려한 것도 아니다. 라블레(Rabelais)[5]의 저술을 처음 영어로 번역한 그는 1652년에 출간된 『시간 계산의 한 가지 계산법(*A Particular Promptuary of Time*)』에서 자신의 계보에서 143세대를 거슬러 올라간 조상이 아담과 이브였다고 했다(Boston 1975).

어떤 이야기들은 공동체 최초의 조상으로 칭송받는 인물의 행적을 다룬다. 또 다른 이야기들에서는 머나먼 곳에 있는 장소를 집단의 기원과 연결시키고 있다. 비슷한 예로 아일랜드의 『침략의 서(*Book of Invasions*)』를 들 수 있는데, 이 책에는 파도와 같이 끊임없이 몰려와 아일랜드를 정복했던 이주 집단들을 소개하고 있다(Champion 1982). 또 하나의 사례는 오늘날의 스코틀랜드에 해당되는 지역에 살았던 전기 중세시대 픽트(Picts) 집단이 러시아 스텝 지역 스키타이족의 직접적인 후손이었다는 믿음이다. 이에 대해서는 역사학자 비드(Bede)도 기록했다(Wainwright 1953: 10-11). 이러한 성격의 전설들은 매우 흔하며, 주인공이 늘 사람인 것도 아니었다. 앵글로-색슨 왕들 중 일부는 이교 신들의 후손을 자칭했는데, 그들의 이야기에는 전설적인 동물이나 정령과 같은 다른 성격의 존재들도 등장한다. 이 경우에도 그 기본 원리는 동일하다. 이러한 서사는 사회 특정 집단들의 기원에 대하여 설명하고 있으며, 그들이 따라야 하는 행동 강령을 제시하고 있다.

북서부 아마존 지역의 민족지에 관한 휴-존스(Hugh-Jones 1979)

5 프랑수아 라블레(François Rabelais)는 16세기 초에 활동한 프랑스 르네상스의 작가 및 인문주의자이자 의사이다. 그의 최고의 걸작은 『가르강튀아와 팡타그뤼엘 이야기(*Gargantua and Pantagruel*)』이다.

의 『밀크 강에서부터(*From the Milk River*)』라는 책에는 연구가 잘된 사례가 하나 등장한다. 이 사례는 오늘날 콜롬비아 지역에 사는 피리파라나(Piri-paraná)족의 삶과 믿음 체계에 관한 것이다. 이들은 강 근처의 세장방형 주거지에서 거주하는데, 강은 상류 지역으로 이주해 온 조상들의 이동 경로를 나타내기 때문에 하나의 핵심적인 은유를 제공한다고 한다. 강이 발원하는 서쪽에 있는 숲은 악령과 연관되어 있다. 동쪽은 조상들이 떠난 고향이 있던 곳이다. 한편 강의 노선은 다른 방식으로도 해석될 수 있다. 그것은 거대한 뱀인 아나콘다를 상징하는데, 아나콘다의 각 부위는 사회를 구성하는 각각의 집단과 연관되어 있다. 즉, 동쪽은 수장과, 서쪽은 하인과 연관이 있다. 그 외의 사회적 집단으로는 춤추는 사람들, 구호를 외치는 사람, 전사, 그리고 샤먼들이 있다. '강-뱀'과 떨어져 있는 거리에 따라 춤추는 사람들은 조상 세계와, 전사들은 인간 사회와 관련이 있다. 또한 샤먼들은 밀크 강이 발원하는 지점에 있는 숲의 정령과 가까이 있다.

세장방형 주거지에도 이와 유사한 상징적 체계가 적용된다. 즉, 건물의 동쪽 출입구는 조상과 관련이 있고, 서쪽 출입구는 숲이나 야생과 관련이 있다. 남성과 여성의 차이에도 동일한 구분이 성립된다. 주거지 내부에는 한쪽 출입구 주변의 남성적 공간과 여성의 점유 구역인 반대편의 부엌 공간이 존재한다. 동시에 주거지의 장축 방향은 강의 흐름을 따르며, 그 위치는 강물과 숲의 사이이다.

휴-존스는 이 서로 다른 층들이 어떻게 연관되어 있는지 다음과 같이 설명한다.

우주는 조상대의 창조와 관련된 행동과 권력을 내포하는 하나의 개념적 구성물로 여겨진다. 이러한 대안적 현실에 접근하기 위해서는, 창조적 과정들이 일어나는 우주의 체계를 사람들이 실천을 통해 통제하거나 최소한 변형시킬 수 있는 구체적인 체계에 덧씌워야 한다. 그러기 위해 **그들은 우주를 반영하는 집을 짓는다**.

(Hugh-Johnes 1979: 235[굵은 글씨 강조는 필자])

그들의 모든 실존하는 층에는 전설적인 과거의 사건들이 침투해 있는 것이다.

> 집은 그 안에 사람이 있을 때에만 살아 있다. 강 상류를 향한 조상들의 여정을 나타내는 지점들은 조상들이 그곳에 머무르기 전에는 존재하지 않았다. 강도 조상들이 그것을 밟기 전에는 흐르지 않았다.
>
> (Hugh-Johnes 1979: 237)

따라서 취락과 그 주변 경관의 구조는 기원 신화와 연관시켜야만 이해할 수 있다.

이 사례가 관심을 끄는 이유는 여러 가지이다. 이는 머나먼 과거와 연관된 관념들에 비추어 물질문화의 — 이 경우에는 주거 건축물이 이에 해당한다 — 조직 양상을 이해해야 한다는 것을 보여 주는 전형적인 사례이다. 그러나 건축물은 순전히 주거만을 위한 구조물이 아니었다. 휴-존스가 말했듯이, 그 안에 사는 사람들의 역사를 기록한 우주의 모델이기도 했다. 물론 이 집들은 공간 분포의 차원에서 접근할 수 있다. 그 경우에는 강과 숲의 구분, 남성과 여성의 구분 등 그 집들에서 강조된 바가 부각될 것이다. 하지만 그 강조점들을 집에 거주하는 사람들의 기원에 관한 생각과 관련해서 생각해 보지 않는다면, 해석을 통해서 진정한 의미를 찾기는 어려울 것이다. 즉, 조상들의 역할에 대한 이해가 조금이라도 없다면, 그 어떤 분석도 축소될 수밖에 없을 것이다.

그런데 오로지 죽은 사람들로부터만 정보를 얻을 수 있는 고고학자들이 이러한 복잡한 사항을 조사할 수 있는가? 이번 장에서 필자는 고대 사람들이 자신들의 기원에 대하여 어떻게 생각했는지에 대해서 시사점을 제공해 주는 유럽 신석기시대의 두 가지 사례 연구를 검토할 것이다. 이러한 분석은 증거의 한계 때문에 필연적으로 불완전할 수밖에 없지만, 사회적 기억이 얼마나 다양한 방식으로 생성될 수 있었는지를 보여 준다.

집을 떠나다

여기에서 다룰 첫 번째 사례 연구는 선형토기 문화(Linear Pottery Culture)에 관한 것으로, 이 문화는 유럽 북서부 지역의 신석기시대를 규정하는 요소 중 하나이다(그 나머지 요소는 이번 장의 뒷부분에서 다룰 카디얼토기(Cardial Ware) 문화이다).

'리니어밴드케라믹(Linearbandkeramik)'이라고도 불리는 선형토기 문화는 흔히 유럽 내 농경 집단의 확산을 대변하는 것으로 이해되고 있다. 하지만 그것은 어찌 보면 이례적인 현상이다. 이 문화는 중부 유럽에서 기원했던 것으로 보이며, 그 발생의 맥락은 발칸반도 지역의 잘 보존된 취락 유적들에 나타나 있다(Bailey 2000: 2, 3장). 서부 유럽 지역에서는 이 문화가 기원전 5500년부터 5000년까지, 오랜 시간 동안 넓은 지역에 걸쳐 아주 놀라울 정도로 그 독특한 모습을 유지하다가 여러 개의 지역 전통들로 나뉘어졌다. 그 지역 전통들은 기원전 4000년 무렵까지 존속하다가 생계와 취락의 측면에서 급격한 변화를 경험하게 되었다. 그 이후로는 특수한 목적을 가진 토축 기념물(earthwork)의 경우와는 달리, 취락의 흔적은 고고학적으로 잘 확인되지 않는다(Whittle 1996: 7장).

선형토기 문화는 농경민의 확산과 관련해서 해석되고 있으나, 그것은 사실 이례적인 문화이다. 그 취락을 특징짓는 것이 거대한 세장방형 주거지인 것도 맞고, 취락들이 주로 비옥한 뢰스 토양의 분포지에 한정된 것도 맞지만, 이러한 사실에만 초점을 맞추는 것은 현상에 대한 왜곡을 불러일으킨다. 그 주거지들은 어쩌면 너무나 크고 기념비적이라서 순전히 일상생활의 차원에서만 해석하기는 어렵다(Bradley 2001). 게다가 수없이 많은 저술에서 다루어진 선형토기 문화의 특징적인 취락 분포 양상 역시 오해를 불러일으킬 수 있다. 왜냐하면 생태학적으로 접근하자면, 가축을 키우기 위해 필요했을 목초지의 범위는 뢰스 토양의 분포 범위보다는 넓었을 것으로 보이는데, 사실 뢰스 토양 이외의 지역에서는 취락의 흔적이 거의 발견되지 않는다(Bakels 1978; Gregg 1988).

게다가 이렇듯 기능적 관점에서 선형토기 문화의 취락들에 접근하는 것은 그 문화의 기원지에서 보이는 체계나 그 문화에 뒤이어 나타난 사회적 행위에 비추어 보아도 합당하지 않다. 발칸반도 지역의 주된 취락들에는 제의적 행위가 스며들어 있고, 따라서 그것들에 단순하게 접근할 수는 없는 노릇이다. 그 취락들에서는 고의로 파쇄하고 의도적인 방식으로 매납한 토제 소상이나 장식 토기(Chapman, J. 2000)를 포함한 다양한 종류의 유물이 발견된다. 또한 주거지에서는 인골도 확인된다. 그중에는 무덤에서 나온 것도 있지만, 일부는 토제 소상과 비슷한 방식으로 다루어졌다. 또한 매 세대마다 그 안에 있는 물건과 함께 집을 일부러 불살라 버렸던 것으로 보이는데, 이러한 행위는 어쩌면 가구 구성원 중 한 명의 죽음과 관련이 있을 수 있다(Stepanovic 1997). 그 이후 집들은 거의 동일한 위치에 다시 세워졌는데, 이러한 과정을 통해 건축 폐기물이 쌓일 경우에 형성되는 것이 바로 텔 유적이다.

한편 이 문화의 종말과 관련해서도 결정론적 시각을 가질 수는 없다. 농경의 확산은 주춤해졌던 것으로 보인다. 또한 최후의 선형토기 문화 취락들과 그 바로 다음 단계의 취락들 주변에서는 토축 담장시설(earthwork enclosure)이 발견된다. 또한 취락이 뢰스 토양 위에 분포했던 기존의 전형적인 양상 대신, 취락의 흔적 그 자체를 찾기 어려워진다. 취락의 이동성이 증가했던 것일 수도 있고, 활용 자원의 범위가 넓어진 것일 수도 있다. 하지만 이것만으로 모든 변화들을 설명할 수는 없다. 가장 눈에 띄는 변화는 일련의 매장 기념물이 새롭게 축조된 점인데, 이것들은 이제는 더 이상 지어지지 않는 거대한 세장방형 주거지와 그 형태가 유사하다(Bradley 1998: 3, 4장). 토축 담장시설의 경우도 마찬가지이다(Bradley 1998: 5장). 이른 시기의 담장시설이 취락과 관련되어 세장방형 주거지군을 둘러쌌던 것과 달리, 늦은 시기의 담장시설은 죽은 자나 초자연적 존재와 더 밀접하게 관련되어 있었다. 이번 장에서는 그것들이 제의적 중심지로 사용되었을 가능성을 살펴보고자 한다.

상기의 독특한 전개 양상으로 미루어 볼 때, 선형토기 문화 취락들이 순전히 기능적 요인에 따라서 조직되었던 것은 아닌 듯하다. 그 조직 양상에는 더 미묘한 요소들이 작용했을 수 있고, 바로 이 때문에 상당히 넓은 지역에 걸쳐 취락의 조직 양상이 동일하게 유지되었던 것일 수도 있다. 이보다 더 중요한 문제는 제1장에서 제시했던 것에서 비롯되는 의문점이다. 즉, 선형토기 문화 취락의 구성 요소들은 왜 500년 넘게 그대로 유지될 만큼 중요했던 것인가? 그것은 우연의 결과일 리 없고, 그것의 중요성은 일상적으로 고려되는 것 이외의 상황과 관련될 가능성이 높다.

이러한 논의에서 중요한 열쇠가 되는 것이 바로 세장방형 주거지이다. 선형토기 문화의 전 역사에 걸쳐 세장방형 주거지의 모습은 거의 변하지 않았고, 다만 토기의 경우와 마찬가지로 후대에 가서는 몇 가지 중요한 발전 사항들이 포착된다. 주거지의 흔적은 일반적으로 기둥구멍으로 이루어져 있다. 바닥면이 보존된 경우는 드물며, 유물이 다량으로 확인되는 유일한 유구는 주거지의 장벽 외곽에 위치해 있는 수혈들이다. 이 수혈들은 아마도 벽을 칠하는 데 사용된 점토를 확보하는 과정에서 만들어졌던 것으로 보인다. 서부 유럽 지역(즉, 본 사례 연구에서 다루고 있는 지역)의 전형적인 선형토기 문화의 세장방형 주거지는 세 개의 공간적 요소로 구성되어 있으며, 출입구는 한쪽 단벽에 위치해 있다([그림 2.1]). 하지만 동쪽 지역에서는 이러한 삼분법적 구분이 명확히 나타나지 않는다(Mattheuser 1991; Coudart 1998).

유럽의 선사시대에는 다양한 형태의 세장방형 주거지가 지속적으로 사용되었고, 중세시대까지 그 전통이 유지되었다. 따라서 세장방형 주거지 각 부분을 해석할 때에는 중세시대 주거 건축물과의 비

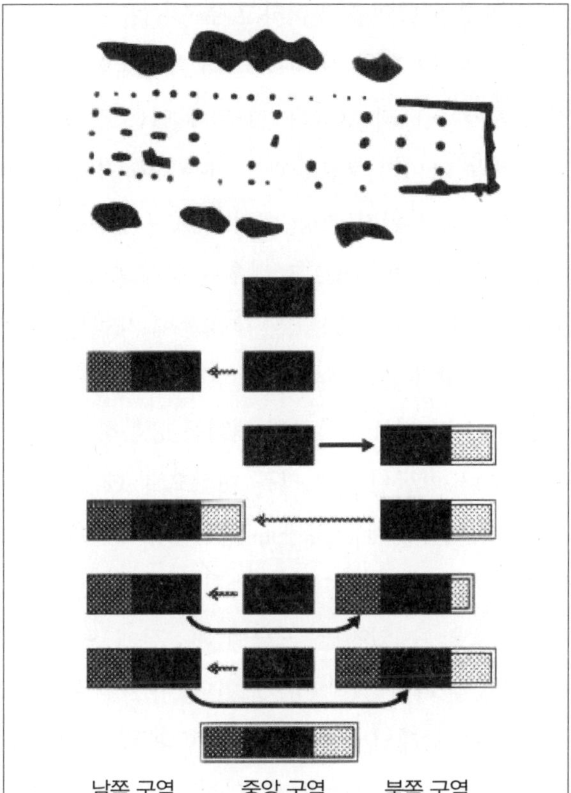

[그림 2.1] 네덜란드 헬레인(Geleen) 세장방형 주거지의 평면도
사각형들로 구성된 도식은 건물 내부 공간의 삼분법적 조직 양상을 강조한다. 도식을 보면, 중앙 구역과 북쪽 및 남쪽에 위치한 구역들 사이의 논리적 관계가 나타나 있다. 진한 화살표는 고고학적으로 입증된 관계를 나타낸다. 옅은 화살표는 가능하지만 추측에 입각한 관계를 나타낸다.
출처: Waterbolk (1959)

교 연구를 시도하는 경향이 강했다(Modderman 1988: 96). 선형토기 문화 주거지에서 규모가 가장 큰 공간은 첫 번째 부분으로, 이곳에서는 일련의 대형 기둥구멍들이 발견된다. 세장방형 주거지의 이 부분은 이층 구조로, 흔히 곡식 창고가 있었을 것이라고 추측된다.

신석기시대 세장방형 주거지의 중간 부분은 더 개방적인 공간으로, 흔히 주된 생활공간으로 이해되고 있다. 그 뒤에 있는 것이 마지막 부분으로, 이 공간에서는 나머지 부분들과는 다른 건축 방법이 사용되었다. 외벽은 규칙적으로 세워진 기둥 대신, 기초부에 해당하는 구를 파고 그 안에 목재 판자를 연속적으로 세우는 방식으로 조성되었다. 그 외벽이 너무나도 탄탄하게 조성되었기 때문에 세장방형 주거지의 이 마지막 부분은 외양간으로 해석된 바 있다.

그런데 이러한 단순하고도 기능주의적인 해석은 충분하지 않다. 그것은 인산염 분석 결과나 발굴된 주거지를 대상으로 한 유물 분포 분석 결과로 지지되지 않는다(Stäuble & Lüning 1999). 게다가 실용성의 차원에서도 문제가 제기될 수 있다. 즉, 출입구 근처에 곡식을 저장하는 것은 충분히 납득할 수 있지만, 가축이 외양간에 도달하기 위해 생활공간을 가로질렀을 가능성은 낮아 보인다. 아무튼 후대 주거 건축물과의 비교 유추는 오해의 소지가 있다. 후대 주거 건축물에서는 생활공간과 외양간이 서로 구분된 채 존재하기는 했지만, 그 경우에는 건물 측면에 서로 다른 출입구가 있었다(Fokkens & Roymans 1991).

사실 선형토기 문화의 세장방형 주거지는 획일적이지도 않고, 그 건축물들이 모두 동일한 개수의 공간 구성 요소를 가졌던 것도 아니다. 뒤에서 추가적으로 설명하겠지만, 이 건축물들은 남-북에 가까운 장축 방향을 가졌다. 따라서 필자는 본 논의에서는 '곡간', '생활공간', '외양간'을 대신하여 '남쪽', '중앙', '북쪽' 부분이라는 중립적인 표현을 사용하도록 하겠다. 모든 주거지는 중앙 부분을 가지고 있으나, 나머지 두 부분이 항상 있는 것은 아니며, 둘 중 하나만 보이는 경우도 있다(Coudart 1998). 이것보다 더 중요한 것은, 세장방형 주거지의 건축이 한 번에 이루어졌음을 보여 주는 증거도 없다는 점이다(이것의 유일한 예외적 경우는 외벽 전체를 따라 목재 판자가 돌아가는 특이한 주거지들이다). 북쪽 부분은 종종 어긋나 있어서, 후대에 덧붙여 축조했을 가능성을 생각해 볼 수 있다(Coudart 1998: 74).

이로써 개별 주거지가 점차 증축되었을 가능성을 제기할 수 있게 된다. 중앙 부분은 어디에서나 보이며, 유일하게 혼자 나타나는 부분이기도 하다. 따라서 그것이 처음부터 존재했던 주거지의 핵심부였을 것으로 보인다. 앞서 언급했듯이, 북쪽 부분은 후대에 증축된 부분이었을 것이고, 거의 모든 경우에 그것이 조성되고 나면 그 방향으로는 집이 더 이상 증축되지 않았다. 그 부분이 개축되었거나 추가적으로 확장되었음을 보여 주는 증거는 없다. 중앙 부분과 출입구가 위치했던 것으로 보이는 거대한 남쪽 부분 사이의 관계에 대해서는 논하기 더욱 어렵다. 그 부분은 나중에 추가되었을 수도 있지만, 이를 입증할 방법은 없다.

이러한 입장을 견지하는 이유 중 하나는 일부 유적에서 세장방형 주거지의 내부 분할이 외벽 밖에 위치한 채굴 수혈에 의하여 반복되는 양상이 확인되기 때문이다. 세장방형 주거지가 한 번에 세워졌던 것이라면 이러한 수혈이 측벽 전체를 따라 이어지는 것이 논리에 맞겠지만, 이러한 현상은 별로 확인되지 않는다. 그 대신 수혈들은 분절된 모습을 보이며, 흙을 파내지 않은 '둑길'의 위치는 집 내부의 구획과 일치한다. 이 점이 중요한 것은 남쪽 및 중앙 부분 사이의 분할이 외벽의 형태를 통해서 명백히 확인되는 것이 아니기 때문이다. 반면 목재 판자로 벽을 조성한 북쪽 부분의 경우는 외부에서 그 분할을 확인할 수 있었을 것이다. 이 경우에도 이에 대한 실용적인 이유를 생각해 볼 수 있겠지만 — 예를 들어, 시모닌(Simonin 1997)은 채굴 수혈들 사이의 공간이 주거지 창문의 위치와 일치한다고 주장했다 — 이러한 구분은 상징적으로도 중요했을 가능성이 있다. 파리 분지 지역에서는 이 수혈에 아이를 매장하기도 했다(Veit 1996).

따라서 일부 집들은 시간이 지나면서 증축되었고, 이러한 과정이 채굴 수혈을 통해 외부인에게 전달되었던 것으로 보이기도 한다. 물론 증축 과정이 모든 유적에 걸쳐 동일하게 나타나는 것은 아니다. 또한 일부 증축 행위는 발굴된 자료를 통하여 확인할 수 있으나, 다른 경우에는 추측할 수밖에 없다. 세장방형 주거지의 남쪽 및 중앙 부분 사이의 관계가 어찌되었든, 북쪽 부분의 축조는 그쪽으로의 확장을 봉쇄시켜 버렸다. 건물의 이 부분에서 기초부에 해당되는 구에 판자를 박은 이유 중 하나도 바로 이 때문일 수 있다. 왜냐하면 건물의 다른 내부 분할 벽에 비하여 이러한 종류의 벽은 대체하기 더 어려웠을 것이기 때문이다. 이러한 측면에서 볼 때, 판자를 이용해서 '막혀있는' 북쪽 부분을 조성한 것은 이 건물의 축조가 완성되었음을 상징적으로 나타낸 것일 수도 있다. 한편 세장방형 주거지에서 중앙 부분은 홀로 존재하기도 한다는 것을 앞서 살펴보았다. 이상이 세방장형 주거지의 기본적 구성 요소로, 이를 바탕으로 구조가 더 확충될 수 있었던 것이다. 그런데 선형토기 문화 취락들에서 짧은 주거지들의 축조 시점이 취락의 수명이 끝날 무렵에 해당된다는 것은 눈여겨볼 만한 사항이다(Coudart 1998: 48-9). 이러한 측면에서 그것들은 '완성되지 않은' 상태였을 수도 있다. 취락이 옮겨졌을 때, 개별 주거지의 성장은 일시적으로 멈추어졌다가 다시 진행되었을 가능성이 있다.

이 경우에도 역시 실용주의적 해석을 추구할 수 있다. 방형 혹은 장방형의 주거지를 확장하는 것은 분명히 쉬운 일이다(Hunter-Anderson 1977). 하지만 여기에서 중요한 것은 왜 새로운 집을 짓는 대신 확장할 필요성을 느꼈는가이다. 그 해답은 당시의 사회 조직과 연관이 있다. 한 지붕 아래 여러 사람이 거주하는 것을 보여 주는 민족지적 사례는 부단히 많다(Carsten & Hugh-Jones 1995; Birdwell-Pheasant & Laurence-Zuñiga 1999). 이러한 사례들에서 확인할 수 있는 공통되고 근본적인 사항은 집이 유기적으로 성장한다는 점이다. 집이 더 많은 세대의 보금자리가 될수록 그곳에 거주하는 사람들의 수는 늘어나며, 그리하여 그 집은 하나의 역사적 문헌과 같이 그 안에 거주했던 사람들의 일생사를 기록하게 된다. 네덜란드의 철기시대 주거지에 이러한 모델이 적용된 바 있다(Gerritsen 1999). 선형토기 문화 주거지의 경우, 내부 공간의 분할이 주거지 외부의 수혈을 이용해서 강조할 만큼 왜 그렇게 중요했는지에 대한 해답을 구하는 데에도 이 모델을 활용할 수 있다. 이러한 방법을 통해 이방인도 그 집에 거주하는 사람들의 역사에 대해 인식하게 되었을 것이다.

순전히 실용적 관점을 취한다면 이 외의 사항들도 고려 대상이 되어야 한다. 이러한 집이 그 최종 모습에 도달하는 데 얼마나 오랜 시간이 걸렸을까? 이러한 큰 규모의 건물이 영구적이지 않았을 것인 만큼, 그것은 어떻게 수리되었을까? 나이가 가장 많은 거주자가 죽고 거주 인원의 수가 줄어들면서 어떤 일들이 일어났을까? 건물의 일부분이 순차적으로 더 이상 사용되지 않았을까? 혹은 그 부분의 역할이 바뀌기도 했을까? 아니면 거주의 주기가 다시 시작되면 기존 건물의 자재를 재활용하여 새로운 건물을 짓기도 했을까?

이러한 방식의 질문을 통하여 우리는 선형토기 문화의 주거지들이 생활에서 실용성과 얼마나 동떨어져 있었는지 알 수 있다. 이와 관련해서 특히 중요한 몇 가지 관찰 사항이 있다. 예상과 다르게 이 거대한 건축물이 대규모로 수리되었음을 보여 주는 증거는 거의 없다. 또한 잘 발굴된 유적에서도 집이 폐기되었을 때 그 집의 대형 목재가 재활용되었음을 보여 주는 증거는 나온 적이 없다. 집은 건축적으로 탄탄했을 때 폐기되었던 것으로 보이는데, 이는 폐기를 결정한 이유가 물질적인 것 외의 요인에 영향을 받았음을 시사한다(Bradley 1998: 3장). 어쩌면 매 세대마다 화재로 폐기되었던 발칸반도 지역의 신석기시대 주거지와 마찬가지로, 특별한 거주자가 죽게 되면 더 이상 그 집에 살지 않았던 것일 수도 있다(Stepanovic 1997). 세장방형 주거지의 사용 기한도 대체로 비슷했던 것으로 보이는데, 다만 그러한 부분에만 유사점이 한정되어 있다. 즉, 남동부 유럽에서는 거의 동일한 지점에 주거지가 새로 세워져, 궁극적으로는 취락 잔해로 이루어진 구릉인 텔 유적이 형성되었다. 반면 북서부 유럽에서는 주거지를 완전히 다른 지점에 세우는 것이 중요했던 것으로 보인다. 실제로 살아 있는 사람들의 주거지와 죽은 사람들의 폐기된 주거지는 동일한 장축 방향을 가지며, 취락 구역에 걸쳐 대체로 등간격으로 분포한다([그림 2.2]). 폐기된 주거지의 위치는 구조물이 사라진 이후에도 기억되고 존중되었던 것으로 보인다(Bradley 1998: 3장).

이는 선형토기 문화 취락의 형태가 그곳에 거주했던 사람들의 역사에 대한 일종의 기록이었을 가능성을 시사한다. 개별 세장방형 주거지는 여러 세대에 걸친 거주자들의 역사를 반영했을 수도 있다.

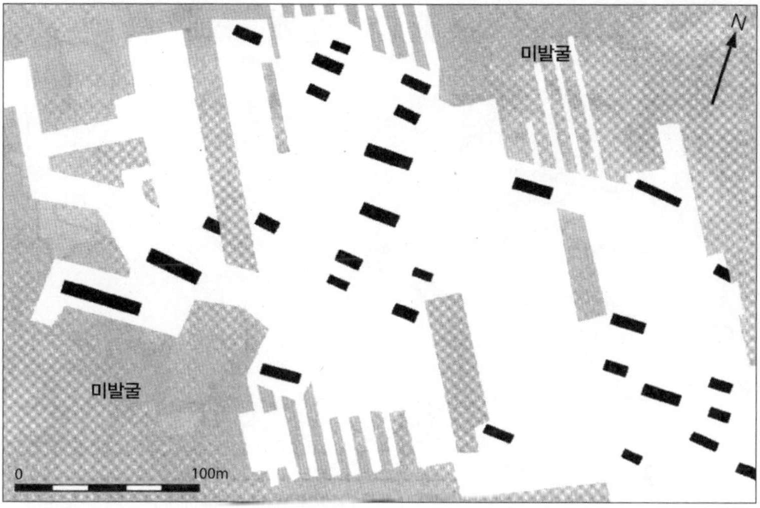

[그림 2.2] 북부 프랑스 퀴리레쇼다르데(Cuiry–lès–Chaudardes)의 선형토기 문화 취락에서 보이는 주거지의 배치 양상
출처: Coudart (1998)

'살아 있는 사람들'의 주거지와 '죽은 사람들'의 주거지가 독특한 분포 양상을 보이는 취락은 공동체 전체의 역사를 반영했을 수도 있다.

취락의 이러한 독특한 모습은 사회적 기억을 유지하는 데 또 다른 방식으로도 기여했을 수 있다. 편의상 신석기시대 세장방형 주거지의 구성 요소들을 그 주된 장축 방향과 관련해서 설명되어 왔다. 즉, 일반적으로 '북쪽' 부분, '남쪽' 부분, 그리고 중앙의 거주 구역으로 이루어져 있는 것으로 묘사되었지만, 실제 장축 방향은 이보다는 다양했다. 이에 대해서는 실용주의적 해석이 도입된 바 있다. 마셜(Marshall 1981)은 주거지의 건축이 공기 역학을 감안한 것으로, 바람의 주된 방향과 관련해서 장축 방향이 결정되었다고 주장한 바 있다([그림 2.3]).

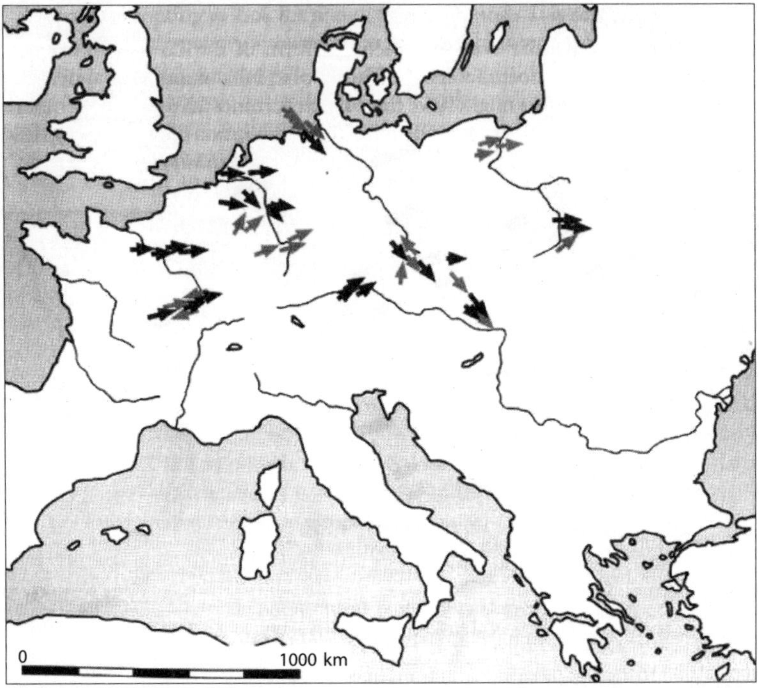

[그림 2.3] 선형토기 문화 세장방형 주거지가 분포하는 지역의 주된 풍향
출처: Coudart (1998)

얼핏 보면 이것은 일리가 있는 해석으로 생각될 수 있지만, 대표성을 가지지 못하는 아주 소수의 세장방형 주거지 취락을 대상으로 한 분석을 통하여 그러한 결론에 도달했던 것이다. 쿠다르(Courdart)가 진행한 좀 더 폭넓은 분석은 상기의 해석을 뒷받침하지 않는다. 즉, 더 넓은 지역 단위로 보면 주거지의 장축 방향과 지역의 풍향은 아무런 상관 관계가 없다(Courdart 1998: 88-90). 세장방형 주거지가 좁은 공터에 조성되었고, 더 개방된 공간에 있는 후대의 주거지와는 달리 풍압의 영향을 많이 받지 않았을 것임을 감안하면 이것은 놀라

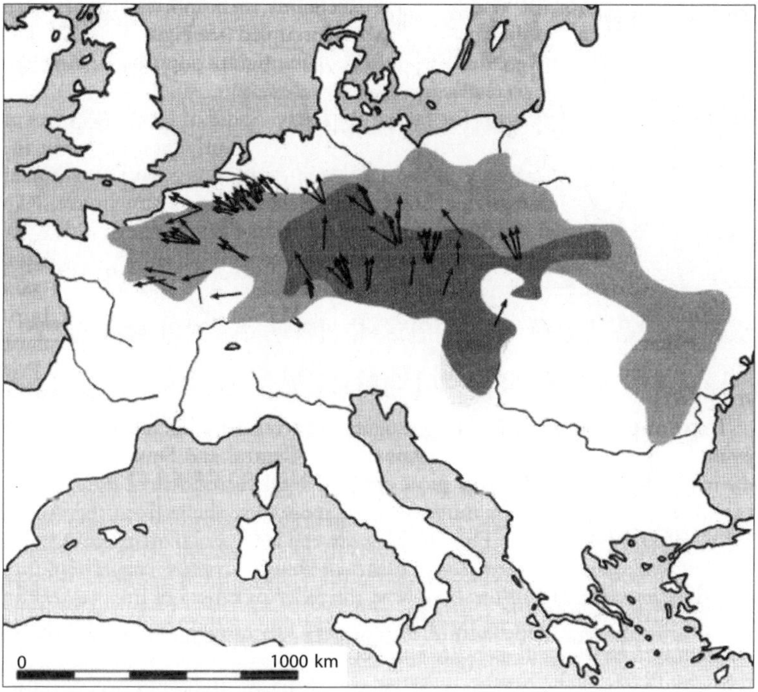

[그림 2.4] 선형토기 문화의 통시적 확산 양상
진한 부분은 초기 정착 지역을, 옅은 부분은 추가적으로 확산이 일어난 지역을 나타낸다. 화살표의 방향은 카인드(Kind 1989)와 쿠다르(Coudart 1998)가 확인한 신석기시대 세장방형 주거지의 장축 방향을 나타낸다.
출처: Lüning, Kloos & Albert (1989)

운 사실도 아니다.

동시에 신석기시대 주거지의 장축 방향에서 일종의 규칙성이 확인되기도 한다. 중부 유럽에서는 대략적으로 남-북의 장축 방향이 확인되지만, 이 지역 너머의 주거지들은 흔히 북서 혹은 서쪽을 향했다([그림 2.4]). 쿠다르는 이 주거지들의 목재 판자로 지어진 부분에 주목하며, 그쪽이 해안가를 바라본다고 했다. 지리적으로만 볼 때 이것은 옳은 관찰이기는 하지만, 해안가는 600km까지 떨어져 있기도 했다. 또한 선형토기 문화 집단과 해안가의 수렵-채집 집단 간의 접촉을 시사하는 증거가 있기는 하지만, 그러한 증거가 북서 유럽의 변방 지역 전체에 걸쳐 균일하게 분포하는 것은 아니다. 따라서 해안가에 관한 구체적인 정보가 어떻게 확보되었을지가 의문이다. 또한 쿠다르는 천문학적 요소도 주거지의 장축 방향에 영향을 끼쳤다고 주장했다. 이것은 충분히 가능한 일로서, 어쩌면 주거지의 막혀 있는 단벽 방향보다는 출입구 방향이 더 의미심장했을 수 있다.

선형토기 문화가 어떻게 유럽에서 이렇게 넓은 지역에 걸쳐 정착될 수 있었는지에 대해서는 명확히 밝혀진 바가 없다. 특히 이주한 농경민 집단과 토착 수렵-채집민 집단이 각각 기여한 바는 여전히 논쟁의 대상이 되고 있다. 그러나 이와는 반대로, 선형토기 문화의 편년과 분포에 대해서는 합의가 이루어졌다. 뤼닝과 그의 동료들은 유럽 중부 지역에서 시작하여 북서쪽으로 점차 이어지고, 또한 서쪽 및 북동쪽 일부 지역까지 보이는 취락의 확산 과정을 확인한 바 있다(Lüning, Kloos & Albert 1989). 또한 이러한 확산 양상을 입증하는 토기 편년과 방사성탄소연대도 확보되어 있다. 지금의 논의에서 이 과정이 중요한 것은 그것이 세장방형 주거지의 출입구 방향과 관련되어 있다고 보기 때문이다. 즉, 소수의 예외적인 경우를 제외하고는, 주거지의 출입구는 앞서 사람들이 점유했던 지점들을 향해 있는 것으로 여겨진다([그림 2.4] 참고). 이 주거지를 조성한 것이 이민자 집단인지의 여부를 떠나, 그것은 과거에 점유되었던 집단의 고토의식(高土意識)을 반영하는 것으로 여겨진다.

이러한 관점을 견지하는 또 다른 이유가 있다. 일부 취락 주변에서는 매장지가 확인된다. 그 보존 상태가 양호하지 않을지라도, 특히 파리 분지의 경우에는 무덤의 장축 방향과 주변 주거지의 장축 방향 사이에 명확한 관계가 확인된다. 어떤 경우에는 무덤과 주거지의 장축 방향이 동일하며, 시신의 두향(頭向)은 출입구의 방향과 일치한다. 또 다른 경우에는, 비록 무덤과 주거지의 장축 방향이 서로 다르지만 시신의 두향은 주거지를 향하고 있다(Mattheuser 1991: 17-23). 이러한 두 가지 매장 상황 모두 세장방형 주거지의 장축 방향은 조상이 거주했던 고향을 향해 있었음을 시사한다(스트론튬 동위원소 분석을 통해 유사한 결론에 도달하게 된 사례 연구로는 Price et al. 2001을 참고).

이러한 관계를 조사하는 또 다른 방법이 있다. 중부 및 동남부 유럽 지역과의 관계망이 이 단계에도 유지되었는지 보여 주는 직접적 증거의 여부를 확인하는 것이 그것이다. 신석기시대의 독특한 특징 중 하나는 바로 에게해에서 나오는 가시국화조개(Spondylus) 껍질이 장거리에 걸쳐 이동되었다는 점이다(Müller 1997)([그림 2.5]). 이것은 아주 오랜 시간에 걸쳐 이루어졌다. 늦은 시기에 해당하는 조개껍질 중에는 선형토기 문화의 매장지에서 나온 경우도 있는데, 이것들은 공동체 연장자의 무덤들에서 보인다. 이 희귀한 물품은 흑해에서 북부 프랑스에 이르기까지 어마어마한 분포 범위를 보이는데, 그 양상을 보면 유럽에 농경이 도입된 경로의 흔적을 찾을 수 있다. 조개껍질들이 실용적인 기능을 가졌던 것으로 보이지는 않는다. 그것들의 실제 중요성은 아주 머나먼 과거에 공동체가 한때 살았던 지역과의 관련성, 혹은 그것 자체가 가지고 있는 태곳적 기원에서 비롯되었을 수 있다. 어쩌면 그것들은 선형토기 문화의 취락과 그 주거지의 장축 방향이 향했던 조상대의 고토(高土)를 연결시켜 주는 하나의 매개체

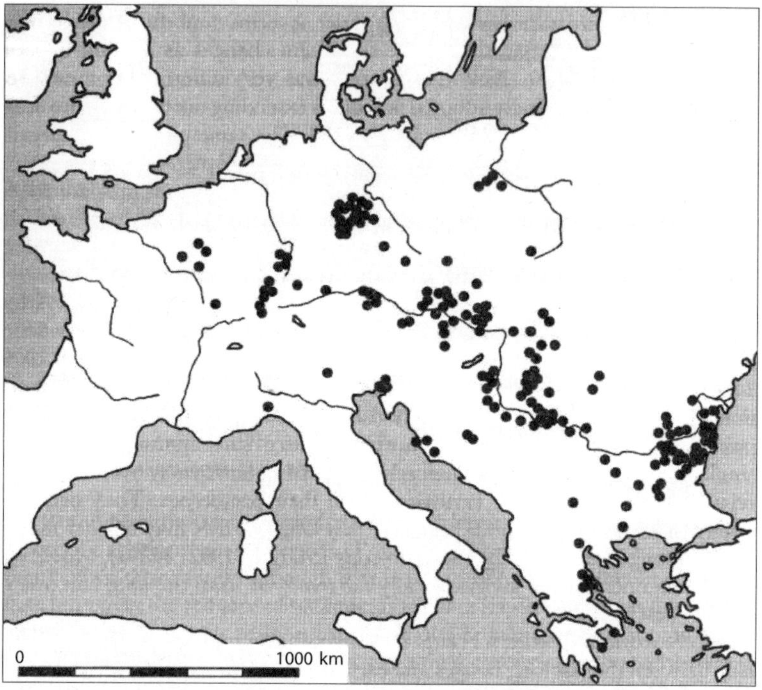

[그림 2.5] 신석기시대 및 동기시대 유럽의 가시국화조개 껍질의 분포 양상
출처: Müller (1997)

였을 수 있다.

흙과 돌로 된 기억

선형토기 문화가 끝날 무렵에는 그 해체의 조짐이 나타났는데, 대체로 균질적이었던 기존의 토기 양식 대신 여러 개의 지역 토기 양식들이 발달하였다. 세장방형 주거지는 여전히 사용되었지만 그 모양이 약간 변형되었는데, 특히 사다리꼴로 변화된 것이 강하게 포착된다.

하지만 한편으로는 북부 프랑스와 같은 일부 지역에서는 여전히 주거지 외벽 측면을 따라 수혈들이 설치되었다. 일부 후대의 취락들 주변에는 환호(ditched enclosure)가 조성되었는데, 이것은 선형토기 문화가 끝날 무렵에 나타난 건축적 요소이다.

기원전 4000년경에 이르러 세장방형 주거지를 축조하는 전통은 대체로 끝났고, 그와 함께 주거지가 군집된 대형 취락들도 사라지게 되었다. 이것이 유럽에서 처음 농경이 도입되었던 문화적 맥락과 급격하게 단절되었음을 의미하는 것으로 보일지도 모르겠다. 왜냐하면 바로 이때 신석기 문화가 새로운 지역들에 소개되었기 때문이다. 이 지역들에는 수렵-채집민이 원래 거주했고, 이들은 농경민 집단으로부터 접경 지역 너머에서 온 이국적 유물을 받아들이는 것에만 만족했다. 즉, 이러한 접촉 때문에 중요한 변화가 일어났던 것으로는 보이지 않는다(Sherratt 1990). 하지만 이제는 상황이 완전히 달라졌다. 순화(domesticated)된 자원이 이용된 지역의 범위는 북쪽으로는 스칸디나비아, 그리고 서쪽으로는 브리튼과 아일랜드에 이르기까지 점차 확대되고 있었다. 북부 프랑스의 해안가 지역에서는 이러한 과정이 이미 일어나고 있었다(Whittle 1996: 6, 7장).

앞선 시대의 취락 조직 양상이 그대로 유지되었는지는 불분명하다. 앞서 살펴보았듯이, 세장방형 주거지는 더 이상 사용되지 않았고, 그 대신 사용된 주거 건축물의 흔적은 확인하기 어렵다. 그것이 확인된 경우에도, 사람들이 대규모의 마을을 이루며 살았던 것으로 보이지는 않는다. 하지만 이 시대의 고고학 자료를 보면, 앞선 취락 조직의 여운을 두 가지로 확인할 수 있다.

첫 번째 여운은 유럽의 북동부 지역에서 처음 확인되었으며, 그 지역의 자료가 최근까지의 논쟁을 지배했다(Hodder 1990: 145). 그것은 바로 세장방형 봉분묘(elongated earthen mounds)로, 그 형태와 장축 방향은 가까운 과거에까지 사용되었던 세장방형 주거지의 형태와 장축 방향을 따랐던 것으로 보인다. 폴란드에서는 취락과 비슷한 양상으로 세장방형 봉분묘가 배치된 매장지가 확인된 바 있다. 이러한 토축 건축물과 그 원형이 되었던 주거지 사이의 정확한 관계에 대해서는 논쟁이 진행되고 있다. 그것들은 서로 다른 지점에 위치하며, 가장 이른 시기의 세장방형 분묘들은 그 모방의 대상이 되었던 세장방형 주거지보다는 시기적으로 늦을 가능성이 크다(Midgley 1992: 463-4). 게다가 이 기념물들은 유럽 서북부 지역의 전형적인 롱배로(long barrow) 무덤과는 지리적으로 멀리 떨어져 있다.

프랑스 북부 지역에서 진행된 최근의 연구를 통해서 최후의 세장방형 주거지와 이러한 토축 건축물 사이의 관계에 대한 설득력 있는 해석이 제안되었다. 센에마른(Seine-et-Marne)주의 발로이(Balloy) 유적에서는 세장방형 주거지로 이루어진 취락이 발견되었는데, 일부 주거지 바로 위에 아마도 봉분묘의 일부를 이루었을 것으로 보이는 세장방형 무덤 담장시설(elongated mortuary enclosure)이 발견되었다(Mordant 1998; Midgley 2000)([그림 2.6]). 그 담장시설물 내부에는 일련의 단독묘들이 조성되어 있었다. 주거지의 폐기 시점과 토축 구조물의 축조 시점 사이에는 짧은 시간적 간격이 있을 수 있으나, 새롭게 조성된 봉분묘가 주거지의 크기, 위치, 그리고 장축 방향을 따랐다는 것은 그것을 축조한 사람들이 기존 취락의 배치에 대해 이해하고 있었음을 의미한다. 그렇기 때문에 각각의 주거지에 대응하는 토축 구조물이 세워질 수 있었던 것이다. 이러한 측면에서 산 사람들의 집은

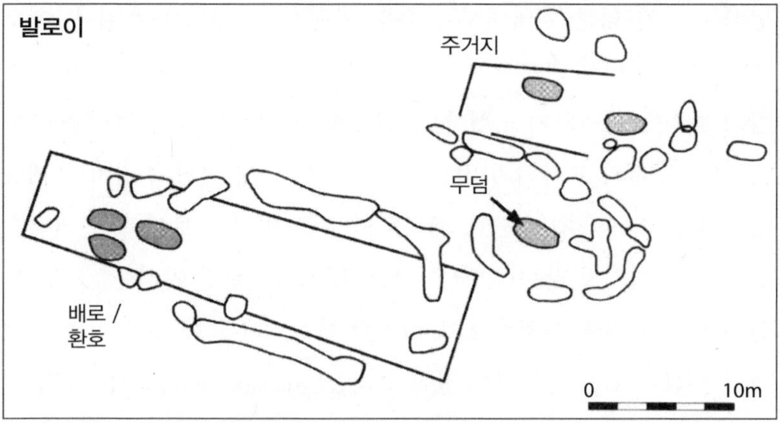

[그림 2.6] 북부 프랑스 발로이 유적에서 주거지가 있던 자리 위에 조성된 세장방형 봉분묘 (long mound) 혹은 세장방형 무덤 담장시설물의 잔해

출처: Mordant (1998)

죽은 사람들의 집으로 대체되었던 것으로 볼 수 있다.

북동부 유럽에서의 과정도 이와 유사했는지는 알 수 없으나, 상기의 양상은 신석기시대 고고학 연구에서 중요한 시사점을 제공해 준다. 왜냐하면 바로 이러한 종류의 토축 건축물이 처음 등장한 때가 바로 세장방형 주거지가 사라진 시점이기 때문이다. 즉, 동일한 기본적 아이디어가 한 종류의 매체에서 다른 종류의 매체로 이전되었던 것으로 이해된다. 외벽의 양쪽 측면에 수혈 시설물이 설치된 세장방형 주거지 대신 비슷한 규모의 봉분이 조성되어 죽은 사람들을 덮었던 것이다. 또한 종종 그 주변에 환호가 돌아가기도 했다. 매장 건축물이 주거 건축물의 모습을 더 내구성 있는 재료로 재현한 것이라는 인상을 받기도 한다(Bradley 1998: 3장).

물론 이 몇몇 유적들에서 확인된 증거를 과도하게 강조해서도 안 될 것이다. 왜냐하면 폴란드와 북부 프랑스에서 보이는 이러한 특별한 관계가 다른 지역에서는 아직 확인된 바 없기 때문이다. 때로는 일부 세장방형 봉분묘가 다른 종류의 주거 건축물로 이루어진 취락의 자리에 조성되기도 했다. 그런데 더 흥미로운 것은 그러한 조합이 의외로 거의 포착되지 않는다는 점이다. 세장방형 주거지와 세장방형 봉분묘는 대체로 서로 배타적인 분포 양상을 보이며, 편년적으로도 거의 겹치지 않는다. 죽은 자를 위하여 세워진 이러한 기념물은 산 자의 주거지를 대체했고, 그러면서 선형토기 문화 및 그것의 직접적인 후신이 되는 문화의 규정적 원리들(structural principles)은 유럽 대륙의 새로운 지역으로까지 전달되었다. 발로이와 같은 유적에서 확인된 구체적인 전환의 과정이 중요한 것은 이러한 결정적인 전환 과정을 요약해서 보여 주고 있다.

그 이후의 롱배로 무덤들은 그 규모가 훨씬 더 커졌으며, 그것의 특징적인 형태는 내구성이 더 강한 매체인 석재를 이용해서 재현되기도 했다. 이러한 과정은 아주 오랜 시간에 걸쳐 일어났기에, 이러한 기념물 중 가장 눈에 띄는 사례들은 세방장형 주거지의 직접적인 후신이 아니라, 여러 세대가 지난 이후에 완전히 다른 문화적 맥락 속에서 축조된 기념물일 수 있다. 그것의 구조적 발전은 그 자체의 논리를 따랐지만 — 그런데 이 논리는 유럽의 각 지역마다 달랐을 수 있다 — 여기에서 중요한 것은 그것의 최초 영감이 되었던 바이다. 즉, 그것들은 죽은 자를 위한 집이라는 분명한 목적을 가지고 지어졌으나, 축조의 가장 이른 단계를 지나면서 이 기념물들은 과거 주거지의 모습을 반영하는 것이 되기도 했다. 그리하여 이러한 기념물이 축조되는 동안 선사시대 유럽에서는 세장방형의 형태를 가진 주거지가 사용되지 않았다.

그래서 어쩌면 죽은 자들의 집을 통하여 이제는 더 이상 지어지지 않는 원형(原形)의 집을 상기시키는 것이 중요했던 것일 수도 있다. 이 기념물과 최후의 세장방형 주거지 사이의 시간적 간극은 그 둘 간의 관련성을 약화시키는 요인으로 여겨진 바가 있음(Scarre 1998)을 감안할 때 이는 매주 중요한 논점이 된다. 즉, 비판적 시각을 견지한 연구자들은 전통 사회에서 기원 신화가 가지고 있는 중요성을 간과했던 것일 수도 있다. 사실 신석기시대 유럽에서 이러한 세장방형의 토축 및 석축 무덤들이 사용된 기간은 가시국화조개의 수집과 매납이 일어났던 시간의 폭보다 더 짧다. 어쩌면 세장방형 주거지의 사용이 이제는 너무나 머나먼 기억이 되었기 때문에 기념물을 통하여 그것을 떠올리는 전통이 그렇게 중요시되었던 것일지도 모른다.

이러한 기념물의 사용과 병행해서 조성된 것이 더 넓은 분포 범위를 보이는 '둑길 환호'이다. 이 구조물 역시 유럽 북서부 지역에서 기원했을 가능성이 있다(Bradley 1998: 5장). 가장 초기의 환호는 후기 선형토기 문화와 관련되어 보인다. 일부는 주거군 주변에 조성되었으나, 취락이 폐기된 이후에 조성된 경우도 확인된다. 그것을 방어적 목적의 시설물로 보는 시각도 있지만(Keeley & Cahen 1987), 이를 뒷받침하기 위하여 제시된 증거는 그다지 설득력이 없다.

이른 시기의 환호는 늦은 시기의 그것과는 많이 다르다. 왜냐하면 전자의 경우에는 규모가 작은 환호가 연속적으로 이어져 있기 때문이다. 하지만 후자의 경우에는 환호가 흔히 분절되어 있다. 관련 유적 중 일부에서는 세장방형 주거지가 여전히 사용되었다. 특히 벨기에를 중심으로 한 농경 집단의 변방 지역에서는 이러한 현상이 보인다(Keeley & Cahen 1987). 하지만 시간이 지날수록 점점 더 많은 수의 둑길 환호들이 동시대의 취락 유적과는 별개로 존재하는 하나의 기념물군을 형성했던 것으로 보인다. 여기에서는 제의적 행위가 점차 심화되었음을 보여 주는 무덤, 다량의 동물 뼈, 의도적으로 매납된 유물이 포함된 수혈, 그리고 이국적인 유물과 같은 증거가 발견되었다. 이 기념물은 바로 이런 형태로 확산되어 그 분포가 덴마크, 스웨덴, 브리튼, 아일랜드, 그리고 서부 프랑스 지역에까지 이르게 되었다 (Bradley 1998: 5장).

롱배로 무덤이 세장방형 주거지를 세우는 행위를 환기시켰듯이, 둑길 환호는 취락 전체를 상징적으로 나타냈던 것일 수도 있다. 모든 지역에서 그런 것은 아니지만, 두 종류의 기념물은 흔히 근접해서 나타나는데, 이 둘의 관계는 또 다른 방식으로도 과거를 기념했을 수 있다. 세장방형 주거지의 가장 특징적인 요소 중 하나는 바로 외부 수혈의 배치 양상이다. 이 기다란 수혈들은 주거지의 벽 자재를 확보하는 과정에서 만들어진 것으로서, 실용적 기능을 가지기도 했지만 한편으로 마치 주거지 내부의 분할 양상을 강조하는 듯한 방식으로 배치되어 있기도 했다. 또한 몇몇 경우에는 무덤을 이용해서 그 분할 지점들을 표시하기도 했다. 어쩌면 개별 주거지 주변에 분포하는 분할된 경계선들을 과도하게 실용주의적 관점에서만 접근했던 것일 수도 있다. 사람들은 취락 주변에 분할된 환호를 돌림으로써 그 공간을 과거의 취락과 동급으로 여기고자 했던 것이 아닐까?

이 주장은 추측에 근거하고 있지만, 그것은 롱배로 무덤의 기원에 관한 필자의 해석과 일맥상통한다. 두 종류의 토축 기념물이 축조된 지역을 보면, 그곳은 기원전 4000년 혹은 그보다 약간 이른 시기 이전까지는 신석기시대 주민의 흔적이 거의 확인되지 않는 곳이다. 다시 말해, 그것들은 세장방형 주거지와 환호가 돌아가는 취락의 존재가 거의 미미했던 지역에서 나타난다. 그런데 이곳에서 재배 식량 자원이 사용되기 시작했을 무렵, 그 지역의 맥락은 완전히 달라져 있었다. 취락 유적을 찾기가 상대적으로 어려우며, 그나마 발견된 주거 건축물도 의외로 빈약하다. 하지만 바로 이 경관 속에서 마치 과거 생활 방식의 유령과 같은 일련의 기념물들이 발견되는 것이다([그림 2.7]). 세장방형 주거지와 환호가 돌아가는 취락을 각각 반영해 주는 모델들이 존재한다. 세장방형 주거지를 반영했던 것은 죽은 자의 유해를 덮었던 토축 구조물이다. 또한 둑길 환호의 경우에는 그 안에 건물이 없고 일상생활의 유물상과는 구별되는 물질문화의 매납이 이루어졌다. 그것들은 기억의 경관을 이루었고, 그 독특한 모습은 머나먼 과거에 존재했던 이상적인 삶의 방식을 환기시켰던 것일 수도 있다. 아울러 그 삶의 방식이 지리적으로 매우 머나먼 지역의 것이었을 수 있다. 이는 마치 고식(古式)의 취락 양상이 순전히 상징적인 모습으로 영구적으로 유지되었던 것과 같다. 이 기념물들은 역사의 범위를 벗어나서 이제는 전설이 되어 버린 세계에 관한 이상적인 개념화를 나타낸 것일 수 있다.

그런데 눈에 띄는 역설을 또 하나 고려할 수 있다. 선형토기 문화의 주거지는 거대한 구조물이었으나, 다른 한편으로는 한시적이기도 했다. 그것들은 어쩌면 한 세대 정도에 해당되는 짧은 시간이 지나면 폐기되어 썩어 무너져 버렸다. 이와 마찬가지로, 그것들로 이루어진 취락 역시, 어떤 경우에는 상당한 시간 동안 유지되었지만, 결국에는 폐기되었다. 심지어 개별 주거지가 완성된 모습을 갖추기도 전에 취락이 폐기되는 경우도 있었다. 이 집들이 서로 그러했던 것과 마찬가지로, 후대의 유적들도 이 취락들의 자리를 피하고 조성되었다. 그 결

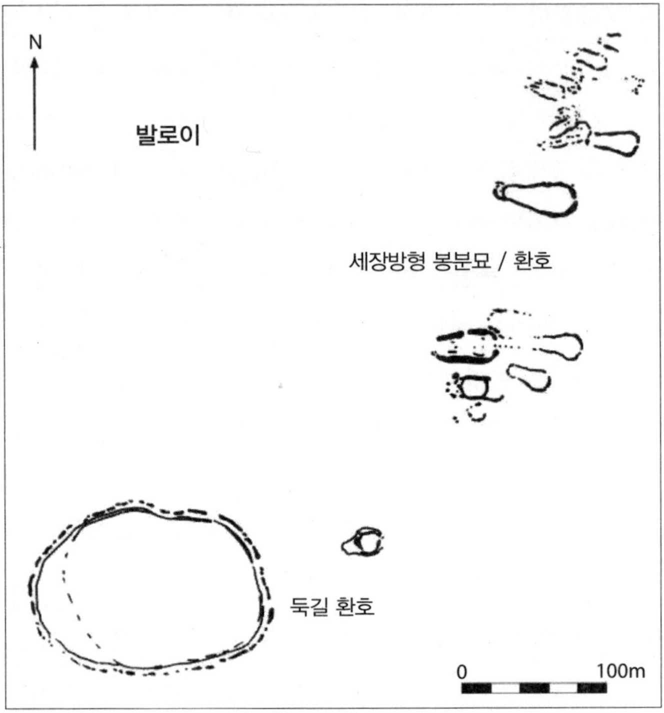

[그림 2.7] 북부 프랑스 발로이 유적에 보이는 롱배로 무덤의 분포 양상과 그 주변에 있는 둑길 환호와의 관계
출처: Mordant (1998)

과 그 지점들은 점점 많은 인구를 수용해야 했던 경관 속에서 공백으로 남게 되었다. 가장 이른 환호의 경우도 마찬가지였을 것이다.

후대의 토축 기념물들은 이와는 완전히 대조적인 양상을 보인다. 그것들은 눈에 띄는 흔적을 남길 목적으로 조성되었다. 그중 일부는 장기간에 걸쳐 조심스럽게 관리되었고, 신석기시대 동안에는 삭평되거나 많이 훼손되지 않았다. 간단히 말하자면, 이 건축물들은 기억될 의도로 축조된 것이었다. 후속 세대는 그 기념물의 의미를 제대로 이해하든 하지 않든 간에 그것을 의식할 수밖에 없었을 것이다. 즉, 그에 대한 해석이 어찌되었든, 그 건축물의 존재를 무시하지는 못했을 것이다. 바로 이러한 방법으로 선사시대 사람들은 자신들의 과거에 대하여 나름대로의 이해를 구축했던 것일 수 있다, 마치 고고학자들이 동일한 자료를 가지고 우리의 과거를 만들어 내듯이. 신석기시대 주민의 기원 신화와 현재 연구자들의 추측은 서로 다를 수는 있지만, 그 출발점은 동일하다.

그런데 기억을 이용하는 방법에는 이것만 있는 것이 아니었다.

경쟁하는 건축가들

세장방형 봉분묘와 세장방형 주거지 전통의 마지막 변화 과정이 일어난 곳은 대륙의 서쪽 변두리였다. 신석기시대가 시작될 무렵 북서부 프랑스 해안가를 따라서 축조되었던 것으로 보이며, '테르트르튀밀레어(*tertres tumulaires*)'라고 불리는 타원형과 장방형의 봉분묘들이 존재한다(Boujot & Cassen 1993, 1998). 원형의 봉분묘도 있는데, 세 종류의 봉분묘에서 사용된 매장유구는 독특한 양상을 보인다. 마제 석부와 같은 일련의 화려한 부장품이 보이는 매장유구 주변에는 석관 혹은 석재를 이용한 시설물이 돌아가는데, 그 위로 봉분이 조성된 이후에는 매장유구에 접근하는 것이 불가능했다. 물론 봉분묘마다 그 안에 있는 매장유구의 개수는 다를 수 있지만, 중요한 것은 봉분을 씌움으로써 매장의 장소는 산 사람들과 단절되어 버렸다는 것이다. 또한 일부 유적에서는 봉분묘 옆에 입석도 세워졌음을 보여 주는 증거도 확인된 바 있는데, 이 경우 관련 인골이나 부장품은 보이지 않는다.

이는 죽은 자의 흔적을 산 자들의 시선으로부터 차단시킬 목적으로 축조된 봉분묘의 성격과 눈에 보이는 방식으로 과거를 기념했을 수 있도록 축조된 입석의 성격 사이에 미묘한 차이가 존재할 수 있음을 보여 준다(Bradley 1998: 4장). 이 입석들이 개별 인물이나 신적인 존재를 나타내기 위하여 세워진 것이었는지는 모르겠으나, 남아 있는 장식 조각을 보면 유물과 동물을 포함하여 신비로운 이미지들이 확인된다. 휘틀(Whittle 2000)은 이러한 이미지들이 신화적 중요성을 가졌으며, 지역 집단의 기원이나 그들의 세상 속 위치를 나타냈을 수도 있다고 주장한 바 있다.

유럽 내 동일한 지역에서 세장방형 주거지를 축조하는 전통은 패시지그레이브 무덤(passage grave)에 의해 대변되는 새로운 건축적 양식과 접촉하게 되었다. 두 종류의 기념물 사이의 관계는 여전히 논란의 대상이 되고 있으며, 그것들이 얼마나 오랫동안 공존했는지는 아직 확인되지 않고 있다(Scarre 1992, 1998). 대부분의 논의는 형식 분류와 관련된 것이었으나, 이 두 종류의 기념물이 가지고 있는 가장 큰 차이는 그것들의 사용 방식에 있다([그림 2.8]).

이름을 통해 알 수 있듯이, 패시지그레이브 무덤의 경우에는 묘실('그레이브')과 바깥 세상이 직접적으로 연결되어 있다.[6] 이 때문에 그것은 아주 오랜 시간 동안 사용될 수 있었고, 사람들은 시신을 묘

6 연도를 의미하는 '패시지(passage)'를 통해서 연결된다.

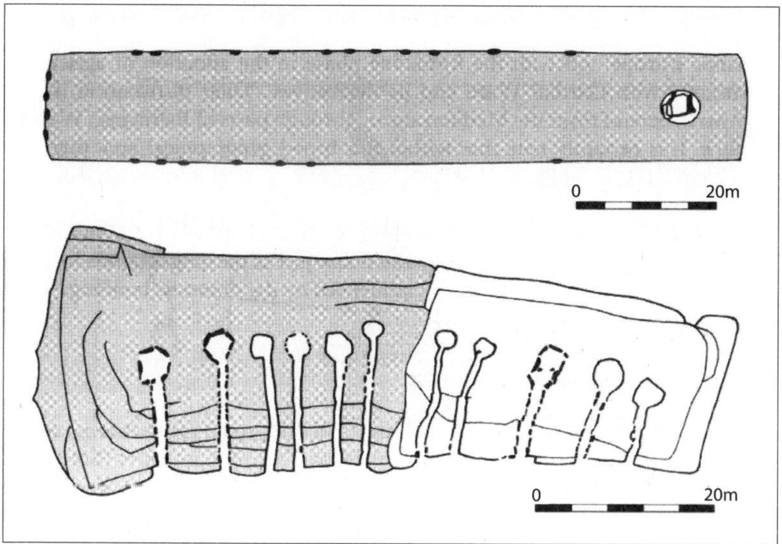

[그림 2.8] 북서부 프랑스의 이른 시기 토축 세장방형 봉분묘(long mound) 혹은 적석 봉분묘(long cairn)에서 보이는 공간 사용의 차이

위는 브르타뉴의 케를루드(Kerlud)에 있는 봉분묘의 모습이고, 아래는 두 단계에 걸쳐 조성된 피네스트르의 바르네네즈에 있는 기념물의 모습이다.

출처: Giot (1987); Boujot & Cassen (1998)

실에 안치하고 한참이 지난 이후에도 그 잔해를 방문할 수 있었다(Bradley 1998: 4장). 이러한 패시지그레이브 무덤 중 일부에서는 장식이 확인되기도 하는데, 그러한 장식은 그곳에서 진행된 제의에서 중요한 역할을 했을 수도 있다.

북서부 프랑스에서는 이러한 서로 다른 종류의 기념물들 사이의 편년적 관계를 파악하는 것이 늘 어려운 문제였다. 따라서 그것들 간의 계기적 순서에 너무나 초점이 맞추어져 있었던 관계로, 이 건축물들이 지녔던 더 넓은 의의가 간과될 위험이 있다. 어떤 사실들은 이미 잘 정립되어 있다. 매장 시설에 대한 접근을 막았던 세장방형 봉분묘의 봉분 구조물 중 일부는 이후 패시지그레이브 무덤으로 재활용되었다. 이러한 계기적 순서를 가장 명백하게 보여 주는 유적은 아르존(Arzon)의 르프티몽(Le Petit Mont)이었으나, 이 유적이 발굴된 이후로 브르타뉴 지방의 다른 유적들에서도 유사한 양상이 확인되었다(Cassen 2000). 이러한 경우에는 패시지그레이브 무덤의 묘실이 기존 구조물의 한쪽 끝에 조성되거나, 한두 개의 패시지그레이브 묘실을 덮는 거대한 봉분의 일부로 기존 구조물이 사용되기도 했다. 또한 하나의 길다란 적석봉분 아래 여러 개의 묘실이 발견된 경우도 있다. 이러한 배치를 보여 주는 가장 유명한 유적이 피네스트르(Finistère)의 바르네네즈(Barnenez)이다(Giot 1987: 1장 3-102). 상기의 유적들에서는 원래는 서로 다른 맥락에서 보이는 건축적 요소들이 복합적으로 나타났다. 각 유적에서는 서로 다른 건축 전통에서 비롯된 건축적 요소들이 혼재되어, 기념물은 최종적으로 일종의 브리콜라주의 모습을 하고 있다.

특히 넓은 지역 단위에서 고고학적 증거를 살펴보면 이러한 상황이 확실히 포착된다. 패시지그레이브 무덤은 포르투갈에서 브르타뉴 지방에 이르기까지 대서양 해안가를 따라 분포하며, 더 늦은 시기에 해당하는 사례들은 서부 지중해 지역, 아일랜드, 브리튼, 북부 독일, 그리고 남부 스칸디나비아 지역에서 보인다. 가장 오래된 무덤들은 서부 프랑스와 남부 포르투갈에서 나타나며, 기원전 5000년 중반에 해당되는 것으로 보인다(Scarre, Switsur & Mohen 1993; Giot, Marguerie & Morzadec 1994; Müller 1999). 이 지역의 가장 이른 패시지그레이브 무덤 중 일부는 원형의 토축봉분이나 적석분과 관련이 있다. 이것은 더 동쪽 지역에 분포하는 롱배로 무덤의 양상과 대조를 이룬다.

이른 시기 패시지그레이브 무덤의 독특한 분포 양상 때문에 그것의 기원을 대서양 유럽의 후기 중석기시대 집단이나 카디얼토기 문화[7] 혹은 그것으로부터 파생된 문화들이 등장했던 농경 수용 단계의 집단과 연관 짓고자 할 수도 있을 것이다. 최근에 파악된 바에 의하면, 그것의 분포 범위는 지중해 지역에서부터 이베리아 일부 지역과 서부 프랑스에까지 이른다. 이러한 광범위한 지역에 걸쳐 부장품이 매납되고 매우 기본적인 석축 시설물을 갖춘 중석기시대 무덤이 나타나는 것이 사실이다(Scarre 1992). 심지어 셰럿(Sherratt 1990)은 원형 적석묘와 관련된 패시지그레이브 무덤의 경우에는, 마치 유럽 북서부 지역의 세장방형 봉분묘가 선형토기 문화의 세장방형 주거지의 영향을 받았듯이, 그것이 중석기시대 원형 주거지의 개념을 내포했을 수도 있는 것으로 보았다.

움직였던 석조상

이 과정에서 확인되는 또 다른 요소는 바로 입석의 사용과 재사용으로, 남부 브르타뉴 지방에 분포되어 있는 입석의 테르트르튀밀레어 무덤의 분포와 비슷하다(Boujot & Cassen 1998). 프랑스 북서부 지

---

7 카디얼토기는 '카디움(Cardium)토기'라고도 불리는데, 이런 명칭은 과거에 *Cardium edulis*라고 불렸던 새조개의 껍질을 이용해서 토기의 표면을 장식했기 때문이다. 이러한 토기를 사용한 문화를 흔히 '압인문토기 문화(Impressed Ware Culture)'라고도 부른다. 기원전 6400-6200년경에 그리스 지역에서 처음 등장한 이 문화는 북부 지중해 연안을 따라 농경 문화를 전파시켰으며, 기원전 4000년경에 이르러서는 이베리아반도까지 확산되었다.

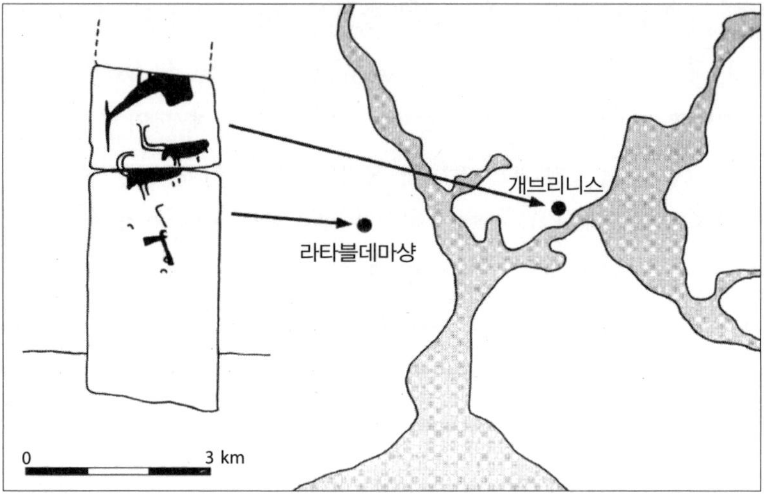

[그림 2.9] 브르타뉴의 로크마리아케르 근처에서 확인된 조각 장식된 입석의 재사용
출처: Whittle (2000)

역의 패시지그레이브 무덤 중 일부가 쪼아서 조각된 문양을 가지고 있다는 것은 익히 알려진 사실이다. 그 기념물들의 발굴에서 아쉬운 부분도 있지만, 이미 19세기의 발굴을 통해서도 조각 장식된 석재들이 원래의 위치에 있는 것이 아님이 확인되었다. 즉, 기념물 중 일부는 조각 장식된 입석을 재활용하여 축조했던 것인데, 석재가 그대로 사용된 경우도 있었고, 그것을 깨뜨려서 사용한 경우도 있다(Cassen 2000). 최근에 새롭게 확인된 두 가지 사항은 특히 많은 시사점을 제공한다. 개브리니스(Gavrinis)에서 묘실 무덤(chambered tomb)을 발굴한 결과, 조각 장식된 입석의 일부가 묘실의 천장석으로 사용되었고, 그 입석의 나머지 부분은 3km 떨어져 있는 라타블데마샹(La Table des Marchand)의 패시지그레이브 무덤에 사용되었다([그림 2.9])(Le Roux 1984). 두 입석편의 관계를 확인할 수 있었던 것은 그 문양이 연속되

어 있었기 때문이다. 얼마 지나지 않아, 후자의 유적 근처에서 진행된 발굴을 통해 상당한 수의 입석들이 서 있었던 자리가 발견되었는데, 수혈의 배치 양상을 통해 그 끝에 위치했었던 것이 브르타뉴에서 현존하는 가장 큰 입석인 르그랑멘히르브리세(Le Grand Menhir Brisé)임을 확인할 수 있었다. 이 입석은 쓰러뜨려졌지만, 다른 장소로 옮겨진 다른 입석들과는 달리, 원래 서 있는 자리 근처에 그대로 놓아 두었다([그림 2.10]). 앞서 언급한, 장식으로 조각된 입석편들도 이 입석들에서 유래한 것으로 보인다(L'Helgouac'h 1999).

프랑스 북서부 지역의 선사시대에는 이러한 서로 다른 요소들이 복잡하게 상호 작용했다. 장식 조각된 입석 중 일부는 원래의 자리에 서 있었으나, 석렬 옆에 세장방형 봉분묘가 있었던 것으로 보이는 로크마리아케르(Loqmariaquer) 유적에서는 입석들이 뽑혔다. 그 편들은 주변의 패시지그레이브 무덤을 축조하는 데 사용되었을 수도 있다(L'Helgouac'h 1999). 이와 비슷한 양상으로, 아르존의 르프티몽 유적에서는 세장방형 봉분묘의 한쪽 끝에 한 개 혹은 그 이상의 입석이 세워졌다. 어쩌면, 흔히 그랬듯이, 원래 서 있던 입석을 뽑고 그 자리에 새로 기념물을 세우는 과정에서 입석이 다시 사용되었던 것일 수도 있다. 그리고 그 기념물에는 조각 장식된 석재가 다수 포함되어 있었을 수도 있다.

이 지역의 입석과 거석 무덤 사이에 두 가지의 관계를 설정할 수 있다. 일부의 경우에는 바르네네즈에서와 같이 무덤 내부에 입석이 세워져 있었다(Giot 1987). 그런데 이 경우에는 그 입석을 다른 곳에서 가져왔는지의 여부는 확인할 수 없다. 아무튼 이제 그 입석은 사람들의 시야에서 가려지게 되었다. 다른 경우에는 입석을 뽑고 그것

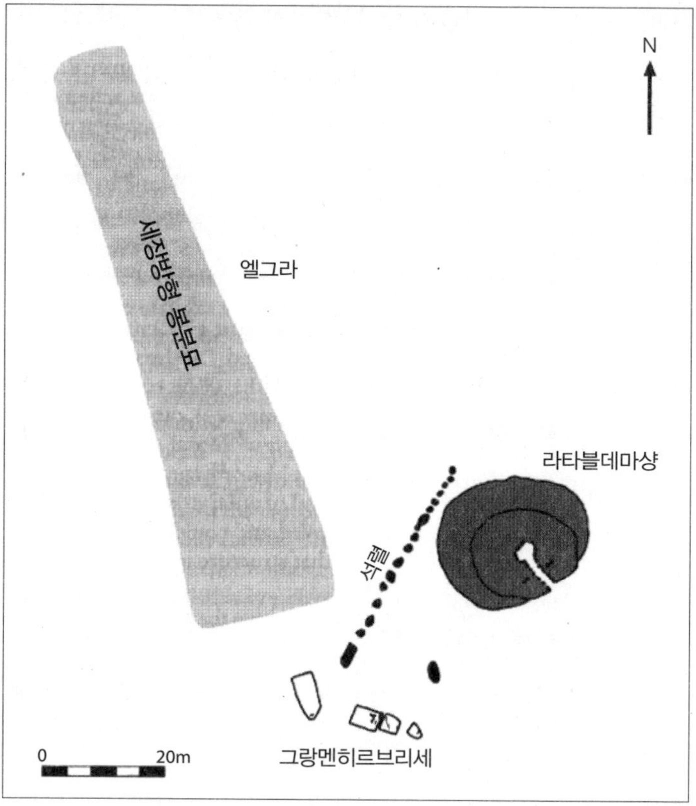

[그림 2.10] 브르타뉴의 로크마리아케르에 있는 세장방형 봉분묘(엘그라(Er Grah)), 패시지 그레이브 무덤(라타블데마샹), 그리고 석렬

출처: L'Helgouac'h (1999)

을 조각 낸 다음에 묘실 무덤의 석재로 사용하였다. 하나의 입석에서 나온 편들이 서로 다른 무덤의 석재로 사용된 사례가 최소한 하나는 확인되었다. 그런데 이러한 과정이 얼마나 오랜 시간에 걸쳐 일어났는지는 분명하지 않다.

많은 연구자들은 입석의 이러한 활용이 성상 파괴와 같았던 것으로 이해하고 있다(Cassen 2000; Whittle 2000). 경관 내에서 오랫동안 의미를 가졌던 입석들은 뽑히고 종종 파괴되기도 했다. 그중 일부는 세장방형 봉분묘와 관련이 있었는데, 이러한 전환은 패시지그레이브 무덤이 축조될 무렵에 일어났다. 이러한 이유로 입석들을 둘러싸고 일어난 일련의 과정들은 두 개의 서로 다른 믿음 체계 간의 갈등에서 비롯된 결과로 이해되기도 한다. 즉, 묘실 무덤을 축조한 이들은 기존의 구조물을 끌어내리고 그 잔해를 없앰으로써 성스러웠던 장소들을 훼손했던 것일 수도 있고, 아니면 그 장식된 돌들이 가지고 있던 의미를 새로운 종류의 기념물에 이전시킬 의도였던 것일 수도 있다.

이 돌들에 표현된 이미지들은 매우 독특하다. 순전히 추상적인 요소로 구성되어 있을 뿐만 아니라, 신석기시대가 시작될 무렵에 일어났던 변화들을 환기시키는 일련의 요소들도 갖추고 있다. 유물(도끼날, 활과 화살)뿐만 아니라 가축의 이미지가 이에 해당한다. 또한 어쩌면 고래의 이미지도 포함되어 있다. 이 상징 기호들을 그대로 읽는다면 당시에 있었을 것으로 예상할 수 있는 사냥, 어로, 그리고 가축의 혼합 양상을 나타나는 것으로 보인다. 휘틀(Whittle 2000)은 이 이미지들이 새로운 생활 방식에 적응해야 했던 토착 집단의 작품이었을 가능성을 고려했다. 반면 카센(Cassen 2000)은 이러한 과정이 기념물의 젠더적 의미의 변화와 관련이 있다고 주장하고 있다.

이러한 행위의 서로 다른 원인보다 더 중요한 것은 바로 그 행위의 결과이다. 조각된 입석들을 끌어내리고 그 잔해를 여러 개의 묘실 무덤에 사용함으로써 사람들은 세상에 관한 기존의 생각들을 거부했을 가능성이 있다. 이러한 시각에서는 머나먼 과거와 관련이 있는 이미지들이 새로운 기념비적 건축물 및 그와 관련된 믿음 체계에 의해 대체되었다고 볼 수도 있다. 즉, 과거를 떠올리는 기념물 대신 망각이 강요되었던 것일 수도 있다.

이러한 해석은 죽은 자를 기념하는 서로 다른 두 가지 방식이 서로 접촉하게 된 브르타뉴 지방의 고고학적 양상에 대한 해석으로는 적합할 수 있다. 하지만 만약 이 지역 너머에서도 이러한 현상이 발견된다면 설득력은 낮아질 수밖에 없다. 그런데 고고학 자료를 보면 이러한 상황이 포착된다. 에스파냐와 포르투갈에서 최근에 확인된 바에 의하면, 대서양에서 서부 지중해 지역에 이르기까지 상기의 것과 유사한 현상이 일어났다(Bueno Ramirez & de Balbín Behrmann 1997, 2000).

그 증거는 두 가지 형태를 띠고 있다. 첫째, 이베리아반도 전역에 걸쳐 조각 장식된 입석이 발견되며, 그중 일부는 프랑스에서 보이는 것과 유사한 모티프를 사용하고 있다. 특히 뱀과 지팡이의 이미지가 그러한데, 이것들은 넓은 지역에 걸쳐 분포하면서도 너무나 유사한 측면이 많아 직접적인 연관 관계를 상정할 수밖에 없다. 둘째, 신석기시대의 개시기 무렵으로 편년된 바 있는 남부 포르투갈 알렌테주(Alentejo)의 입석들에서도 지팡이의 이미지가 확인된 바 있는데(Calado 1997), 이것은 특히 의미심장하다. 이러한 점을 강조하는 이유는 이 유적들이 프랑스 북서부 지역에서 크롬레크(cromlech)라고 불리는 담장시설과 그 형상이 비슷하기 때문이다.

브르타뉴의 양상에 대해 제기된 기존의 해석을 재검토해야 하는 또 다른 이유는 이베리아의 거석 기념물 내부에서도 입석이 발견되기 때문이다. 최근에 와서 이 현상에 대한 체계적인 조사가 부에노 라미레즈와 데 발빈 베르만(Bueno Ramirez & de Balbín Behrmann 1997,

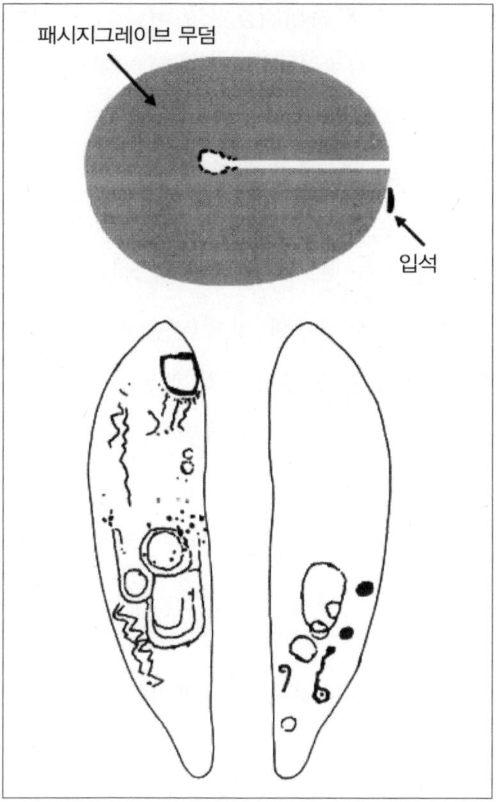

[그림 2.11] 포르투갈 알렌테주의 호드리구 계곡(Vale de Rodrigo)에 있는 조각 장식된 입석과 패시지그레이브 무덤

출처: Bueno Ramirez & de Balbín Behrmann (2000)

2000)에 의해 이루어졌다. 그들이 확인한 몇몇 사례들은 북부 프랑스의 자료를 떠올리게 한다([그림 2.11]). 조각 장식된 입석은 거석 무덤 군집 근처에서 발견되며, 어떤 경우에는 홀로 서 있는 입석이 거석 무덤의 일부를 이루기도 한다. 더 빈번하게는 아마도 다른 곳에서 가져온 조각 장식된 입석의 일부가 거석 무덤의 석재로 사용되기도 했

다. 그런데 이 입석 조각들의 사용은 무작위적으로 일어난 것이 아니었다. 그것은 무덤의 뒷부분이나 묘실과 연도가 만나는 지점에 사용되었다.

이는 북서부 프랑스 지역의 양상을 설명해 주는 더 일반적인 과정이 존재할 수 있음을 시사한다. 브르타뉴 지방에서는 그 독특한 고고학적 양상이 토착 집단과 동쪽에서 온 이주민 사이의 정치적·이데올로기적 관계의 결과로 점진적으로 진행된 것으로 충분히 받아들일 수 있다. 이베리아의 경우에는, 물론 농경의 정착 과정에서 주민의 이주가 역할을 했을지라도, 그 상황이 프랑스 북서부와는 달랐다. 하지만 두 지역의 고고학 자료를 보면 공통된 요소들이 존재했다. 조각 장식된 입석의 존재와 그것이 궁극적으로 묘실 무덤의 석재로 사용되었다는 점이 그 요소들이다. 어쩌면 이 두 요소들은 생각보다 훨씬 더 관련성이 있을 수 있다. 만약 그렇다면 두 지역 모두에서 확인되는 고고학 자료에 부합하는 해석을 찾는 것이 옳은 방법이겠다.

말란간의 시사점

상기의 양상은 뉴아일랜드섬(New Ireland)[8]의 매장 의례에 관한 퀴흘러(Küchler 1987, 1999)의 기록과 비교할 수 있다. 이는 물질문화의 소실을 통해 기억이 형성된 사례를 보여 준다.

8 뉴기니섬의 동북에 위치한 섬으로, 주민은 주로 멜라네시아계이다.

말란간(Malangan)은… 사자(死者)의 모형을 전시하거나, 춤과 노래의 무대가 되거나, 죽음 이후 생명력을 담아 이전하는 용기를 전시하기 위하여 구조물을 축조하는 작업과 관련해서 일어나는 일련의 제의 행위를 지칭한다. 그것을 준비하는 데 수개월이 걸리고 많은 제의적 용품이 사용되지만, 말란간을 통해 만들어지는 곳은 사실 사자의 영혼이 머물다 가는 임시적인 집에 불과하다. 그리고 이 구조물이 파괴되면서 영혼은 하나의 이미지가 되고, 그러면서 움직이고 떠돌아다니는 하나의 기억이 된다. **이러한 기억에 대한 통제는 토지나 직책의 소유와 관련해서 가장 중요한 사항이 된다.**

(Küchler 1999: 64[굵은 글씨 강조는 필자])

이러한 전환이 이루어지는 방식 중 하나는 모형의 제작을 통하는 것인데, 이 모형들은 죽은 자 및 사회 내에서의 그들의 위치를 반영한다. 겔(Gell)의 표현을 빌리자면 다음과 같다.

이제는 분산된 사자의 '사회적 효용성', 즉 그들이 가졌던 영향력은 점차 객관화될 수 있는 하나의 성질이 되어, 그것에는 하나의 물질적 지수가 부가될 수 있고, 또한 그것으로부터 축적된 효용성을 이끌어 낼 수 있다. 이것이 바로 말란간의 실체이다. 그것은 이 세상에 분산된 사자의 잠재적 에너지를 마치 건전지를 충전하듯 축적하는 일종의 몸통이다.

(Gell 1998: 225)

말란간은 나무나 넝쿨로 제작될 수 있고, 매우 크고 정교한 경우도 있다. 그것의 형태는 매우 독특하다.

> 시각적으로, 그리고 개념적으로, 그것은 이미지로 둘러싸인 시체를 연상시킨다. … 거의 부서질 정도로 조각된 뇌문(雷紋)이 그 모든 것을 만들어 낸 섬 문화의 물리적·생물적 환경에서 널리 확인되는 모티프의 형태를 하고 있음을 단번에 알아차릴 수 있다.
>
> (Küchler 1999: 56)

이러한 이미지들은 죽은 자와 함께 썩도록 내버려지며, 애도의 모든 물리적 흔적이 썩어 없어지면 그 대신 남게 되는 것은 퀴흘러가 '모형사체(figure-corpse)'라고 부른 구조물의 축조와 전시의 기억뿐이다. 그 상태는 사체의 처리 방법을 떠올리며, 결국에는 그 흔적이 둘 다 사라져 버린다. 즉, 영구적인 기념물 대신 이미지의 소멸은 인간 신체의 부패에 관한 생생한 메타포를 제공하며, 바로 그 과정을 환기시킨다. 명성이 있는 사물을 파괴함으로써 그것이 공공 전통의 일부가 되는 것을 보장할 수 있다. 이것이 바로 '망각을 통해 기억하는 것'의 전형적인 사례이다.

망각을 통해 기억하기

어쩌면 위의 과정은 신석기시대 입석에서 확인되는 증거와 비교할 수 있다. 이 비유는 여러 가지 차원에서 접근할 수 있다. 주변 환경에서 도출된 이미지들로 장식된 말란간과 마찬가지로, 얼핏 보면 일상생활 속에서 관찰되었을 동물이나 사물로 이루어진 이미지들의 레퍼토리로 장식된 신석기시대 브르타뉴 지방의 입석 사이에는 유사성이 확인된다. 입석의 경우에도 그 이미지들은 죽은 자나 그 집단이 조상으로 삼았던 더 머나먼 과거 인물이 가졌던 역할이나 업적을 종합적으로 나타낸 것일 수도 있다.

두 번째 비교는 선사시대에 이 이미지들이 어떻게 다루어졌는지에 관한 것이다. 이것들은 종종 기존의 기념물 근처에 있는 공터에 세워졌는데, 시간이 흐른 뒤에는 다시 끌어내려지고 파쇄되었다. 어쩌면 장식에 사용되었던 이미지가 시신의 역할을 했던 것일 수도 있다. 이것은 멜라네시아 지역의 사례[9]에서 명백히 드러나는데, 패시지그레이브 무덤의 사용에서도 암묵적으로나마 확인된다. 참고로 종종 패시지그레이브 무덤이 대체한 기존의 롱배로 무덤의 경우에는 그렇지 않다. 즉, 롱배로 무덤과 관련된 조각 장식된 입석들은 변형되거나 제거될 수 있었지만, 무덤의 매장 주체부는 봉분으로 덮여 있었던 만큼 접근할 수 없었다. 따라서 시체 처리 과정과 동일하게 입석을 다룰 수 없었다. 하지만 패시지그레이브 무덤이 사용되면서 이러한 관계는 재설정되었고, 그리하여 무덤을 축조하는 데 석재의 재활용이 빈번하게 일어났던 것일 수도 있다.

필자는 앞서 패시지그레이브 무덤의 기능 중 하나가 산 자와 죽은 자 사의의 관계를 지속적으로 유지시켜 주는 것이었다고 주장한 바 있다. 이 무덤에서는 인골의 추가, 재배치, 그리고 제거가 가능했

9 앞서 살펴본 뉴아일랜드섬 말란간의 사례

다. 그 결과 개인의 정체성들은 점차 뒤섞이게 되었고, 서로 다른 개인들의 인골은 일련의 정형화된 패턴을 이루면서 무덤 내부 전역에 걸쳐 분포하기에 이르렀다. 이러한 무덤의 사용은 다수의 개인으로부터 나온 물질적 흔적을 통하여 죽은 자들의 공동체를 형성하였다. 브르타뉴 지방의 경우에는 인골이 거의 남아 있지 않지만, 북부 프랑스에서 진행된 발굴을 통하여 이와 같은 해석이 입증된다(Patton 1993: 91-8).

입석 재사용의 과정도 이와 유사했을 수 있다. 앞선 시대의 봉분과의 밀접한 관계 때문에 이것들은 죽은 자를 위한 기념물로 세워졌던 것으로 보이지만, 그것이 유일한 역할은 아니었을 것이다. 시간이 지나면서 바깥 세상에 서 있던 그것들은, 마치 시신이 그곳에 안치되듯이, 기념비적 무덤의 내부로 옮겨졌다. 즉, 죽은 자들의 잔해와 마찬가지로 장식 조각된 입석의 파편은 무덤 구조 내부로 숨겨졌다. 그런데 심지어 이 무덤들에는 여러 개의 서로 다른 입석에서 온 파편들이 사용되었던 것으로 보이는데, 그럼으로써 그것의 서로 다른 정체성들은, 죽은 자들의 잔해가 경험한 바와 마찬가지로, 하나로 결합되었던 것일 수도 있다. 하지만 이러한 과정이 일어나기 전에 입석들이 얼마나 오래 서 있었는지는 알 수 없다.

퀴흘러가 말한 뉴아일랜드의 독특한 이미지들과 마찬가지로, 패시지그레이브 무덤에 입석을 포함시킨 것은 장식된 석재를 파괴하고 숨김으로써 사회적 기억을 정착시킨 독특한 과정의 결과물이었을 수 있다. 시간이 지나면서 경관 속에 기념물을 보존하고 유지하는 것만큼이나 이러한 행위는 효과적이었을 수도 있다. 하지만 이 경우에 중요한 차이는 패시지그레이브 무덤 그 자체도 거석 기념물이었다는 사실이다. 개별적 측면에서, 신석기시대 입석의 파괴는 과거에 살았던 특정 집단의 기억을 고착시키는 데 기여했을 수 있다. 또한 공적인 측면에서, 이러한 파편들이 포함되어 있는 무덤들은 더 큰 사회집단의 존속을 기념했다. 이러한 과정을 통하여 죽은 자들이 끝내 조상의 위치로 승격되었던 것일지도 모른다. 그리고 시간이 지나면서 이 행위들은 또 다른 기원 신화의 형성에 기여했을 수 있다(이 장이 집필된 이후에 이와 유사한 방식으로 발카모니카(Valcamonica)의 암각화가 해석된 바 있다. Keates 2000 참고).

이것은 자칫 단 하나의 민족지 사례와 비교를 통하여 도달한 다소 미약한 해석으로 여겨질 수도 있겠으나, 실은 그렇지 않다. 선사시대에 걸쳐 개별 입석이나 입석군들은 널리 분포했다. 앞서 언급된 사례들 이외에도 흑해 근방, 지중해의 여러 섬들, 북부 독일, 남부 프랑스, 알프스 지방, 그리고 아일랜드에도 존재한다(Mezzenam 1998a). 그것들은 시간적으로도 널리 분포하며, 신석기시대 후반, 동기시대, 청동기시대에 걸쳐서 확인된다. 심지어 할슈타트 봉분묘와 공반된 입석도 발견된 바 있다. 일부 연구자들은 그것들의 공통된 기원을 — 주로 남동부 유럽에서 — 찾고자 했으나, 그렇게 보기에는 이 조각 장식된 석조물의 시간적·공간적 분포가 너무나 광범위하다(Barfield 1995; Mallory 1995). 그것들은 많은 경우에, 비록 매우 양식화된 방식이기는 하지만, 인간의 신체를 표현하고 있어서 단 하나의 고대 기원을 찾을 이유는 없을 것이다.

이러한 이미지들이 광범위하게 분포하기는 하지만, 그것이 원래의 맥락에서 발견된 사례는 별로 없다. 즉, 그것들은 대부분 재사용을 경험했다. 공터에서 발견된 입석들의 경우에는 파괴되거나 옮겨진 경우가 많았기 때문에, 그 맥락을 곧이곧대로 받아들이는 것은 조심해야 한다. 하지만 그것들의 파편이 거석 기념물에 얼마나 빈번하게 사용되었는지는 놀라울 따름이다. 대서양 유럽의 신석기시대에 해당하는 앞서 언급된 사례들 이외에도, 알프스 남부 지역의 후기 신석기시대·동기시대와 동일한 시대의 북부 독일에서도 이러한 현상이 일어났다. 또한 전기 청동기시대에는 이베리아와 흑해 연안 지역만큼 멀리 떨어져 있는 지역들에서도 유사한 증거가 발견된다.

종종 서로 접촉이 일어났을 가능성이 없는 지역들에서도 동일한 양상의 증거가 나타나기도 한다. 가령 파쇄된 조각 및 부조 조각의 편들이 남동부 유럽의 마이코프(Maikop) 문화[10]에서는 인골과 함께 나타나며, 남부 포르투갈에서는 조각 장식된 석관묘에서도 나타난다. 이와 마찬가지로, 조각을 재활용한 석재는 대서양 유럽의 가장 이른 시기의 거석 무덤들은 물론, 스위스 알프스 지역의 가장 늦은 무덤들에서도 나타난다. 그러나 이 유적들에서 보이는 이미지들은 공통점이 거의 없거나 전혀 없고, 그 기념물들 간의 시간적 차이도 1,000년에 이른다. 하지만 그 사용 방법은 놀라울 정도로 유사하다.

---

10 마이코프 문화는 남부 러시아의 서부 코카서스 지역에서 기원전 3700년경부터 3000년경까지 존속했던 이 지역의 대표적인 청동기시대 문화로, 쿠르간이 조성되었던 것으로 보아 인도-유럽어족 문화의 특징이 확인된다.

프티샤쇠르

이러한 사실은 프티샤쇠르(Petit Chasseur)라는 대형 매장지가 부분적으로 발굴된 알프스 남부 지역의 시옹(Sion) 유적에서 잘 확인된다. 이곳에서 이루어진 조사는 앞서 언급된 경우들보다는 여러 가지 이점이 있었다. 이 유적의 층위는 매우 자세하고, 조각된 입석들도 너무나 잘 보존되어 있어 각각의 개별적 역사를 자세히 파악할 수 있었다. 또한 인골의 보존 상태도 양호했고 일련의 방사성탄소연대 측정치들을 이 유적에 대한 해석에서 활용할 수 있었다(Gallay 1995). 프티샤쇠르의 역사는 복잡하지만, 현재의 논의와 관련해서 중요한 것은 이른 단계들이다([표 2.1]). 이 유적의 시간적 전개 양상은 뒤의 제4장에서 다시 한 번 검토하도록 하겠다. 기원전 2900년과 2700년 사이에 거석 무덤이 하나 축조되었고, 시간이 얼마 지나지 않아 유사한 형태의 거석 무덤이 하나 더 축조되었다.

두 무덤 모두에서는 외부에서 접근할 수 있는 석실이 삼각형 모양의 적석부 혹은 봉분 위로 돌출되어 있었다. 각각의 무덤에서는 집단 매장이 이루어졌으며, 무덤 중 나중에 지어진 것의 경우에는 입구 양 옆에 조각 장식된 입상이 서 있었다. 주변에는 더 많은 입상들이 존재했을 가능성이 있다. 왜냐하면 더 늦은 단계의 무덤들을 축조하는 데 또 다른 입석편들이 사용되었기 때문이다. 이 초기 입석들에는 사람의 형체가 조각되어 있었다. 또한 종종 나선형의 장신구와 최소한 단검 한 자루가 같이 나타나기도 한다.

얼마 지나지 않아 기원전 2400년경에 일련의 기념물들이 추가적으로 축조되었는데, 이번에는 거대한 석관묘(stone cist)의 형태를 가진

[표 2.1] 프티샤쇠르 유적의 시간적 전개 양상

연대 (B.C.)	기념물 종류	매장 방식	입석 축조	A형식 입석 재사용	B형식 입석 재사용
2900	거석 무덤	집단 매장	–	–	–
	거석 무덤	집단 매장	+	×	–
2450	석관묘	집단 매장	+	×	×
	석관묘	집단 및 개별 매장	+	–	×
2100	적석묘	개별 매장 및 2차 화장	+	–	×
	적석묘	개별 매장 및 2차 화장	–	–	–

+: 증거 있음, –: 증거 없음, ×: 앞선 시대의 입석이 재사용된 경우
출처: Gallay (1995)

기념물들이었다. 그중 하나는 그 주변에 목조 기둥이 원형으로 돌아가기도 했다. 이 무덤들의 경우에서도 집단 매장이 이루어졌는데, 다만 부장된 토기의 종류는 벨비커토기였다. 이 기념물들은 앞선 시대의 조각된 석재를 재사용했다는 특징을 지니고 있다. 발굴자는 이와 동일한 시기에 앞선 시대의 무덤에서 매장유구 하나가 파괴되었음을 확인했다. 즉, 묘실에서 인골을 빼내고, 그곳에 비커토기와 함께 시신의 매납이 새롭게 이루어졌다. 발굴자는 이것을 기존 기념물의 '훼손'으로 보고 있지만, 기존의 인골 중 일부가 재배치되어 두개골의 경우에는 기존 시상대의 가장자리를 따라 놓여 있었다는 사실도 기록했다([그림 2.12]).

이러한 변화는 뒤따르는 단계들에서도 일어났는데, 다만 석곽묘

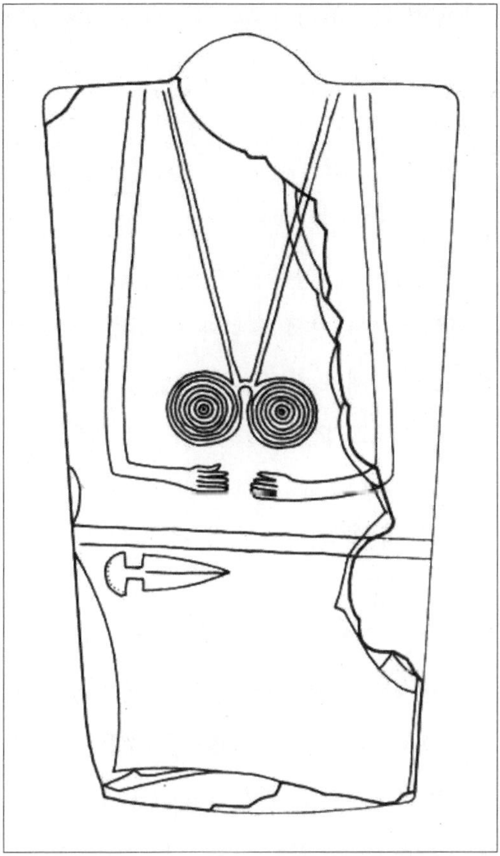

[그림 2.12] 스위스의 프티샤쇠르에서 나온 훼손된 조각 장식 입석

의 크기가 축소되어 그 안에는 한두 명만이 안치되었다. 그것 역시 동일한 토기 공반 양상을 보이며, 조각 장식된 석재가 재사용되었다. 다만 차이는 조각의 양식이 달랐다는 것이다. 더 정교한 장식이 조각되었으며, 화려한 의복을 묘사한 경우도 있었다. 또한 기존의 조각들에서 보이던 단검 대신 활과 화살이 등장했다. 기원전 2100년으로 잠

정적으로 비정된 그다음 단계에서는 이러한 석재가 계속 활용되었는데, 단지 기존에 존재하던 무덤 앞의 작은 제단을 축조하는 데에만 사용되었다.

이 시기 동안 대부분의 입석은 개별 기념물의 외곽에 축조된 다음 다시 끌어내려졌던 것으로 보인다. 입석들이 원래 서 있었던 수혈의 발굴을 통해 부분적으로 확인되기도 했다. 그러한 입석의 파편들은 이후 기다란 삼각형의 기반을 가진 거석 무덤과 그 뒤를 이어 여러 세대에 걸쳐 조성된 석관묘의 석재로 사용되었는데, 후자의 무덤에서는 집단 매장이 일어나고 비커토기가 출토되었다. 발굴자는 이러한 과정이 연속해서 일어났던 것으로 보고 있다. 왜냐하면 재활용된 석재에 나타나 있는 이미지들의 양식적 변화와 건축물들의 시간적 변화가 일치하기 때문이다.

이 현상에 대한 해석은 시간이 지나면서 변화하였다. 처음에는 발굴자가 그 전개 과정에서 중요한 단절이 일어났던 것으로 보았고, 비커토기를 사용한 주민의 정착이 그러한 단절을 표시하는 것으로 이해했다. 즉, 그들은 기존의 거석 기념물을 훼손하고 그 내용물을 제거한 후 그 안에 자신들의 무덤을 조성했다는 것이다. 또한 그들이 일련의 조각된 입석들을 파괴하고, 그 석재를 이용해서 석관묘를 축조한 것으로 보았다. 이러한 가설은 브르타뉴의 거석 무덤에서 확인된 바를 떠올리게 하지만, 프티샤쇠르에서 확인된 입석의 사용 및 재사용 양상과는 부합하지 않는다. 그 입석들은 후기 신석기기대부터 전기 청동기시대까지 지속적으로 사용되었으며, 이 유적에서 출토된 인골 자료를 분석한 결과를 보더라도 당시에 인구 변화가 일어났을 가능성은 포착되지 않는다. 그것보다 이 유적의 역사는 변화하는 기념물의 형태나 입석 기념물의 변화하는 공반 양상과는 별개로 존재했던 제의적 순환을 따랐던 것으로 보인다. 원래는 공터에 서 있었던 조각된 입석들의 축조는 다양한 형태의 석실 매장 주체를 가진 무덤 주변에서 일어났다. 일정 정도의 시간이 지난 후에 이 입석들은 종종 폭력적인 방식으로 끌어내려졌고 다양한 모습으로 해체되었다. 다수의 입석에서는 조각 장식이 한 차례 이상에 걸쳐 이루어졌음을 확인할 수 있고, 목이 날아간 조각 입석이 많다는 것도 흥미로운 특징이다. 어쩌면 이러한 행위는 그것들이 무덤의 석재로 재활용되면서 일어났던 것일 수도 있다.

연대나 성격이 매우 다른 유적들에서도 비슷한 제의적 행위들이 일어났던 것으로 보인다. 이는 이러한 제의적 주기가 많은 지역에서 통용되고 있었음을 시사하며, 그러한 공통성에 대해서는 하나의 통일된 설명이 요구된다. 필자는 여기에서 하나의 가능성을 제시하였다. 하지만 더 많은 자료가 축적된 이후에나 그것에 대하여 더 자세히 다룰 수 있을 것이다.

요약

이 장에서는 유럽 서부 지역의 전기 신석기시대 취락 유적 자료와 관련된 두 개의 사례 연구를 살펴보았다. 이 사례들을 통하여 당시에 존재했던 두 개의 주된 문화의 축이 다루어졌다. 하나의 축은 발칸반도 지역에서 시작하여 라인란트를 통과하고 채널 해협으로 이어졌고, 또 하나의 축은 서부 지중해 지역에서 대서양 연안 지방으로 이어졌다. 각 축의 출발점은 신석기시대의 주된 토기 전통과 관련되어 있는데, 선형토기와 카디얼토기가 그것이다.

이러한 사례들에서 보이는 공통점은 과거에 대한 강조로, 새로운 지역에 정착하고 인간과 땅 사이에 새로운 관계 맺음이 일어날 무렵에는 그것이 특히 중요했을 것이다. 한 가지 경우에는 머나먼 기원과 관련된 신화의 강조를 통해 이것이 이루어졌는데, 그 강조 방식은 집을 짓는 행위에서 죽은 자를 위한 기념물을 축조하는 방식으로 이전되었을 수 있다. 이러한 관계 맺음은 남부 유럽에서 기원했던 조개껍질의 이동을 통해 더욱더 강조되었다. 처음에는 주거지와 무덤의 장축 방향을 통하여 연결 고리가 조성되었다가, 나중에는 상당한 규모를 자랑하는 기념물의 구조를 매개로 그 고리를 소중히 간직하였다. 따라서 이 경우에는 사회적 기억이 후속 세대들에게 거의 영구적인 형태로 전달되었다.

대서양 연안을 따라 다른 종류의 기념물들도 분포하는데, 그것들이 사용된 방식은 달랐다. 왜냐하면 이 지역에서는 죽은 자와 관련이 있는 일련의 조각 장식된 입석들이 특징적으로 사용되었기 때문이다. 그것들이 개인을 기념하기 위해 세워졌던 것인지는 알 수 없다. 물론 그러한 행위는 후대의 다른 지역에서 확인되기도 한다. 그 이유가 어떻든지 간에, 이 입석들은 조성하는 데 상당한 노동력이 투입되었음에도 불구하고 사용 기한이 짧았다. 이는 그것들이 결국 전복의 대상이 되었기 때문이다. 그러고 나서 그 파편들이 무덤의 석재로 사용되면서 그 모습은 효과적으로 숨겨졌다. 조각된 개별 입석들이 묘실 무덤에 사용된 양상은 그곳에서 이루어진 시신 처리 방식을 따랐던 것일 수도 있다. 따라서 이 경우에는 조각 장식된 입석들을 훼손하고 그것을 은폐시키는 작업이 인간 기억의 원천으로 작용했을 수도 있다. 또한 이런 방식으로 전통을 창조함으로써 특정 개인의 업적을 환기시켰던 것일 수도 있다.

두 과정 모두 집단의 기원을 기념하고 또한 그것을 암호화하는 작업과 관련이 있지만, 지역에 따라 그 작업은 서로 다른 방식으로 이루어졌다. 그 차이는 어느 정도는 과거에 대해 생각하는 상이한 방식에서 기인했지만, 공통된 요소도 존재한다. 두 과정 모두 유럽의 선사시대 주민들이 아주 머나먼 지역과 시간으로 거슬러 올라가는 그들의 기원에 대해 관심을 가지고 있었음을 보여 준다. 제3장에서 살펴볼 예정이지만, 근접한 과거와 그 과거와 현재의 관계도 비슷한 고민의 대상이 되었다.

제3장 현재에 들어오기: 가까운 과거의 잔존물

인생의 선들

그가 인생을 마감할 즈음에 이탈리아의 작가 칼비노(Calvino)는 새로운 천년기의 문학이 필요로 하는 특징에 대하여 일련의 강의를 했다(Calvino 1992). 그 요소 중 하나로 지목된 것이 '재빠름(quickness)'이었는데, 그는 마법 반지에 관한 이야기를 통하여 이 점을 전달했다. 칼비노는 마치 고고학자의 입에서 나왔을 법한 말을 했기에 필자는 그것을 직접 인용하도록 하겠다.

> 이 이야기의 실제 주인공은 … 바로 반지이다. 왜냐하면 이 반지의 움직임이야말로 주인공들의 움직임을 나타내기 때문이며, 이 반지가 그들 간의 관계를 설정하기 때문이다. 이 마법의 물건 주변에는 어떤 힘의 장막이 존재하는데, 이것이 바로 이야기의 범위가 된다. 어쩌면 이 마법의 물건이 사람들 혹은 사건들 간의 관계를 시각적으로 나타낸 매개체라고도 할 수 있다. 그것은 서사적 기능을 가지고 있다. … 이

것은 르네상스 시대에도 유효했다. 아리스토(Aristo)의 『올란도 푸리오소(*Orlanddo furioso*)』에서는 검, 방패, 투구, 말 등이 끊임없이 교환되는 것을 볼 수 있는데, 각각의 물건은 특징적 가치를 내포하고 있다. **이러한 방식으로 줄거리(plot)는 몇몇 물건들의 소유권 이전으로 설명될 수 있는데, 각각의 물건은 개별 캐릭터들 간의 관계를 설정해 주는 중요한 힘을 가지고 있는 것이다.**

(Calvino 992: 32-3[굵은 글씨 강조는 필자])

상기의 이야기에서 유물은 사람과 마찬가지로 역사를 가지고 있으며, 물건은 서사 내에서 적극적인 역할을 한다. 『올란도 푸리오소』는 『아이네이드』, 『일리아드』, 『오디세이』와 같은 서사시로, 그것들과 유사한 기능을 가졌다. 이 작품은 1532년에 아리스토에 의해 출간되었으며, 에스테(Este) 가문과 그 가문의 전설적인 선조인 로게로(Rogero)를 기념하기 위해 쓰여졌다. 이러한 측면에서 그것은 기원과 관련된 아주 머나먼 과거를 다루고 있다. 동시에 칼비노는 유물 교환을 통해 과거가 지속적으로 현재로 투영됨으로써 서사의 진행이 이루어진다는 것을 분명히 말하고 있다. 이러한 교환은 엘리트의 전유물이었지만 일상적인 유물에도 이와 동일한 원리가 적용될 수 있다. 그 좋은 사례가 바로 동전이다.

고고학에서 연대 측정을 가르치는 가장 쉬운 방법 중 하나가 바로 주머니 속의 동전을 살펴보도록 하는 것이다. 이 장을 쓰면서 필자 또한 그렇게 했다. 필자의 경우, 주머니 속에 있던 동전들은 1977년에서 2000년 사이의 것들이다. 그 중심 연대는 1980년대 중반쯤이 되겠지만 필자가 이 글을 쓰는 것은 그보다 15년 후이다. 이로써 밝혀진 근본적 원리는 간단하다. 동전은 연구 대상이 되는 사건의 상한을 말해 줄 수 있으며, 가장 이른 시기에 해당되는 동전의 연대가 실제로는 그 사건의 가장 믿을 만하지 않은 연대가 된다.

이것은 학문 초기부터 고고학의 기본 원리가 되어 왔지만, 그 때문에 또 다른 중요한 문제들이 간과되기도 했다. 칼비노가 언급했던 무기들과 마찬가지로, 각각의 동전은 그것이 주조된 이후 그것만의 역사를 가지고 있다. 필자의 주머니에 있는 동전들이 지금과 같은 조합을 이룬 경우는 과거에 아마도 없었을 것이고, 미래에도 이 동전들은 서로 다른 길을 갈 것이다. 동전들은 과거에 여러 종류의 거래에 사용되었으며, 새로운 화폐 단위가 그것을 대체할 때까지 계속적으로 사용될 것이다. 그런데 새로운 화폐 단위가 생겨날 때 이 동전들의 대부분은 아마도 이미 사라졌을 것이다. 심지어 그중의 일부는 수집의 대상으로 보유되면서, 다른 동전들과는 상이한 척도로 가치가 매겨질 것이다.

사람들이 생활하는 물질적 환경에도 동일한 원리가 적용된다. 필자는 현재 100년 전에 건축된 집에서 이 글을 쓰고 있다. 물론 그 집이 건축된 시점 이후로 많은 것들이 변했다. 대부분의 방들은 각각 자물쇠와 열쇠를 가지고 있는데, 이것은 한때 방들을 세 주었기 때문이다. 필자 앞에 있는 벽에는 일련의 그림들이 걸려 있는데, 그것들의 역사는 50년에 걸쳐 있다. 그리고 책장에 있는 책들은 19세기까지 거슬러 올라가며, 창밖에 서 있는 두 그루의 사과나무는 이 집이 지어지기 전에 이 자리에 있었던 과수원의 유일한 생존자들이다. 또한 고고학자인 필자의 방에는 고대의 물건들이 꽤 있다. 신석기시대 도끼도 있고, 중세시대 석조물 파편도 있고, 최근에 발굴된 유물도 있다.

필자는 이 물건들을 언제, 어디에서 확보했는지 기억할 수 있는데 이것은 놀라운 일이 아니다. 그것들은 내 일생사(life history)의 일부가 되었기 때문이다. 벽에 걸린 그림들 중 하나는 선물 받은 것이고, 어떤 책들은 특정한 연구를 위해 구입했던 것이며, 몇몇 소설들은 필자가 방문했던 장소들을 묘사하고 있음을 기억할 수 있다. 한편, 이 물건들은 그들만의 역사도 가지고 있다. 필자가 가지고 있는 윌리엄 그린웰(William Greenwell)의 『영국의 고분들(*British Barrows*)』을 보면 모티머(J. R. Mortimer)에서 리베트(A. L. F. Rivet)에 이르기까지 그것을 앞서 소유했던 이들의 서명이 있다. 또한 저자의 친필 서명까지 들어 있는 피트 리버스(Pitt Rivers) 장군의 책은 필자의 소유가 되기 전까지 90년 동안 여러 사람들의 손을 거쳤다.

이러한 과정은 놀랄 만한 것도 아니며, 모든 사람들이 경험할 만한 현상이다. 그 보편성 때문에 고고학자들이 그것의 시사점을 이해하는 것이 중요하다. 아파두라이(Appadurai) 편저의 『사물들의 사회적 삶(*The Social Life of Things*)』이 1986년에 출간된 이후로 고고학자들은 유물과 기념비적 건축물의 '문화적 전기(傳記)(cultural biography)'[1]를 연구하고자 했다. 이 용어는 특정한 사물이 그 생산 시점부터 파괴 시점까지 다양하게 다루어졌던 경험들을 일컫는다(물론 엄연히 말하자면 그 사물의 이야기가 시작되는 것은 그것이 연구의 대상이 되는 그 순간부터이다). 칼비노가 보여 주듯이, 사람과 마찬가지로 유물도 일생사를 가

1 이 주제와 관련하여 서양 고고학의 논의에서는 'biography'와 'life history'를 구분하지 않고 동일한 개념으로 사용하고 있다. 여기서는 'cultural biography'와 아래에 나오는 'biographical object'를 번역할 때에만 'biography'를 '전기(傳記)'로 쓰고, 그 외의 경우에는 'biography'와 'life history'를 모두 '일생사'로 번역하도록 하겠다.

지고 있다. 사물이 사용되는 순간, 여러 개의 서로 다른 시간적 차원들이 교차하게 된다. 지금까지 사용된 시간들도 있고, 사물이 앞으로 겪게 될 과정들의 시간도 있다.

이 점에 대해 올리비에(Olivier)는 다음과 같이 잘 표현했다.

> 살아 있는 것들은 체계이든 존재이든 지속적으로 진화하지만, 한편으로 본래의 성질을 유지한다. 왜냐하면 성장의 모든 단계는 그 물질 속에 기록되기 때문이다. 달리 말해, 진화의 과정은 두 개의 상반된 방향을 따른다. 하나는 (변화를 통해 이루어지는) 미래이고, 다른 하나는 (노화에 의해 이루어지는) 과거이다. 그리하여 그것은 현재의 기록을 지속적으로 보존한다. 시간의 화살은 두 개의 상반되는 목표물을 향해 동시에 향한다. 그것이 바로 과거와 미래이다. 여기에서 물체는 중요한 역할을 한다. 왜냐하면 바로 '기억'의 매개체가 되기 때문이다. 그것은 물체의 가장 기본적인 성질이며, 그 때문에 현재를 기록할 수 있는 것이며, … 그리하여 고고학의 존재를 가능하게 하는 것이다.
>
> (Olivier 1999: 531)

근자에 들어와 '사물의 문화적 전기'에 초점이 맞추어지다 보니, 선사시대 고고학에서 유물의 일생사가 의미 있는 것은 그것이 과거의 특정 사람과의 관계 맺음을 나타내기 때문이라는 점이 간과될 위험이 있다. 물론 이 관계 맺음이 그 유물의 일생사에서 아주 짧은 만남에 불과할 수도 있지만, 그러한 만남은 아주 중요한 결과를 야기한다. 호스킨스(Hoskins 1998)는 최근의 연구에서 이러한 점을 지적했다. 호스킨스는 인도네시아 동부 지역에 대한 민족지 조사를 진행하면서 연구 대상이 되는 사람들에 대해 더 잘 알고 싶어 했으나, 그 사람들로부터 자신들의 일생사에 관한 이야기를 듣기 어렵다는 것을 알게 되었다. 이것은 서양의 상황과는 매우 달랐고, 연구에 난관으로 작용했다.

> 코디(Kodi) 사람들에게는 자신의 인생이 어떠했는지 남에게 직접 이야기하는 방식은 존재하지 않는다. 유력한 남자들의 경우, 그들이 어떠한 성과를 거두었는지, 어떠한 지위를 차지했는지, 어떠한 의례를 행했는지에 대해서는 전해 들었다. 하지만 여자들의 경우, "너의 인생에 대해 이야기해 달라."라는 질문에 처음에는 자신이 낳은 아이들의 이름 이외에는 대답을 내놓지 않았다. 하지만 다른 주제를 통하여 진행한 일련의 인터뷰에서 이들의 개인적 경험이나 주관적 반응에 대한 시사점을 어느 정도 얻었는데, 이것은 교환으로 확보된 물건이나 집 안에서 사용된 물건 중 제의적 의의를 가진 물건의 역사에 관한 인터뷰에서였다.
>
> 놀랍게도 내가 발견한 사실은 사물의 역사와 사람의 역사를 따로 나누어 채록할 수 없다는 것이었다. 사람들과 그들이 중요하게 여기는 물건들은 너무나도 완벽하게 서로 맞물려 있기에, 그 둘을 구분할 수 없었다. 내가 원래 세웠던 방법론을 따랐을 때 경험했던 좌절은 알고 보니 하나의 이점으로 작용했다. 나는 그 사람들에게 물건에 대하여 물어봄으로써 많은 사람들로부터 자기반성적이고 속 깊은 '개인'으로서의 이야기들을 얻게 되었고, 반대로 사람에 대한 인터뷰에서는 물건의 역사를 추적하였다.
>
> (Hoskins 1998: 2)

사람은 자신의 인생에 대하여 생각할 때 서로 다른 시점에 사용했던 사물과 연관해서 생각하게 된다. 그리하여 개인이 자신의 인생에 대해 말하는 것이 익숙하지 않은 사회에서는 그 사물들이 일생사의 일부분이 된다. 호스킨스가 '전기적 물건(biographical objects)'이라고 부른 것들은 과거가 어떻게 현재에 영향을 미치는지에 대하여 이해할 수 있는 중요한 활로를 제공해 준다. 그 물건들은 결국 역사가 만들어지는 데 사용되는 원천 중 하나가 된다. 그런데 이러한 유물의 일생사는 개인과는 대체로 독립적으로 존재한다. 유물은 한 개인의 경험에 잠시 관여했다가 또 다른 개인의 삶에 관여한다. 고고학자들이 연구하는 특정 물질문화의 조합은 유물들이 축적된 결과인데, 그 축적은 사실 한시적인 것으로서, 개별 유물들은 시간의 흐름 속에서 다양하게 관련되었을 수 있다. 그렇기 때문에 필자는 지금 선사시대 유물들과 최신 소설, 그리고 19세기의 저서들이 다 들어 있는 방에서 연구를 하고 있다. 각각의 사물은 서로 다른 궤적을 따라 여기까지 왔고, 앞으로도 그럴 것이다.

개인 차원에서 일어나는 이러한 현상은 더 큰 차원에서도 적용될 수 있다. 이 또한 고고학적 연구에 시사점을 제공해 준다. 선사시대 연구자들은 단절되지 않는 긴 시간의 폭을 연구하지만, 그들이 다루는 자료를 처리하기 위해서는 그것을 더 짧은 시간의 단위로 나눈다. 이것은 19세기에 개발된 최초의 고고학적 방법론 중 하나로, 연구자들이 스스로를 규정하는 하나의 척도가 되어 버렸다. 어떤 이는 신석기시대 전공자가 되고, 다른 이는 철기시대 전공자가 된다. 또한 이것은 글쓰기 방식에도 영향을 미친다. 예를 들어, 연구자가 관심을 갖고 있는 시대에 앞서 일어났던 사건들은 하나의 배경지식 정도로 치부되며, 주요 연구 대상만큼 중요하게 다루어지지는 않는다. 이것은 불가피한 현상이다. 그렇지 않으면 호모 사피엔스 이후의 모든 고고학적 서사를 일일이 다 추적해야 하기 때문이다. 하지만 이렇게 될 경우 의도하지 않게 오해가 생길 수도 있다. 연구 주제에 선행했던 시대의 배경자료는, 고고학자가 연구하는 자료를 사용했던 실제 사람들에게는 그 앞선 시대로부터 상속받은 과거였고, 그들의 눈에는 분명히 보였을 세계였다. 과거 사람들은 그들이 보지도 못했을 교과서에 나오는 시간 분할에 따른 삶을 살지는 않았다.

배럿(Barrett 1999)은 영국 남부 지역 철기시대의 전설적 공간에 대한 사례 연구를 통하여 이러한 점을 주장했다. 철기시대에 새롭게 수리된 기존의 건축물이나 유구만을 다룸으로써 이 주제에 관하여 연구할 수 있을 것이라고 생각할 수도 있겠지만, 배럿은 이러한 방법을 택하지 않았다. 그에게 철기시대의 전설적인 경관이라는 것은 눈에 띄는 더 오래 된 봉분묘들로 이루어진 경관이었다. 그것들은 가까운 과거가 아니었으며, 철기시대 동안에는 대부분 사용되지 않았다. 하지만 그것들은 철기시대 사람들의 삶에서 떼어 놓을 수 없는 요소였을 것이며, 일부러 피해서라도 그 잔재에 어떻게든 대처해야만 했을 것이다.

> 그 세계는 항상 존재했고, 항상 의미를 내포했을 것이며, 현재 행위가 일어나는 배경이 되었을 것이다. 이러한 행동들은 어쩌면 이미 경관에 침투해 있는 의미들을 더욱 명확하게 하기 위한 노력이었을 수도 있고, 현재의 중요한 관심사를 훨씬 명확히 하기 위하여 경관이 사용되었을 수도 있다. 경관을 변형시키는 작업의 중요성은 물질적인 변

형에 있는 것이 아니라 그 해석에 있는 것이었다.

과거는 필연적으로 부재하지만 그것은 분명히 앞선 시대의 잔적(殘跡)을 통해 그 모습을 드러냈을 것이며, 어쩌면 그것을 가장 잘 환기시키는 것은 봉분묘였을 것이다. 봉분묘 주변에서는 더 이상 매장 행위가 이루어지지 않았지만, 이렇듯 피하는 행위 그 자체는 봉분묘가 새로 가지게 된 기능을 잘 나타낸다. 전설적 과거는 현재와 분리되어 있었다. 경관은 일상생활의 행위가 이루어지는 지평 너머에 있는 시간들의 잔적을 내포하고 있었다.

(Barrett 1999: 262)

그리하여 선사시대의 삶 역시 역사에 대한 인식 속에서 이루어졌다고 볼 수 있다. 물론 그 역사를 셈하는 방식이 오늘날 우리가 사용하는 방법과 달랐을 수는 있다. 이러한 인식은 일상생활에 개입하는 유물들의 사용과 기원에서 비롯되었을 것이며, 과거 사람들이 계승한 건축 환경과 주변 경관 속에서 일어났을 것이다. 과거는 늘 현재와 관여되어 있었다. 왜냐하면 바로 현재 속에서 수많은 시간의 단위들이 서로 교차했기 때문이다. 뒤에 나오는 사례들에서 필자는 세 개의 서로 다른 단위를 통하여 이 주제를 다룰 것이다. 첫째, 유물의 역할에 초점을 맞추면서 고고학자들이 그 시간적 분포를 어떻게 연구해 왔는지에 대해 주목할 것이다. 다음으로, 취락 연구에 초점을 맞춰 제2장에서 이미 제시한 주거 건축물의 축조 및 그 대체에 관한 사항들을 더 심층적으로 언급하도록 하겠다. 마지막으로 이미 존재하는 선사시대의 잔적 속에서 사람들이 어떻게 적응하고 살았는지에 대해 살펴볼 것이다. 이 논의와 관련해서 네덜란드, 남부 스칸디나비아, 그리고 브리튼 제도의 자료를 다루도록 하겠다.

사물에 대해 생각하기

과거의 유물이 어떻게 다루어졌는지 논할 때에는 문제가 발생할 수밖에 없다. 왜냐하면 고고학적 분석의 원리를 무시할 수밖에 없기 때문이다. 간단히 말하자면, 편년의 설정은 '밀폐된 유물군(closed groups)'을 확인하는 작업에 의존하고 있다. '밀폐된 유물군'이란 한 차례 함께 매납된 일련의 물질 자료의 집합을 의미한다. 대표적인 사례로는 무덤과 퇴장유구가 있다. 이러한 공반 관계의 연결상을 연구함으로써 개별 유물 형식의 연대를 확인할 수 있는 것이다. 하지만 이는 확실히 입증될 수 없는 두 가지 가정에 근거해야 하기 때문에 어려움이 있다. 매납 유구에 후대에 새로운 유물이 추가된 적이 없다는 상정과, 한꺼번에 매납된 유물이 여러 시대의 것일 수 있다는 가능성을 용인하지 않는 것이 그것이다.

어떤 경우에는 너무나 이질적인 양상이 확인되기 때문에 문제를 인식할 수밖에 없다. 대표적인 사례로 다수의 중기 및 후기 청동기시대 퇴장유구에서 전기 청동기시대 돌도끼가 발견된 경우를 들 수 있다. 이 경우는 많은 다른 사례들과의 상이성 때문에 눈에 띄지만, 그 외에도 이질적인 양상을 보이는 금속 유물로 이루어진 퇴장유구들이 영국 남부 지역에서 발견된 바 있다(Stead 1998: 8장). 그 퇴장유구들에 관한 구체적인 기록은 없으나, 하나의 공통된 요소가 포착된다. 그것은 바로 여러 시대에 걸쳐 축적된 유물들이 매납되었다는 점이다. 그

중 일부는 구덩이에 매납되기도 했는데, 그 유물들은 엄청난 시간 폭을 보인다. 예를 들어, 솔즈베리(Salisbury) 퇴장유구에서는 500점이 넘는 유물이 확인되었는데, 그 연대 폭은 영국에서 금속이 처음으로 사용된 시점부터 후기 철기시대에 이르기까지 2,000년에 이른다. 또 다른 퇴장유구에서는 이보다 다소 짧은 시간 폭에 해당되는, 기원전 2000년부터 기원전 300년까지 사용된 금속 제품들이 발견되었다. 또한 데인베리(Danebury) 퇴장유구의 유물들은 기원전 1800년부터 기원전 600년 사이의 여러 시점에 제작된 것들이었다. 그 유물들은 데인베리 유적[2]에 방어 취락이 세워졌을 당시에 매납되었을 가능성이 있다. 데인베리 퇴장유구의 경우에는 발굴 맥락이 알려져 있지만, 그와 유사한 모습을 보이는 전(傳) 하운슬로(Hounslow) 금속 유물 집합의 경우를 통해 알 수 있듯이, 퇴장유구의 맥락을 제대로 파악하기란 매우 어려운 일이다. 하운슬로에서는 청동기시대와 철기시대 유물이 함께 발견된 것으로 보이는데, 그 유물들을 입수한 대영박물관에서는 그것들을 서로 다른 두 개의 퇴장유구에서 나온 유물로 분류했다. 그 유물들의 맥락이 서로 다를 수밖에 없다고 보았기 때문이다(Stead 1998: 8장).

이러한 이례적 현상이 얼마나 보편적인지는 알 수 없으나, 잉글랜드 남부 지역의 개별 유적 사례들을 많이 언급할 수 있다. 그중에서 눈에 띄는 명확한 사례로는 한 구덩이 안에 철기시대 토기와 함께

2 데인베리는 영국 햄프셔주에 위치한 철기시대의 고지성 방어 취락 유적으로, 기원전 6세기경에 처음 조성된 이후 약 500년 동안 점유되었다. Cunliffe, B., 1983, *Danebury: Anatomy of an Iron Age Hillfort*, London: Batsford.

매납된 두 개의 중석기시대 돌도끼의 경우(존 코튼(Jon Cotton)으로부터 직접 들음), 청동기시대 고지성 방어 취락의 성벽 기초부 구상유구(溝狀遺構)에 매납된 신석기시대 돌도끼의 경우(Bradley & Ellison 1975: 86), 그리고 중기 청동기시대의 청동도끼가 은으로 추가로 장식된 다음에 후기 철기시대 왕족 무덤에 매납된 경우(Foster 1986: 78-80)를 들 수 있다. 사실 목록은 이것보다 훨씬 더 길 수 있다. 이 사례들의 경우, 해당 유물의 역사적 의의는 분명했을 것이다. 왜냐하면 그것은 유적의 다른 유물들과는 너무나도 달라 보였기 때문이다. 그리고 그것의 매납 양상을 통해 유물의 중요성은 더욱 더 강조되었다.

이 장의 시작 부분에서 인용한 『올란도 푸리오소』에 대한 칼비노의 요약은 또 다른 가능성도 시사하는데, 그는 "독특한 특징을 가진 검, 방패, 투구들이 끊임없이 교환되는 것"을 언급하고 있다. 그에 따르면, 이 이야기의 서사는 "각각 특정한 힘을 지닌 몇 가지 사물의 소유권이 지속적으로 바뀌는 과정"을 통하여 설명될 수 있다(Calvino 1992: 33). 이 경우, 각 사물의 중요성은 그것이 가지고 있는 개별적 역사 — 즉, 누가 그것을 사용했고 그것이 어떠한 상황 속에서 확보되었는지 — 에 달려 있는 것이다. 이러한 이야기를 고고학적으로 전환하기는 어렵다. 왜냐하면 이러한 교환들은 고고학적으로 거의 보이지 않기 때문이다. 선사시대 유물들이 눈에 띄는 것은 그것들이 교환망에서 이탈될 때이다. 하지만 이 유물들의 상태는 그 사용 방식에 대한 정보를 제공해 준다. 또한 사용의 역사는 유물이 발견된 맥락에 대한 해석에도 도움을 줄 수 있다.

칼비노는 무기의 교환에 대해 언급하고 있는데, 이것은 적절한 지적이다. 왜냐하면 선사시대 사례들에서 이러한 행위에 관한 정보를 확보할 수 있기 때문이다. 이를 보여 주는 사례로 두 가지를 들 수 있다. 덴마크의 크리스티안센(Kristiansen 1984)은 II기와 III기[3]에 해당하는 두 가지 형식의 전기 청동기시대 검의 역사를 비교하였다. 구부러진 검신부 하단에 병부를 부착한 검(flange-hilted sword)은 전투에 직접 사용되었던 것으로 보이며, 사용 흔적과 날을 다듬은 흔적이 보인다. 하지만 검신부와 병부가 일체형을 이루었던 검(full-hilted sword)은 이와 같은 방식으로 사용되었음을 보여 주는 흔적이 거의 없다. 대신 의례에 주로 사용되었던 것으로 보인다. 이 두 형식 간의 차이는 매장 의례에서의 역할에서도 보인다. 각각 서로 다른 부장품 세트와 상관 관계를 보이기 때문이다. 크리스티안센은 이러한 구분을 무사와 족장 사이의 구분과 동일시했다.

웨섹스(Wessex)의 전기 청동기시대 무기에서도 비슷한 구분이 보인다. 월(Wall 1987)은 웨섹스 지방에서 나온 단검들의 사용 흔적을 확인한 바 있다. 그의 결론은 크리스티안센의 결론과 유사하다. 일단 서로 다른 시기에 해당하는 두 단검 형식의 경우, 둘 다 동일한 정도의 사용 흔적을 보이고, 땅속에 묻히기 전에 상당한 시간 동안 사용되었던 것으로 보인다. 그런데 그중 일부는 매우 정교하게 제작되었고, 화려하게 장식되었기 때문에 두 형식의 단검들은 일종의 표식으로 사용되었던 것으로 생각할 수 있다. 반면 이 두 형식과 동일한 시기에

3 스칸디나비아 지역의 청동기시대 편년은 상대연대에 의하여 6단계(I-VI기)로 나눌 수 있는데, 이것은 몬텔리우스가 1885년에 고안한 틀을 대체로 답습한 편년안이다. II기는 1500-1300 BCE, III기는 1300-1100년에 해당되는 것으로 전통적으로 이해되고 있다. Olsen, J. et al., 2011, 'Chronology of the Danish Bronze Age Based on 14C Dating of Cremated Bone Remains', *Radiocarbon* 53(2): 261-75.

[표 3.1] 웨섹스 지방의 전기 청동기시대 단검에서 보이는 사용 흔적

구분	웨섹스 1/2 단검	웨섹스/비웨섹스 단검
못 잔존	*	**
날 재연마	–	*
비대칭	–	*
날 끝이 부러짐	–	*
날이 닳음	–	*
병부가 닳음	–	**

*: 90% 유의 수준에서 대비 존재, **: 99% 유의 수준에서 대비 존재

출처: Wall (1987)

사용되었던 좀 더 단순한 형식의 단검은 그 사용 흔적의 정도로 보아 사용 기간이 좀 더 짧았던 것으로 보인다([표 3.1]). 그것들은 대체로 이 시기에 해당하는 박장(薄葬)의 무덤들에서 발견된다. 각각의 사례가 보여 주듯이, 형태가 전반적으로 비슷한 유물일지라도 역사가 다를 수 있고, 서로 다른 역사는 매장 의례에서 사용된 방식에도 반영되어 있다.

이렇듯 무기들이 매납됨으로써 더 이상 사람들 사이에서 순환되지 않았지만, 그렇다고 그것들이 특별하게 다루어졌다고는 볼 수 없다. 하지만 이후 후기 청동기시대에 해당하는 금속 유물의 경우에는 그렇지 않다. 템스강에 매납되었던 무기에 관한 최근의 연구 결과를 보면 매납의 과정이 얼마나 복잡했는지에 대한 시사점을 얻을 수 있다(York 2002). 종류가 다른 무기들은 강 속에 매납되기 전에 서로 다른 방식으로 처리되었다. 예를 들어, 검과 창은 시기별로 각각의 개별적 역사를 가졌다. 특히 무기 중 일부는 의도적으로 파손되었으며, 그

[표 3.2] 템스강 출토 유물을 통해 확인된 청동기시대 금속기가 경험했을 과정들

생산	→					매납
생산	→	파쇄	→		→	파쇄된 상태로 매납
생산	→	사용	→	재활용		
생산	→	사용	→	재활용		부분적 잔해 매납
생산	→	사용	→			온전한 상태로 매납
생산	→	사용	→	파쇄		파쇄된 상태로 매납

비율도 시대마다 달랐다. 또한 그 유물들은 강 속에 매납되기 전까지 서로 다른 사용의 시간 폭을 가졌다.

그러한 연구 결과를 과거에 어떤 선택들이 이루어졌는지 감안하며 정리할 수 있다([표 3.2]). 무기가 하나 생산되고 나면 — 참고로 그 생산 과정에 대해서는 중기 청동기시대 이전까지는 별다른 정보가 없다 — 그 무기는 전투나 전시, 매납용품으로 사용되었을 수도 있다. 그것은 아무런 처리 없이 강에 매납되기도 했고, 매납 전에 파쇄되기도 했다. 또한 더 이상 사용되지 않는 금속기를 재활용해서 그 원료로 또 다른 물건을 만들기도 했는데, 이 경우에는 파쇄되었을 금속편 중 일부만 땅속에 남겨졌을 것이다. 요크의 연구는 이 결정들이 얼마나 복잡했는지, 그리고 그것들이 시간에 따라 얼마나 다양했는지 보여 준다. 후기 청동기시대에 강물에 매납되었던 무기를 보면, 그 시기에 따라 75%에서 86%까지가 사용되지 않았던 것들이었음을 확인할 수 있다. 그리고 의도적 파쇄 행위와 관련해서는, 페나드(Penard) 단계에는 창날이, 윌버튼(Wilburton)과 에워트 파크(Ewart Park) 단계에는 오히려 검에서 그러한 양상이 확인된다. 그리고 매납 전에 사용되

었던 유물과 사용되지 않았던 유물의 비율은 청동기시대 전 시기에 걸쳐 거의 비슷하게 유지되었지만, 매납 유물의 파쇄 비율은 점차 높아졌다. 즉, 전기 청동기시대 유물 중에서 이러한 방식으로 파쇄 처리된 경우는 보이지 않지만, 중기 청동기시대 유물 중 1/5이, 그리고 후기 청동기시대 유물의 절반 정도가 파쇄 처리되었다. 결국 물에 유물을 매납하는 제의적 행위의 중요성이 증가할수록 매납 유물을 파쇄하는 경향도 강해졌던 것이다.

검과 창에서 확인되는 이와 같은 양상은 다른 종류의 금속기에서도 보인다. 반드킬데(Vandkilde 1999)는 덴마크 청동기시대 도끼의 역할에 대해 연구한 바 있는데, 후기 신석기시대 말기와 전기 청동기시대 1A기의 경우에는 도끼의 유물상에서 연속성이 포착된다. 즉, 아주 화려하게 장식된 도끼나 훨씬 더 단순한 도끼나 모두 비슷한 사용 및 재마연의 흔적을 보인다. 하지만 1B기에 들어와서는 상황이 달라진다. 이 단계부터는 두 종류의 도끼만이 확인된다. 한 종류는 아주 길고 날씬하며 세심하게 제작되었다. 그것에는 종종 장식이 부여되기도 했으며, 이러한 도끼의 경우에는 날이 마연되지 않았다. 또 다른 종류의 도끼는 "작고 눈에 잘 띄지 않고 거칠며 손상된 적이 있다"(Vandkilde 1999: 260). 이 두 종류의 도끼는 서로 다른 공반 관계를 가진다. 실용적인 도끼의 경우에는 단독으로 발견되거나 한 종류의 유물만이 매납된 퇴장유구에서 나타난다. 하지만 더 화려한 종류의 도끼는 반드킬데가 높은 신분의 무덤으로 규정한 맥락에서 다른 종류의 유물과 함께 나타나거나, 다양한 종류의 유물이 매납된 퇴장유구에서 발견된다. 이 경우에는 서로 다른 유물 형식이 그 유물의 사용 방식과 관련되기는 하지만, 그 형식이 개별 유물의 일생사에도 영향을 끼쳤을 수 있다. 왜냐하면 그 상태나 재가공의 흔적을 보면 두 종류의 도끼가 서로 다른 유통의 시간 폭을 가졌음을 알 수 있기 때문이다.

이와 동일한 방식으로 토기 역시 선사시대에는 아주 특별한 의미를 가졌을 수 있고, 바로 이러한 이유 때문에 토기 편년은 흔히 생각하는 것보다 단순하지 않을 수 있다. 우드워드(Woodward 1999)는 브리튼의 경우 토기가 일상생활에서 중심적인 역할을 가지게 된 것이 철기시대 중기에 들어와서부터라고 주장한 바 있다. 따라서 개별 용기들은 그 내용물, 장식, 원료, 혹은 그 사용 과정에서 비롯된 모종의 의미를 지녔던 것이라고 생각해 볼 수 있다.

선사시대 브리튼에서 연속적으로 사용된 토기 양식들은 이 점을 잘 보여 주고 있다. 첫 번째 토기 양식은 홈문양토기(Grooved Ware)인데, 이것은 오크니섬에서 기원했던 것으로 보이는 후기 신석기시대의 토기 전통이다. 그 토기가 의미심장한 것은 일부 용기를 장식하는 데 사용된 모티프가 집이나 무덤 벽면에서 보이는 것과 동일하기 때문이다. 영국 본토에서는 이 토기 양식이 제의적 성격의 유적에서, 이 지역 유물이 아닌 외부에서 온 다른 유물과 함께 매납된 상태로 발견된다. 이 토기가 중요한 의미를 가졌음을 주장하게끔 하는 또 다른 이유는 그것이 파손되었을 경우에 수리하는 데 많은 공을 들였기 때문이다. 이 시기의 다른 토기들에 비하여 수리의 흔적을 보이는 홈문양토기의 비율은 네 배나 높다. 따라서 이 경우, 개별 토기의 역사가 매우 중요했음을 추측할 수 있다(Cleal 1988). 게다가 수리된 토기들은 헨지 기념물에서 정형화된 방식으로 매납되었다.

홈문양토기는 결국 세 개의 주요 토기 형식에 의하여 대체되었다. 처음에는 비커토기가, 그리고 그다음에는 푸드베셀토기(Food Vessel Ware)와 깃형구연화장호(Collared Urn)가 그것을 대체했다.[4] 전형적인 편년안에 의해 그것들을 분석하기란 쉽지 않다. 왜냐하면 각 토기 형식은 앞선 시기 토기의 영향을 너무나 깊이 받았기 때문이다. 영국의 비커토기는 북부 유럽의 비커토기와 비슷한 양식들로 구성되어 있으나, 그 외의 사항에 있어서는 비교가 불가능하다. 토기의 형태, 문양, 및 공반 유물에 입각해서 편년안을 구축할 수 있지만, 그것이 방사성탄소연대의 뒷받침을 받지는 못한다(Kinnes et al. 1991). 그런데 이것이 특히 흥미로운 점은, 네덜란드에서 나온 토기를 이용하여 동일한 방법으로 구축된 동일한 편년안은 방사성탄소연대 측정치와 일치한다는 사실이다.

이러한 차이는 흔히 제기되는 이유들로는 설명이 불충분하다. 왜냐하면 영국의 연대 측정 시료들은 매우 조심스럽게 선별되었으며, 동일한 실험실에서 나온 다른 연대들은 예상과 부합하기 때문이다. 따라서 한쪽에서는 대륙의 토기 편년안을 문제 삼기도 한다. 하지만 이것은 좋은 방법이 아닌 것 같다. 차라리 영국 비커토기의 편

4 토기 명칭의 번역과 관련해서, 앞장에서 언급된 선형토기(Linearbandkearmik), 위 문단부터 언급된 홈문양토기(Grooved Ware), 그리고 이번 문단의 깃형구연화장호(Collared Urn)의 경우에는 영문 명칭이 그 토기의 특징이 되는 장식적 요소를 묘사하고 있다. 따라서 이 경우에는 묘사된 바를 한국어로 번역해서 명칭으로 사용하는 것이 합당하다고 판단된다. 반면 비커토기(Beaker Ware)나 푸드베셀토기(Food Vessel Ware)의 경우에는 다른 종류의 토기에서도 흔히 확인되는 용기의 형태를 묘사하는 명칭을 사용하고 있다. 즉, 'beaker'는 '심발(深鉢)'을 의미하고, 'food vessel'는 '음식을 담는 용기'를 의미한다. 그런데 '비커토기'라는 전자의 번역어가 한국 고고학에서 통용되고 있고, 또한 그 명칭의 내용을 풀어 쓰더라도 토기에 대한 묘사적 기능이 떨어지는 만큼, 'Food Vessel Ware'도 '푸드베셀토기'로 번역하도록 하겠다.

년 방식에 내재해 있는 가정들을 다시 검토하는 것이 현명하지 않을까 싶다. 앞선 시대의 토기들이 그 사용 기한을 연장하기 위하여 수리되었다는 점을 감안한다면, 비커토기의 경우에도 그것이 최종적으로 사용된 시점을 근거로 그 생산 시점을 규정하는 것은 논리적이지 않음을 알 수 있다. 몇몇 비커토기는 그것이 고고학적 자료로 전환되기 전까지 아주 오랜 시간 동안 사람들 사이에서 순환되었을 수 있다. 그리고 그 토기와 관련해서 확보된 방사성탄소연대는 그것의 최종 매납 시점을 나타내는 것이지 생산 시점을 나타내는 것이 아님을 명심해야 한다. 따라서 바로 이러한 이유로 일부 비커토기의 경우, 예상보다 늦은 방사성탄소연대가 나온 것일 수도 있다. 그것은 또한 왜 이 시기 동안에 여러 무덤들에서 심하게 닳거나 불완전한 상태의 토기들이 매납되었는지를 설명하는 이유가 될 것이다(Woodward 2000: 58-60). 즉, 이 토기들이 중요한 의미를 지녔기 때문에 이러한 현상이 일어났던 것일 수도 있다.

비커토기의 뒤를 이어 또 다른 두 종류의 토기가 나타났는데, 세 가지 토기의 편년은 어느 정도 겹치는 부분이 있다. 푸드베셀토기와 깃형구연화장호에는 둘 다 비커토기 제작 기술의 영향이 보이지만, 또 한편으로는 그보다 더 오래된 '피터버러토기(Peterborough Ware)' 전통의 영향도 포착된다. 피터버러토기는 장식성이 매우 높은 토기로, 홈문양토기가 영국 본토에 도착하기 이전에 널리 분포했던 토기 전통이다. 사실 이 토기 전통들 간의 유사성은 너무나도 강해서 롱워스(Longworth 1984)의 경우는 피터버러토기를 원형으로 놓고, 그것으로부터 깃형구연화장호가 점차 변형되어 가는 형식 분류안을 제시했다. 그런데 이러한 편년안의 유효성에 대해서 문제가 제기되었다. 왜

[표 3.3] 브리튼 남부 지역의 전형적인 토기 편년안(기원전 3000~2000년)과 연속된 토기 양식들의 일생사를 연구하여 얻게 된 정보를 바탕으로 한 수정안

기원전 3000년	기원전 2500년	기원전 2000년
피터버러토기 —		
—	홈문양토기 ——	
	——	비커토기 ——
		푸드베셀토기 ————
		깃형구연화장호
피터버러토기	——→	(지역 편년 연장?)
—	홈문양토기 →	(수리 흔적)
	——	비커토기 → (지속적 순환)
		푸드베셀토기
	←——	깃형구연화장호 (재지의 과거 집단 환기?)

냐하면 방사성탄소연대 측정 결과에 의하면, 피터버러토기는 예상보다 훨씬 더 앞선 시기로 소급되는 것으로 볼 수밖에 없었기 때문이다. 하지만 이것은 일부 지역에서 피터버러토기가 매우 오랫동안 존속했을 가능성을 배제하는 것은 아니며, 이 토기가 전기 청동기시대의 토기와 놀라울 정도로 유사하다는 점에 대해서는 어떤 방식으로든 설명이 필요하다.

더 광범위한 차원에서 확인되는 토기들 간의 관계는 이 문제에 대한 해결책을 제시해 줄 수 있다. 그 편년이 어떻든지 간에 브리튼과 아일랜드의 비커토기는 유럽 대륙에서 기원한 것이 분명하다. 또

한 유럽 대륙은 두 섬 지역에서 보이는 가장 이른 금속기의 기원지이기도 하다. 푸드베셀토기와 깃형구연화장호의 기원지는 아직도 불명확하지만, 그것들이 재지적(在地的) 발전이었음은 확실하다. 어쩌면 이것은 제1장에서 논의한 물질문화의 '수사'를 보여 주는 사례라고 할 수 있다. 즉, 비커토기가 사용되면서 나타난 변화에 대한 반작용으로 더욱 앞선 시기의 토기 형식을 연상시키는 푸드베셀토기와 깃형구연화장호가 사용되었던 것이 아닐까? 그렇다면 이러한 발전은 외부가 아닌 재지의 맥락과 관련되었을 것이다. 심지어 어찌 보면 이러한 토기의 사용은 과거를 환기시키고자 하는 명백한 반응으로 해석할 수도 있을 것이다([표 3.3]).

집 옮기기

제2장의 첫 번째 사례 연구는 선형토기 문화의 세장방형 주거지에 관한 것이었다. 그 논의는 주로 기원 신화에 관한 것이었지만, 이러한 집에 사람들이 살다가 주기적으로 떠났다는 점도 지적되었다. 사람들은 집들이 건축적으로 안전한 상태일 때 그곳을 떠났던 것으로 보이며, 집을 재건축할 때 취락 내 다른 지점을 선택했던 것으로 보인다. 사람들이 더 이상 거주하지 않은 세장방형 주거지와 그 이후에 축조된 집들 사이에는 규칙적인 관계가 확인된다. 둘 다 동일한 장축 방향을 따랐고, 거주 구역 내에 거의 일정한 간격으로 세워졌다. 앞선 건축물에 거주했던 사람 중 한 명이 죽었을 때 그 집이 대체되었던 것일 수도 있다. 따라서 선형토기 문화의 취락은 산 자의 거주지

와 죽은 자의 거주지가 혼재되어 있다는 점으로 특징지어질 수 있다.

이러한 신석기시대 취락은 다른 유적에서는 보이지 않는 많은 요소를 가지고 있다. 시간이 지나면서 건축물이 점점 길어진 점, 주거지 외곽의 길다란 수혈이 가지고 있는 상징적 역할, 그 수혈과 유아 무덤의 관련성, 그리고 출입구의 특징적 방향 등이 그것이다. 이러한 세장방형 주거지가 선사시대 유럽에서 얼마나 널리 분포했는지, 그리고 얼마나 자주 이러한 건축물에 특별한 의미 부여를 할 수 있는지는 놀랄 만하다. 즉, 신석기시대 주거지들은 순전히 기능적 측면에서만 해석될 수 없으며, 이는 북부 유럽의 늦은 선사시대 건축물의 경우에도 마찬가지이다.

네덜란드에서 가장 잘 알려진 취락 유적 중 하나는 처음으로 자세히 보고된 유적이기도 하다. 그것은 중기 및 후기 청동기시대에 해당되는 엘프(Elp)라는 유적으로, 1960년대 초반에 바터르볼크에 의해 조사되었다(Waterbolk 1961, 1964). 그 이후로 많은 취락들이 조사되고 발굴되었으나, 이 유적에 대하여 바터르볼크가 계속 해석을 바꾼 과정은 이 책의 논지와 관련해서 중요한 시사점을 제공한다. 후속 세대들은 바로 앞선 과거의 주거지들을 어떻게 여겼는가? 또한 이러한 역사에 대한 인식은 그들의 실천에 얼마나 많은 영향을 끼쳤는가?

엘프 유적의 취락은 옆에 있는 봉분묘를 발굴하는 과정에서 우연히 발견된 것으로, 발굴 결과 목조 건축물의 주혈이 다수 발견되었다. 바터르볼크가 계산한 바에 의하면, 큰 집 여섯 기, 작은 집 네 기, 헛간 세 개, 창고 다섯 개, 그리고 방형 주혈군 여섯 개 정도가 존재했다. 이것들은 중앙에 무덤이 두 개 있고 그 주변으로 호선으로 추가장이 이루어진 봉분묘와는 중복되지 않았다. 그리고 근처에는 소

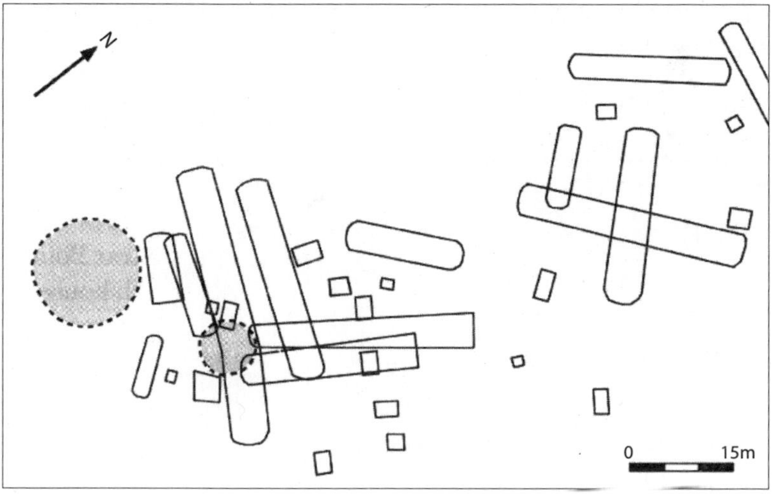

[그림 3.1] 네덜란드 엘프 유적에서 발굴된 주거지 및 원형 봉분묘
출처: Waterbolk (1961, 1964, 1986)

형 무덤군이 하나 있었는데, 그 무덤들의 방축 방향은 옆에 있는 봉분묘 매장 주체부의 장축 방향과 일치했다. 소형 무덤군을 이루는 무덤 중 두 기의 경계는 주혈에 의해 표시되어 있었고, 한때 네 기 모두 봉분으로 덮였을 가능성도 있다.

취락 내에서 주거 건축물과 그 외의 건물은 거의 직각을 이루는 두 개의 축을 따라 배치되어 있었다([그림 3.1]). 이 취락이 아주 오랜 시간에 걸쳐 조성되었음은 연구 초기부터 확신할 수 있었다. 건물 두 쌍의 경우에는 장축 방향은 동일하지만 그 위치가 중복되어 있었다. 또한 후행 주거지가 90도 방향에서 선행 주거지를 파괴한 경우도 네 차례나 확인되었다. 이 유적에 대한 바터르볼크의 최초 해석은 세 가지 논리에 입각해 있었다. 중복된 건물들의 층위적 관계를 종종 확인할 수 있었고, 일부 유구에서는 방사성탄소연대를 확보할 수 있었다.

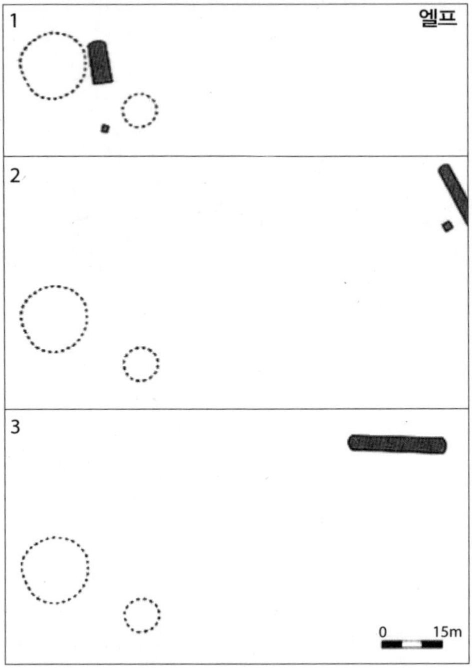

[그림 3.2 a] 바터르볼크가 제안한 엘프 취락에서의 건축 축조 단계

주거지 위치는 진한 회색으로 표시되었고, 원형 봉분묘는 점선으로 표시되었다. 그림 3.2 b와 3.2 c도 동일하다.

출처: Waterbolk (1986)

발굴을 통해 유물은 거의 확인되지 않았지만, 이러한 서로 다른 종류의 정보를 종합함으로써 그는 이 취락의 주된 구성 요소가 중심 주거지 한 기, 2차 주거지 한 기, 그리고 한 기 혹은 그 이상의 부속 건물이었으며, 그것들이 최소한 다섯 차례에 걸쳐 재건되었음을 확인하였다. 또한 엘프 유적의 무덤들이 취락과 동시대에 조성된 것으로 보았다.

최근에 바터르볼크는 이러한 자신의 해석을 수정했다(Waterbolk 1986)([그림 3.2 a-c]). 이때 두 가지가 중요한 역할을 했다. 첫 번째는

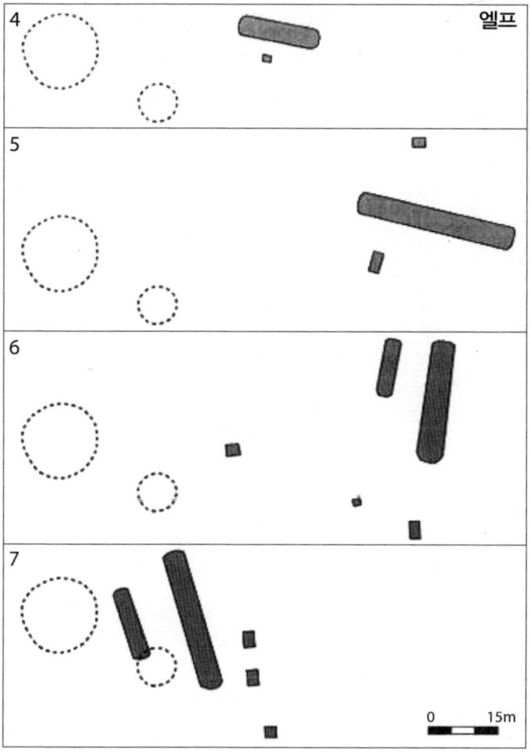

[그림 3.2 b]

방사성탄소연대 측정을 통하여 이 취락에서 사람들이 800년 동안 거주했음이 확인되었다. 그런데 각 집에서 사람들이 30년을 살았다고 가정해 보면, 엘프의 취락에서 사람들이 지속적으로 거주했다고 보기는 어렵다. 이와 동시에 네덜란드에서 진행된 취락 발굴을 통하여 일련의 건축 형식들의 연대를 명확히 규정할 수 있게 되었고, 엘프 유적의 취락 단계들을 설정할 수 있었다.

따라서 이 유적에 대한 최근의 해석에서는 열 개의 건축 단계가

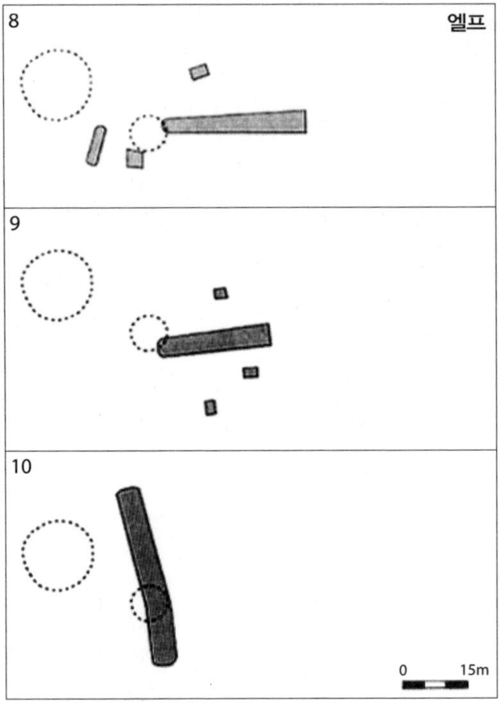

[그림 3.2 c]

확인되었다. 이 취락은 흔히 중심 건물, 2차 건물, 그리고 일련의 부속 건물로 이루어졌던 것으로 이해되고 있으며, 부속 건물 중 일부는 곡식 저장고로 해석되고 있다. 그리고 소형 무덤군은 이 건물 중 일부와 동시대에 조성된 것으로 여겨지고 있지만, 목책이 돌아가는 봉분묘는 좀 더 오래된 것으로 생각되고 있다. 바터르볼크의 새로운 해석에서는 가장 이른 집이 봉분묘 옆에 세워졌고, 그 이후로 취락의 중심지는 각 세대마다 바뀌었다. 집의 장축 방향은 취락이 점유되는 기간 동안 네 번 바뀌었는데, 두세 개의 건축 단계 동안 동일한 장축 방향이 유지되다가 그러한 변화가 일어났던 것으로 보인다. 일정 기간 동안 사람이 거주하지 않다가 취락이 재점유될 때 이러한 장축 방향의 변화가 일어났을 가능성을 생각해 볼 수 있다.

바터르볼크는 이와 같은 유구의 전개 과정을 제안하는 데 조심스러웠지만, 구체적인 부분은 여기에서 중요하지 않다. 더 중요한 것은 그의 논문에서 거의 언급되지 않았던 많은 유구들인데, 그 자료는 엘프의 주민들이 이곳의 과거 역사에 대하여 어떻게 반응했는지 보여주고 있다.

집들의 장축 방향을 보면 놀랄 만하다([그림 3.3]). 구조물의 전개 과정을 어떻게 설정하든지 간에 다섯 기의 건물은 목책이 돌아가는 원형 봉분묘 밑에 조성된 두 개의 중심 무덤과 그 주변에 있는 네 개의 추가적인 작은 무덤과 동일한 장축 방향을 가졌음을 알 수 있다. 다수의 건물들이 매장지 바로 옆에 위치하고 있다는 점은 결코 우연이 아닐 것이다. 이 장축 방향은 봉분묘 외곽의 추가장 무덤들에 의해서도 강조되고 있는데, 이 무덤들은 하나의 사례를 제외하고는 모두 북동쪽과 남서쪽 사이에 위치하고 있다. 또한 엘프의 세장방형 주거지 중 다섯 기도 이와 유사한 장축 방향을 따르고 있다는 점은 의미심장하다.

또 다른 다섯 기의 목조 건물은 이러한 장축 방향과는 직각으로 배치되어 있었는데, 그 위치는 꽤 신중하게 선정되었던 것으로 보인다. 그것들은 모두 큰 봉분묘를 향하고 있지만, 각각의 장축 방향은 봉분묘를 약간 피하도록 되어 있다. 두 기의 경우에는 그 장축의 연장선이 봉분묘 북서쪽의 외곽을 지나가며, 또 다른 두 기의 경우에는 봉분묘 남동쪽의 외곽을 지나가고 있다. 즉, 무덤들의 장축 방향이 집

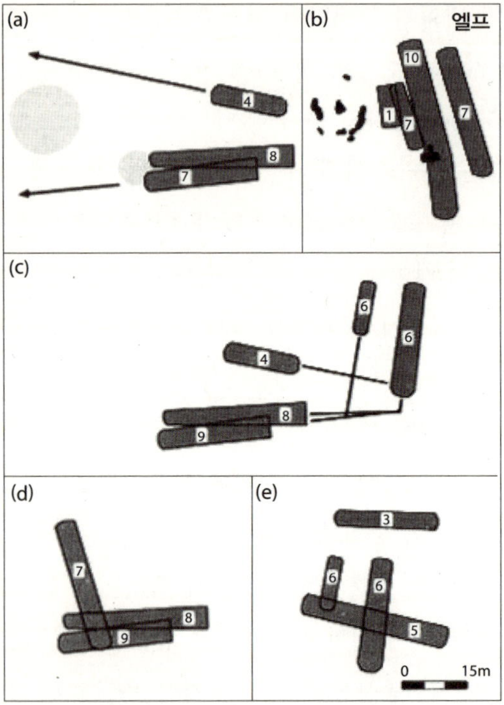

[그림 3.3] 엘프 유적에서 확인된 서로 다른 시기의 유구들 사이에서의 관계

각 건물에 부여된 번호는 바터르볼크(Waterbolk 1986)가 규정한 해당 건축 단계를 나타낸다. (a)는 두 개의 봉분묘와 주거지의 관계를, (b)는 봉분묘 개별 무덤의 장축 방향과 주거지의 관계를, (c)는 취락 내에서 서로 다른 건축 단계의 주거지들이 동일한 지점을 향해 있는 양상을, (d)는 나중에 축조된 주거지가 먼저 축조된 주거지의 위치를 염두에 두었을 가능성을, (e)는 동일한 과정을 집의 단벽 및 출입구와 관련지어 나타내고 있다.

들의 배치 양상에 영향을 미쳤던 것으로 보인다. 하지만 무덤을 덮었던 봉분의 위치는 오히려 무시되었다. 이것은 참으로 흥미로운 현상이며, 무덤들이 지상에 표시된 적은 없었다.

엘프 유적에 대한 바터르볼크의 수정 편년안에 의하면, 두 번째 무덤군은 취락과 동시대에 존속했고, 사람들이 취락에 거주하기 시작한 시점부터 중요한 관심의 초점이 되었던 것으로 보인다. 최소한 세 기의 집이 이 소형 매장지의 위치와 관련된 장축 방향을 보이며, 이 건물들이 끝나는 지점도 어쩌면 무덤군을 덮었을 것으로 보이는 봉분의 경계선에 해당한다. 이 건물 중 하나는 무덤과 동일한 장축 방향을 가진다. 이러한 주거지와 무덤의 상관 관계를 순전히 우연적인 것으로 볼 수는 없을 것이다. 왜냐하면 각 주거지의 경우, 무덤 쪽 단벽과 가장 가까운 무덤과의 거리가 2m 이상을 넘지 않았기 때문이다. 다만 예외적인 경우가 하나 있다. 엘프 취락에 존재했던 가장 긴 건물은 이 네 무덤의 위치를 침범하고 있다. 이 경우에도 이러한 관계가 우연의 결과라고 보기는 힘들다. 왜냐하면 이 건물은 무덤과 동일한 장축 방향을 따르고 있을 뿐만 아니라, 세장방형 주거지의 측벽은 2도 가량 방향을 바꾸어 가면서 무덤군을 침범하고 있기 때문이다. 토기와 방사성탄소연대 측정치의 뒷받침을 받는 바터르볼크의 해석에 따르면, 이 주거지는 취락이 폐기되기 전에 가장 마지막으로 축조된 건축물이었다.

엘프 유적의 주거지와 무덤 사이에 복잡한 관계가 확인되는 것과 마찬가지로, 취락 내에서 조성된 주거지들 사이에서도 그러한 관계가 보인다. 즉, 주거지는 두 개의 주된 장축 방향을 따랐을 뿐만 아니라, 먼저 축조된 집의 위치까지 감안했던 것으로 보인다. 바터르볼크의 편년안에서 시간적으로 꽤 떨어져 있는 건축 단계에 해당되는 주거지들의 경우에도 이러한 상황이 포착된다. 그리하여 서로 다른 장축 방향을 보이는 주거지들은 그 축이 마치 하나의 지점을 향해 있었던 것처럼 주거지의 끝이 동일한 곳을 보고 있었다. 혹은 새로 지어진 집이 기존에 집이 서 있던 자리를 침범하도록 의도했던 것으로 보이기도 한다. 이 경우는 하나의 주거지가 다른 주거지의 정중앙을 통과한 사례를 통하여 이러한 관계가 매우 조심스럽게 의도되었을 수 있음을 보여 주고 있다.

이러한 배치에는 나름대로의 질서가 있었던 것으로 보인다. 발굴자가 설정한 유적의 전개 과정이 옳은지 아닌지의 여부를 떠나, 서로 다른(하지만 반드시 이어지는 것은 아닌) 건축 단계에 조성된 집들이 기존 건축물이 서 있던 자리를 침범하도록 했다는 점은 중요하다. 그런데 이러한 기존의 건축물은 새로운 건물이 축조될 무렵에는 서 있지 않았을 것이다. 게다가 많은 경우에는 기존 주거지가 끝났던 지점이나 그 출입구가 있던 자리만을 침범하는 것만으로도 충분했으리라 보인다. 또한 취락의 일부 주요 건물들은 그 옆에 존재했던 무덤들의 위치나 장축 방향을 의식했던 것과 동일한 방법으로, 앞서 존재했던 건물들도 의식했던 것으로 보인다. 물론 이러한 현상의 증거는 상당히 미약한 편이지만, 그 빈도로 볼 때 의미 있는 것으로 여길 수밖에 없다. 따라서 앞서 존재했지만 지금은 사라진 건물들의 위치를 후속 세대들이 기억했을 가능성을 상정할 수 있다.

이 유적에서 일어난 주거지 폐기의 과정은 선형토기 문화에서 확인된 것과 마찬가지로 매우 중요하다. 바터르볼크는 엘프 유적에서 다수의 수혈들을 확인했는데, 대다수의 유물은 바로 이들 수혈에서 출토되었다. 그는 그 수혈을 주거지의 점유 행위와 직접적으로 연관시켰는데, 주변 건축물과 비추어 볼 때 일부 수혈들의 배치 양상은 납득이 안 된다([그림 3.4]). 일부 주거지에서는 유난히 많은 수혈들이 확인되는데, 그 수혈들은 종종 주거지 벽체 아래에 위치해 있다. 이러한 경우, 발굴자는 그 수혈이 지붕을 지탱하던 기둥들의 구멍으로 상

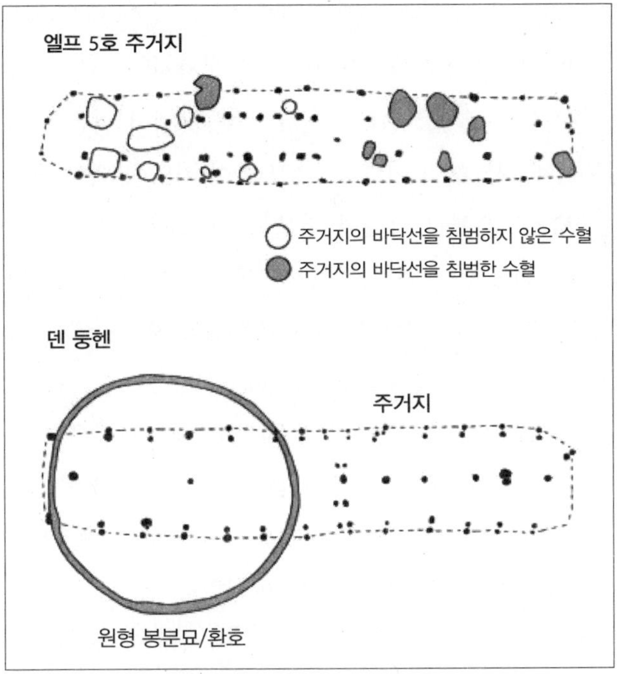

[그림 3.4] 네덜란드의 엘프 및 덴 둥헨 유적에서 확인된 청동기시대 주거지와 수혈 및 앞선 시대의 환호와의 관계

엘프 유적에서 확인된 일련의 수혈들은 집을 지탱했던 건축적 요소들을 침범하지 않고 있으나, 다른 수혈들은 그렇지 않다. 따라서 이것들은 집이 폐기된 이후에 조성되었던 수혈일 수 있다. 덴 둥헨 유적에서는 주거지의 한쪽 끝에 앞선 시대의 봉분묘 혹은 환호가 포함된 사례가 확인되었다.

출처: Waterbolk (1964); Fokkens & Roymans (1991)

정했다. 그러나 이 수혈 중 일부는 주거지의 사용이 끝난 이후에 만들어진 것으로 보는 것이 더 간단명료한 해석이 아닐까 싶다. 그것들은 주거지가 폐기된 이후에, 혹은 그 폐기된 주거지로부터 건축 자재를 가져오는 과정에서 만들어졌을 수 있다. 그런데 그 수혈이 일부 주거지에 집중되어 나타난다는 점은 또 다른 해석을 가능하게 한다. 즉, 그 수혈들 안에서 발견된 유물이 우연하게 축적되었을 것인가에 대해 의문이 들 수밖에 없다.

엘프 유적의 발굴은 유럽 북부 지역의 후기 선사시대 취락 점유에 관한 일련의 질문들을 유발하는데, 이 유적 한 곳에서 나온 증거만으로는 그 질문들에 대답하기 어렵다. 그런데 이 지역에 대한 최근의 조사 성과는 그간 부족했던 자세한 정보를 일부 제공해 주었다. 특히 헤릿천(Gerritsen 1999)은 후기 청동기시대와 철기시대 집의 폐기 현상을 다루었는데, 그의 연구 결과는 바터르볼크의 보고서에서 확인된 이상한 현상들을 설명하는 데 도움이 된다.

헤릿천의 연구는 후기 청동기시대부터 시작하는데, 이것은 엘프 유적의 점유가 끝난 시점이기도 하다. 그런데 엘프 유적에서 확인된 세 가지 특징들은 이러한 연구를 통하여 강조될 수 있다. 첫째, 엘프 유적의 집들은 내구성이 그다지 좋은 편은 아니었다. 그런데 집 두 기의 경우를 제외하고는 건물이 폐기되기 이전에 기둥이 교체되었다는 것을 보여 주는 증거는 없다. 둘째, 이 집들은 항상 다른 지점에 새롭게 축조된 것이 분명하다. 즉, 주거지 두 기가 서로 중복되어 있는 상황이 확인되더라도, 건물이 동일한 지점에 연이어 세워진 경우는 흔치 않다. 셋째, 엘프 유적에서는 방사성탄소연대가 확보되었다. 그런데 이 집들이 아무리 오랫동안 점유되었을지라도, 800년이라는 세월 동안 사람들이 계속 거주했을 만큼 이 유적에서 많은 건물들이 확인된 것은 아니다. 결국 그곳 주민들은 일정 기간 동안 다른 지역으로 이동했을 것이다. 물론 이렇게 '비어 있는' 기간 동안 사람들이 거주했던 집은 발굴 지역에서 가까운 곳에 위치해 있었을 수 있다.

헤릿천은 이러한 취락의 양상이 '떠돌이' 취락의 특징임을 지적하고 있다. 이러한 '떠돌이' 취락의 경우, 유적을 이루는 구성 요소들의 위치는 꽤 짧은 시간 단위로 계속 변화한다. 이러한 취락은 벨기에에서 덴마크에 이르는 넓은 지역에 걸쳐 발견되며, 특히 청동기시대 후반부에서 초기 및 중기 철기시대에 이르기까지 확인된다.

이 자료에 대한 해석은 그동안 계속 변화했다. 하지만 그 해석들의 공통점은 선형토기 문화 취락의 경우와 마찬가지로, 순전히 기능적인 측면에서만 이해되어 왔다는 점이다. 네덜란드의 청동기시대 및 초기 철기시대의 주거지 수명은 두 가지 요인에 의해 결정된다고 보고 있다. 건물의 건축적 내구성이 유지되는 시간과 주변 농경지의 비옥함이 그것이다. 개별 지역의 환경에 따라 다소 차이가 있지만, 집들에 사용된 목재는 25년에서 40년 정도 유지되었을 수 있었다. 그런데 한편으로, 취락이 한 지점에서 다른 지점으로 이동하게 된 원인이 토양의 생산력 저하라고 주장하기도 한다. 당시의 '켈트적 농경지 체계(Celtic field system)'[5]가 새로운 농경 체계로 대체된 이후에나 이러한 상황이 변하게 되었다는 것이다.

각 전제를 완전히 수긍할 만하지는 않다. 엘프에 대한 바터르볼크의 발굴에서는 상대적으로 작은 건물에 해당하는 두 기의 주거지에서만 수리의 흔적을 확인했다. 그런데 이 유적의 모든 집에 사용된 목재는 썩는 것에 취약했을 것이라고 예상할 수 있다. 네덜란드 및 벨기에의 잘 발굴된 다른 취락들에서도 이와 같은 현상이 포착된

---

5 유럽 북서부 지역에서 확인되는 경작지 분할의 흔적을 지칭하는 전통적인 용어로, 그 명칭과는 달리 '켈트족'과는 상관이 없다. '켈트적 농경지 체계'는 흔히 청동기시대부터 중세시대에 이르기까지 다양한 시대의 경작지 흔적을 묘사할 때 사용되는데, 문맥상 이 경우에는 그것이 청동기시대 및 초기 철기시대의 농경지 운용 체계를 의미하는 듯하다.

다. 예를 들어 콜므스차타(Colmschata), 동크(Donk), 그리고 덴 둥헨(Den Dungen)의 주거지들을 보면, 어떤 것들은 수리되었지만 어떤 것들은 수리되지 않았고, 룬 오프 잔트(Loon op Zand) 취락의 경우에는 그것을 구성했던 여러 주거지들의 수리 정도가 서로 달랐다(Fokkens & Roymans 1991: 31-40, 111-27, 163-70, 181-91). 주거지들과 주변 토지 사이의 관계에 대해서도 여러 가지 문제가 제기되는데, 헤릿천(Gerritsen 1999)은 이후 농경 체제가 새롭게 재편성되었음을 보여 주는 증거는 거의 없다고 한다.

따라서 그는 순전히 생태학적 요인만을 강조하기보다는 하나의 인생사적 접근을 도입하여, 이 집들의 변화하는 역사를 그곳에 거주했던 사람들의 인생과 관련시켜 접근하고 있다. 민족지적 유추에 기초하여 그는 이러한 독특한 패턴에 대한 가장 좋은 설명 방법으로서 각 건물의 사용이 그 건물의 건축적 수명에 따라 결정되는 것이 아니라 그곳에 살고 있는 해당 가구의 사회적 삶의 수명에 따라 결정된다는 시각을 견지하고 있다. 이 집들은 흔히 한 세대 정도 영위되다가 다른 지점에 새롭게 세워졌는데, 이러한 현상은 그곳에 거주했던 사람 중 한 명이 죽어서 기존의 집을 폐기한 결과일 수 있다. 이러한 해석을 통하여 주거지의 축조 및 폐기와 관련된 규칙성을 설명할 수 있을 것이다. 또한 왜 이 건물들의 수명이 짧은지에 대해서도 설명할 수 있을 것이다. 예컨대 한 가구의 가장이 제 수명을 다하지 못하고 빨리 죽는 바람에 그 집의 점유가 끝났을 수도 있다. 이는 왜 어떤 주거지에서는 수리의 흔적이 전혀 보이지 않는지, 또한 왜 다른 주거지들에서는 수리의 정도에 있어서 차이가 관찰되는지에 대한 설명이 될 수 있다.

이와 같은 측면에서 헤릿천의 해석은 제2장에서 제시된 선형토기 문화의 세장방형 주거지에 대한 해석과 비슷하다. 그런데 여기에서 강조해야 하는 점은, 이러한 두 사례 연구들이 비록 동일한 민족지적 사례의 영향을 받았지만 서로 독립적으로 진행된 연구였다는 점이다. 네덜란드에서는 순전히 기능적 해석을 도입하는 것이 부적절하다는 것을 보여 주는 또 다른 여러 가지 정보들이 있다. 그중에는 이미 엘프에서 확인된 바 있는 요소들도 있다.

첫째, 후대 선사시대 집들의 장축 방향이 문제가 된다. 이것은 테르코른(Therkorn 1987)에 의해 연구되었는데, 그는 아주 흥미로운 패턴을 확인했다. 건물들은 두 개의 주된 장축 방향을 따랐던 것으로 보이는데, 하나는 북동-남서 방향의 장축이고, 또 하나는 북서-남동 방향의 장축이다. 이 중 후자는 동시기의 켈트적 경작지에서 보이는 장축 방향과 동일하다. 이와는 반대로 당시의 제의적 건축물은 다른 장축 방향을 따랐는데, 매장지에서는 주로 기본 방위 방향을 따른 장축이 확인된다. 이 측면에서 엘프는 확실히 이질적 양상을 보이지만, 후대의 유적에서는 이러한 규칙을 따르는 것이 더욱더 중요해졌던 것으로 보인다.

둘째, 가장 먼저 조성된 주거지와 관련된 아주 독특한 일련의 매납유물이 존재한다. 이는 이러한 건축물이 더 넓은 관념의 범주에 포함되어 있었다는 것을 의미한다. 이러한 매납유물은 엘프에서는 발견되지 않았으며, 어쩌면 로마 초기 시대 취락과 같은 후대의 취락에서 더욱 중요한 요소가 되었을지도 모른다. 예를 들어, 다른 유적들에서는 소 한 마리 전체, 소와 개의 큰 부위, 소의 두개골이 들어 있는 완형의 토기, 불에 탄 빼의 흔적, 아니면 고기나 곡물을 봉헌한 사례들이 확인되었다(Therkorn 1987; Gerritsen 1999). 이것들은 주로 처음 집을 축조한 시점과 관련이 있는 맥락에서 발견되는데, 지붕을 지탱하는 기둥, 측벽, 내부 분할벽의 밑에서 발견되기도 하고, 어떤 경우에는 노지 밑에 매납되기도 한다. 후기 철기시대와 로마시대 주거지 중 일부에서는 규칙적 패턴이 시문된 토기편들이 노지 아래에서 발견되기도 하며, 그 위에 진흙을 깔기도 했다. 이것 역시 건물이 처음으로 축조된 시점에 해당하는 연대를 가진다.

마지막으로, 집을 폐기할 때에도 추가적 매납이 일어났던 것으로 보인다. 엘프에서 발견된 몇 개의 수혈유구나 오스(Oss) 유적의 선사시대 우물에서 다량의 유물이 발견된 것도 이러한 현상과 관련지어 설명할 수 있다. 헤릿천은 특히 집이 폐기된 지 얼마 지나지 않아 조성된 것으로 보이는 일련의 매납 유구에 초점을 맞추었다. 다량의 토기 및 그 외의 유물이 매납된 유구도 있지만, 화재의 증거를 보이는 유구도 있다. 하지만 대부분의 주거지가 화재로 폐기된 것은 아닌 듯 싶다. 이러한 '마치는 매납 유구'의 경우에는 풍부하고 양호한 물질문화의 양상은 물론, 곡물도 확인된다. 폐기된 집에서 완형의 토기가 발견된 사례도 두 가지 있다. 앞서 살펴보았듯이, 주거지가 처음 축조되었을 때, 노지 바닥에 다량의 토기를 매납 및 은폐하기도 했다. 사람들이 그 집에서 더 이상 거주하지 않게 되자 이러한 노지를 그대로 놓아두었다는 점도 참으로 의미심장하다.

폐기된 집에서 일부 건축 자재를 가져와 그것을 대체하는 건물을 새로 지을 때 사용한 경우도 있었으나, 이러한 행위가 얼마나 널리 일어났는지는 불분명하다. 헤릿천은 폐기된 집 중 일부는 선형토기문화 단계에서 일어났던 것과 마찬가지로, 서 있는 상태에서 그래도

썩게 내버려 뒀을 것이라고 주장했다. 이와는 반대로 아선델버르 폴더르스(Assendelver Polders) 프로젝트의 결과에 의하면, 취락이 새로운 장소로 옮겨진 경우에도 기존 취락의 폐기된 집들에서 건축 자재를 가져와 새 집을 짓는 데 재활용했음을 알 수 있다(Therkorn & Abbink 1987). 저습지 속에서 이 건물들이 잘 보존되었기 때문에 그 증거는 명확하다. 이 경우에 한 세대에서 다음 세대로 이어지는 가구의 연속성은 기존의 집을 대체하는 새로운 집을 지을 때 앞선 집의 건축 자재를 재활용함으로써 유지되었을 수 있다.

이러한 취락 유적의 조성과 관련해서 과거의 중요성을 강조하는 또 하나의 이유가 있는데, 그것에 관한 정보는 역시 아선델버르 폴더르스 프로젝트를 통하여 제공되었다. 이 프로젝트는 지하수의 수위가 높아져서 취락 유적이 잘 보존된 지역에서 진행되었다. 그 취락 중 일부는 주변 지면보다 높게 형성된 나지막한 인공 구릉 위에 조성되었다. 네덜란드의 다른 지역에서도 발견되는 취락 둔덕 혹은 '테르펜(*terpen*)'과 동일한 개념으로 이해하면 될 것이다. 이러한 토축 구조물의 등장은 항상 기능적인 측면에서만 설명되었다. 즉, 가축 경제와 연결시켜 홍수가 일어날 때 가축을 건지에서 보호하기 위해 조성된 것으로 이해되어 왔다. 그런데 프로젝트에 참여한 테르코른(Therkorn)과 아빈크(Abbink)는 이러한 기존의 입장을 반박하였는데, 그들이 관찰한 바에 의하면 이러한 둔덕은 그 어떠한 취락 유적에서든 유적의 점유 기간 중 늦은 단계에 조성되었던 것이다([표 3.4]). 또한 그들은 당시에는 자연적 배수만으로도 충분했기 때문에 이러한 토축 구조물을 축조하는 것이 불필요했을 것이라고 주장했다.

[표 3.4] 아선델버르 폴더르스 지역에서 발굴된 유적들의 유구 간 시간적 관계

			관계의 빈도 수
소규모 경작지	→	주거지 혹은 주혈군	5
소규모 경작지	→	소형 기단	5
주거지 혹은 주혈군	→	기단 위 주거지	3
주거지 혹은 주혈군	→	상부 구조물 없는 기단	7
소형 기단	→	대형 기단	3

출처: Therkorn and Abbink (1987)

> 우리가 주장하는 바는, 둑의 일부 지역을 올리는 것은 지하수면이 상승하는 환경적 변화에 대응하는 차원에서 일어났던 것이 아니며, 새롭게 건축물의 기단을 조성하는 것은 사회경제적인 요인에 의하여 결정되었다는 것이다.
>
> (Therkorn & Abbink 1987: 142)

이러한 사회경제적 요인은 무엇이었을까? 기단 중 일부는 앞선 시대의 주거지를 위해 조성되었던 만큼, 후속 세대를 위하여 앞선 시대의 집자리를 표시하는 기능을 가졌을 것이다. 어쩌면 그 집에 거주했던 사람을 기념하기 위해 조성되었던 것일 수도 있다. 그렇다고 그 기단이 매장 기념물이었다는 것은 아니다. 다만 그것은 앞선 시대의 원형 봉분묘와 같은 방식으로 후손들의 일상생활 속에서 죽은 자의 중요성을 환기시키는 데 기여했을 수도 있다.

이 마지막 해석은 로마 점령 이후의 철기시대까지 이어지는데, 이 단계가 되면 이동성 강한 취락의 시대는 끝나게 된다. 그래서 앞

선 시대의 취락 유적들과 관련해서 제기된 사항들에 오히려 무게를 두게 된다. 즉, 개별 집들은 그 안에 살았던 사람들의 삶을 동일한 사이클로 경험했던 것으로, 가구의 우두머리가 죽으면 그 집 역시 새로 대체되어야 했던 것일 수도 있다. 새로 집을 지을 때 가장 먼저 조성된 것은 노지였고, 그 노지 아래에는 특별히 토기를 매납했다. 주거지 내에서 진행된 행위들의 중심점은 노지로, 그 집이 폐기된 이후에도 노지는 조심스럽게 보존되었다. 또한 집을 처음 세울 때에는 주거지 내부의 중요한 지점들에 봉헌물을 매납했을 수 있고, 그 집의 점유 기간이 끝났을 때에도 그러한 행위가 일어났을 수 있다.

주거지의 장축 방향 역시 과거와 현재를 연결시켜 주는 장치로 사용되었을 수 있다. 각 주거지의 장축 방향은 서로 연관되어 있기도 하지만, 앞서 존재했던 건축물의 위치와 관련해서 결정되었을 수도 있다. 심지어 어떤 취락에서는 모든 건물이 동일한 장축 방향을 가지기도 했다. 취락의 점유 기간 동안 이러한 장축 방향이 단계적으로 바뀌기도 했지만, 집들은 일반적으로 철기시대의 켈트적 경작지 체계와 동일한 장축 방향을 따랐고, 죽은 자의 무덤을 위하여 사용되던 덜 좋은 장축 방향은 피했다. 이러한 관계를 설명하는 한 가지 방법으로, 경작지와 주거지는 하지 때 태양의 방향을 강조했을 가능성을 제안할 수 있다. 이러한 장축 방향을 선택함으로써 살아 있는 사람들의 운명은 계절의 변함없는 주기와 연결되었던 것이다. 어쩌면 죽은 자들은 더 이상 산 사람들의 일상생활에서 그 어떠한 역할도 하지 않았기에 그들의 무덤은 다른 장축 방향을 따랐던 것일 수도 있다. 동시에 사람들은 여전히 죽은 자들을 존경했다. 엘프 취락의 주거지들은 두 기의 작은 원형 봉분묘가 있는 곳을 향하고 있고, 덴 둥헨의 주거지도 앞선 시대의 원형 환호의 위치를 의식하며 그 내부로까지 침범하고 있다(Fokkens & Roymans 1991: 163-70)([그림 3.4] 참고). 이와 같은 관계는 오스의 로마 철기시대 취락에서도 발견된다. 여기에서 장방형의 주거지는 후기 철기시대 원형 환호 두 기를 연결해 주고 있는데, 각각의 환호와 중복되어 있다(Wesselinger 2000).

이러한 관계들의 복잡한 양상을 잘 보여 주는 유적이 바로 네덜란드 북부에 있는 헤이켄(Hijken) 유적이다(Harsema 1992)([그림 3.5]와 [그림 3.6]). 이곳에서는 발굴을 통하여 중기 청동기시대 주거지 군집이 확인되었다. 주거지 주변으로 곡선형의 담장시설이 돌아갔는데, 남동쪽에서 북서쪽으로 이어진 이 시설물은 소를 가두는 우리로 이해되고 있다. 여기에서 300m도 채 안 떨어진 지점에는 같은 시기의 원형 봉분묘 매장지가 있었다. 그런데 주거지의 장축은 원형 봉분묘와는 다른 방향을 향하고 있었다(물론 주거지의 출입구가 봉분묘를 향했을 가능성이 있다). 철기시대에 들어와 원형 봉분묘 주변에는 경작지가 조성되었고, 그 경작지는 청동기시대 취락 위로 이어졌는데, 경작지의 울타리는 앞선 시대의 주거지와 그 장축 방향이 동일했다. 이 경작지와 동시대에 사용된 또 다른 일련의 주거지들이 확인되었는데, 그 주거지들의 장축 방향은 새롭게 조성된 토지 경계선과 평행했다. 일부 주거지는 앞선 시대의 집자리와 겹쳤으나 장축 방향은 완전히 달랐다. 그리하여 철기시대 주거지들은 무덤들이 조성된 청동기시대 매장지로 향하게 되었다. 이러한 전개 과정에서 서로 다른 요소들 간의 매우 흥미로운 상호 작용이 관찰된다. 중기 청동기시대의 주거지들은 원형 봉분묘와는 의식적으로 분리되어 있었다. 그리고 후대의 경작지는 앞서 처음에 조성되었던 건물들의 장축 방향을 존중했던

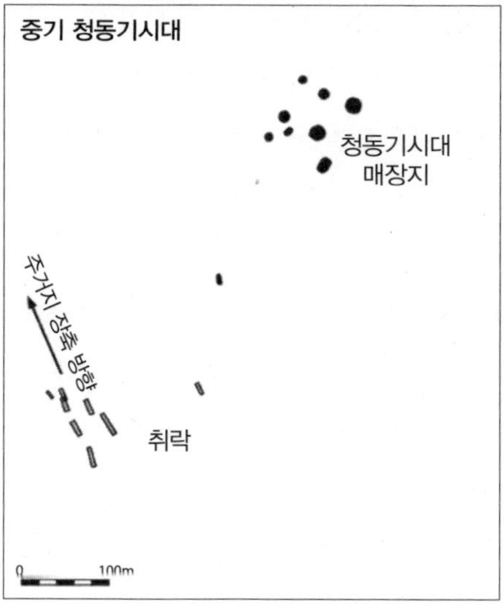

[그림 3.5] 네덜란드 헤이켄 유적에서 확인된 청동기시대 경관의 조직 양상

출처: Harsema (1992)

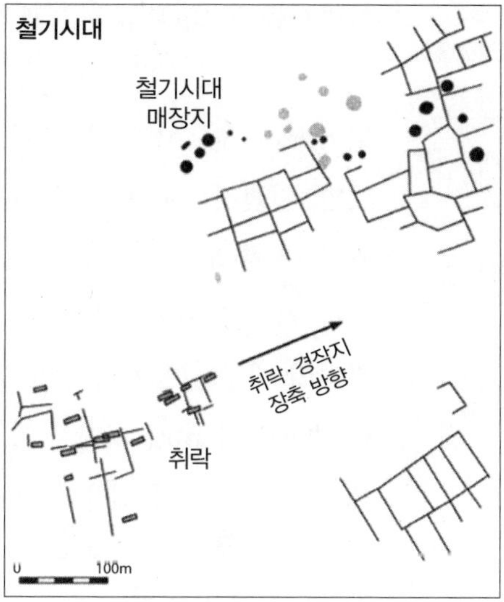

[그림 3.6] 네덜란드 헤이켄 유적에서 확인된 철기시대 경관의 조직 양상

출처: Harsema (1992)

것으로 보인다. 하지만 한편으로 철기시대 주거지들의 장축 방향은 매장지를 향했다. 이렇듯 경관의 모든 요소들은 현재와 과거 사이의 관계에 영향받았다.

다트무어 지역의 변화하는 경관

앞선 사례 연구에서는 개별 주거지로부터 구성된 지역 경관을 다루었는데, 여기에서의 경관은 아주 구체적인 몇 개의 요소들로 이루어져 있었다. 주거지, 봉분묘, 그리고 경작지가 그것이었다. 이 장을 마치면서는 좀 더 복잡한 경관의 발전 양상을 다루도록 하겠다.

이러한 접근 방법에 적합한 지역이 바로 잉글랜드 남서부의 다트무어(Dartmoor) 지역이다. 이 고지대는 오늘날에는 황무지에 해당하지만, 기원전 1000년 무렵 환경적 변화가 일어나기 이전에는 환경이 훨씬 더 좋았던 것으로 보인다(Fleming 1988). 원래는 1년 중 최소한 일정 기간 동안에는 많은 사람이 먹고살 수 있을 만큼 충분한 식량 자원이 제공되는 곳이었다. 그런데 그 이후로 사람들이 이 경관을 거의 활용하지 않게 되면서 그곳에 존재했던 일련의 선사시대 유적들은 다시 황무지가 점유된 중세시대까지는 거의 파괴되지 않은 채 그대로 보존되었다. 이곳은 심지어 오늘날까지도 유럽에서 가장 잘 보존된 선사시대 경관 중 하나이다.

최근에는 플레밍(Fleming 1988)이 다트무어 리브(Dartmoor reaves)라고 불리는 지역의 놀라운 토지 분할 체계에 대한 연구를 진행했다. 이 체계는 브리튼에서 지금까지 확인된 가장 광범위한 토지 분할체계이자 가장 오래된 것이기도 하다. 황무지 안쪽의 넓은 지역은 아주 나지막한 토벽 혹은 석벽을 이용해서 분할되었고, 동일한 시설을 이용해서 고원 지대에서 내려오는 하천망 중심의 지역 단위들을 구분하기도 했다. 각각의 토지 단위 내에서 경작지는 큰 부분을 차지했는데, 그 경작지는 평행하게 조성된 일련의 담장시설을 통해 구획되었다. 이러한 이유로 플레밍은 이러한 경작지 분할 체계를 '동축(同軸) 체계(co-axial system)'라고 묘사하기도 한다([그림 3.7]). 발굴 결과, 경작지 분할에 사용된 토축 담장 혹은 석축 담장은 기존에 존재했던 목책 선을 대체한 것이었음이 확인되었는데, 이는 다트무어 지역의 고고학 자료인 석축 원형 주거지가 앞선 시대의 목조 건축물을 대체한

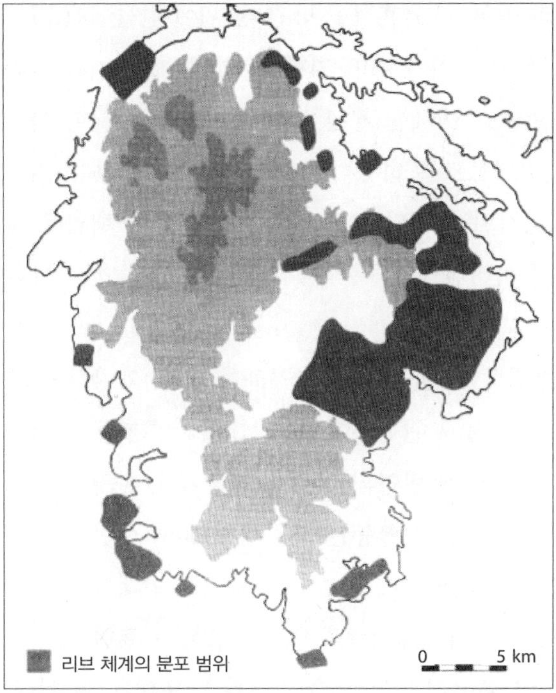

[그림 3.7] 영국 남서부 다트무어 지역의 동축 경작지 분할 체계(리브 체계) 분포 양상
출처: Fleming (1988)

양상과 동일하다. 아래의 내용은 플레밍(Fleming 1988)과 버틀러(Butler 1991a, 1991b, 1993, 1994, 1997)의 연구 결과를 인용한 것이다.

플레밍이 진행한 사례 연구의 중요한 시사점 중 하나는 과거 사람들이 활용했던 토지가 얼마나 광범위한 범위에 걸쳐 조직되었고 또한 토지 분할 체계를 구축하는 데 얼마나 많은 계획이 들어갔는지에 관한 것이다. 이것은 중요한 주제로서, 최근의 연구들도 이에 초점을 맞추어 진행되고 있다. 그런데 중요한 것은 다트무어 리브 체계로 조직된 경관은 사람들이 새롭게 정착한 곳이 아니었다는 점이다. 이 체계는 앞선 세대들의 행위가 그 흔적을 남긴 땅 위에 만들어진 것이다. 따라서 앞선 집단들의 과거가 어떤 영향을 끼쳤는지는 취락 단위에서 앞서 살펴보았으므로, 이제는 경관 전체가 어떻게 이러한 현상의 영향을 받았는지 살펴보도록 하겠다. 그런데 이것은 쉬운 작업이 아니다. 왜냐하면 지금까지 진행된 이른 선사시대의 인간 행위에 대한 다트무어의 연구가 이러한 연구 목적을 염두에 두었던 것이 아니기 때문이다.

앞선 선사시대 행위의 구성 요소는 확인하기 쉽다. 왜냐하면 그 중 일부는 잘 보존되는 유물과 관련되어 있어서, 영국의 다른 지역에서도 연구된 바 있는 기념물에 반영되어 있기 때문이다. 환경적 증거에 의하면, 다트무어에서의 인간 활동은 기원전 3000년 중반부터 심화되었다. 그리고 이것은 이 지역에서 발견된 무덤의 연대들과 맞아떨어지는 결과이기도 하다(Fleming 1988: 7장). 처음에는 주변 저지대에 살고 있던 집단들이 계절적으로 이 고지대를 방문했을 수 있다. 그곳에 대하여 리브 시설을 이용한 토지 분할이 이루어진 것은 기원전 1700년경부터이다. 이 두 시점 사이의 고고학 자료를 보면 돌무지, 석관묘, 석렬, 그리고 환상석렬과 같은 아주 특화된 종류의 기념물들이 나타난다. 황무지 지역에서 발견된 주거지들도 대개 이 무렵에 처음 조성되었을 수 있는데, 현재까지 발굴을 통해서 이러한 사실은 확인되지 않았다.

다트무어의 유적들이 일련의 상호 관계 속에서 조직되었음을 보여 주는 몇 개의 증거가 있다(Grinsell 1978)([그림 3.8]). 돌무지는 그 크기에 따라 두 종류로 나눌 수 있다. 석관묘와 마찬가지로 작은 돌무지들은 중앙의 고원 지대에서 이어져 내려오는 계곡 하천의 양 측면

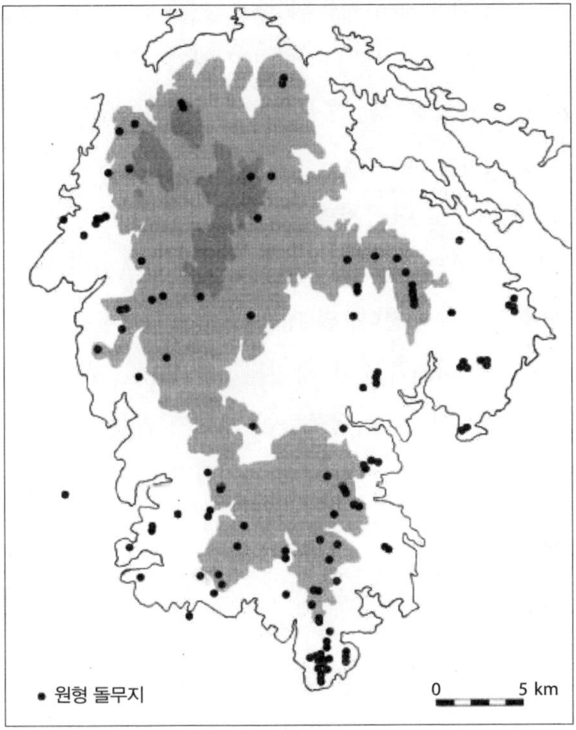

[그림 3.8] 영국 남서부 다트무어 지역 대형 원형 돌무지의 분포 양상
출처: Grinsell (1992)

에서 주로 발견된다. 바로 이 지역에서 원형 주거지가 나타나는데, 그것들은 분명히 기념물들과 동시대의 것이다. 아무튼 건축물들은 다트무어에서 사람이 지속적으로 점유하기 좋았던 지점에서 나타난다. 지름이 20m가 넘는 더 큰 돌무지들의 분포는 완전히 다르다. 그것들은 눈에 띄는 높은 지점들에 위치해 있고, 아주 먼 곳에서도 눈에 들어온다. 그것들을 조성하기 위해서 나머지 기념물들보다 훨씬 더 많은 노동력이 투입되었다. 그와 관련된 무덤에 대해서는 알려진 바가

거의 없다. 따라서 이러한 대형 돌무지들의 중요성을 지나치게 강조해서도 안 될 것이다. 특히 화려한 부장품을 가진 전기 청동기시대의 무덤들은, 하나의 사례를 제외하고는 황무지의 바깥 지역에서 확인되고 있기 때문이다(Todd 1987: 138-50).

다른 기념물에 대한 연구도 어렵지만, 그 분포 양상은 매우 특징적이다. 다트무어의 환상석렬은 그 수가 많지 않지만, 돌무지의 경우와 마찬가지로 두 종류로 나누어진다. 덜 정형화된 환상석렬은 생활유적이 발견되는 황무지의 저지대에서 확인되지만, 훨씬 정형화된 일련의 환상석렬들은 다른 종류의 기념물들이 보이지 않는 매우 높은 고지대에서 발견된다. 이것들은 발견하기도 어렵고, 멀리서 잘 보이지도 않는다.

석렬은 이러한 서로 다른 요소들을 연결시키는 데 중요한 역할을 했던 것으로 보인다. 그것은 한 줄, 두 줄, 혹은 여러 줄로 이루어져 있는데, 대개 돌무지나 환상석렬이 있는 구릉 정상부 방향으로 쭉 이어진다. 다트무어 석렬의 규모는 매우 다양한데, 종종 돌무지나 환상석렬에 다가갈수록 개별 입석의 크기가 더욱 커졌다.

바넛(Barnatt 1998: 98-102)은 각 기념물에 대한 관찰 사항을 종합할 수 있다고 주장한 바 있다. 짐작하건대 황무지의 고지대는 주로 사자나 초자연적 존재와 관련되어 있었고, 바로 이곳에서 주된 기념물들의 축조가 이루어졌다. 반대로 사람들이 살 만했던 저지대에는 취락의 흔적이 가장 잘 보이며, 바로 이곳에서 작은 돌무지나 석관이 원형 주거지와 함께 나타난다. 따라서 이곳은 산 자의 영역으로 이해할 수 있다. 그리고 이 경우 석렬의 조성은 두 개의 서로 다른 세계를 연결하려는 의도를 가졌을 수 있다. 즉, 산 자와 죽은 자들이 전기 청

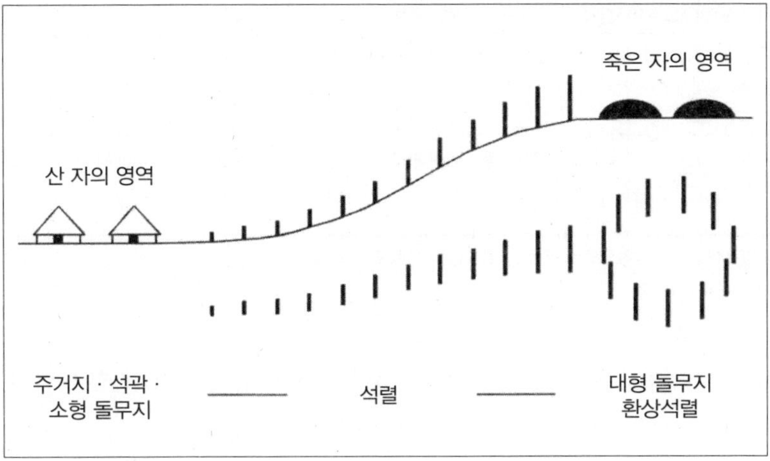

[그림 3.9] 영국 남서부 다트무어 지역 석렬의 역할에 대한 해석

동기시대의 성스러운 장소에 접근할 수 있도록 하는 길을 표시하기 위해 조성되었을 수도 있다([그림 3.9]).

그렇다면 이러한 과거는 토지 분할 체계가 조성된 경관에 어떻게 영향을 미쳤는가? 이와 관련해서 두 종류의 기념물은 매우 특이한 인생사를 가지게 되었다. 시간이 지나면서 석렬은 그 길이가 길어지기도 했고, 종종 추가적으로 거석이 평행하게 세워지면서 보강되기도 했다. 또한 석렬의 축조가 완성되면서 그 하단부 쪽을 막았던 것으로 보인다. 그 연대에 관한 정보가 부실한 주거지의 경우에도 비슷한 주기를 겪었을 수 있다. 즉, 목조 건축물은 결국 돌로 대체되었을 뿐만 아니라, 집들 중 일부는 본래의 기능이 다한 이후에는 매장 기념물로 사용되기도 했다. 주거지 내부의 시설물 일부가 돌무지에 편입된 경우도 있고, 폐허가 된 주거지 내부에 석관을 조성한 경우도 있다(Butler 1997: 137). 또한 주거지의 입구를 막기도 했던 것으로 보인다. 예를 들

[표 3.5] 다트무어 선사시대 유구의 장축 방향

원형 주거지 (%)	북에서 동	동에서 남	남에서 서	서에서 북
	4	62	32	2
석관묘 (%)	북에서 동 / 남에서 서		동에서 남 / 서에서 북	
	7		93	

석관묘에는 입구가 없으므로 두 가지 가능성의 장축 방향을 상정할 수 있다.
출처: Butler (1997)

어 쇼무어(Shaugh Moor)에서는 두 기의 주거지에 대한 접근로를 완전히 끊어 버린 구상유구가 발굴되었다(Wainwright & Smith 1980).

이것들은 특별한 경우에 해당할 수도 있지만, 집과 돌무지 사이에 연결 고리가 존재했음을 주장하게 하는 또 다른 이유들도 있다. 다른 지역에서와 마찬가지로, 다트무어에서 발견된 대부분의 원형 주거지는 출입구가 남동쪽을 향하고 있다. 이것은 석관묘의 장축 방향과 일치한다([표 3.5]). 또한 적은 수이지만 이 지역의 환상석렬에서도 동일한 양상이 확인된다. 즉, 네 곳의 환상석렬 유적에서는 가장 큰 입석이 남동쪽 혹은 남남동쪽을 향하고 있고, 나머지 두 곳의 유적에서도 남동쪽 혹은 남쪽을 향하고 있는 비정상적인 입석이 한 개서 있다. 따라서 중요한 기념물 중 일부도 동일한 개념적 틀 안에서 조성되었던 것으로 보인다. 다만 석렬의 경우에는 그렇지 않고, 오히려 그 지역의 지형이나 고지대에 있는 돌무지에 대한 접근로에 그 입지가 정해졌던 것으로 보인다. 또한 고지대의 경계를 표시하고 계곡 지역의 토지 단위들을 구분했던 후대의 리브 시설의 경우에도 마찬가지이다. 즉, 이 경우에도 리브 시설의 진행 방향은 주변 지형의 영향을 받았다.

이와 마찬가지로 토지 분할 체계도 지형에 민감했을 것이라고 예상할 수 있지만, 늘 그러했던 것은 아니다. 어떤 경우에는 평행으로 이어진 둑들이 지형의 진행 방향과 직각을 이루기도 하고, 협곡을 가로지르는 경우도 있다. 물론 그렇다고 그것이 석관의 경우처럼 하나의 장축 방향을 가졌다는 것은 아니다. 그것보다는 황무지의 서로 다른 지역에서 몇 개의 주된 축을 따르고 있다. 그런데 그 축들은 항상 동서남북 방향을 피하고 있다. 이러한 방향성이 매우 정확했을 것이라고 보는 것은 물론 옳지 않다. 하지만 플레밍이 확인한 일곱 개의 토지 분할 체계 중에서 남북 축을 따르는 것은 하나도 없고, 동서 축을 따르는 것도 단지 하나밖에 없다. 물론 개별 경작지의 경우에는 그 장축 방향이 이 중심축에서 이탈하기도 했다. 아홉 개의 경우에는 주거지나 석관묘와 꽤 유사한 장축 방향을 가지고 있고, 일곱 개는 주거지나 석관묘의 장축과 직각 방향을 따르고 있다. 이 장축 방향이 주거지 출입구를 기준으로 가장 흔한 장축 방향이라는 점은 결코 우연이 아닐 것이다. 특히 이러한 패턴이 순전히 지형적 상황의 영향을 받은 것은 아님을 강조해야 한다. 사실 주거지 출입구가 구릉 상면을 향하는 것은 물이 들어올 수 있기 때문에 정상적인 것은 아니었다. 하지만 경작지의 경우 주된 조건은 태양을 바라보는 것이었을 텐데, 경작지가 남쪽을 향하도록 함으로써 이를 추구할 수 있었을 것이다.

상기의 일반적인 패턴 외에도, 지역의 양상에 따른 관계들도 확인된다. 장거리에 걸쳐 이어진 리브 시설은 기존 적석묘들의 위치를 연결하기도 한다. 이러한 양상은 흔히 실용적인 측면에서 해석된다. 즉, 경작지의 경계를 구축할 때 눈에 띄는 랜드마크인 그것들을 활용했다는 것이다. 그것들은 이렇듯 새로운 토지 분할 체계에 포섭됨으로써 보존되었다.

그런데 이러한 적석묘는 토지 분할 체계를 조성한 사람들에게 더 근본적으로 중요한 의미를 가졌을 수도 있다. 사실 토지 분할 체계에서 경계를 나타내는 둑들은 다트무어에 흔히 존재하는 화강암 유출 봉우리와 같이 경관 내에 존재하는 자연적 요소들을 기준으로 그 방향을 충분히 잡을 수 있었을 것이며, 실제로 그렇게 한 경우도 있다. 또 다른 경우에는 돌이나 나무로 표식을 세우거나 불을 때어 토지 분할 체계를 구축했을 수 있다. 전기 청동기시대의 주요 돌무지들의 위치에서는 모종의 규칙성이 확인되며, 아마도 이러한 규칙성의 제 요소들은 토지 분할 체계가 구축되면서 유지되고 또한 더 강조되었을 수 있다([그림 3.10]). 이것은 브리튼의 다른 선사시대 경관에서 보이는 양상과 일치하는데, 원형 봉분묘와 적석묘 모두 동일한 방식으로 사용되었던 것으로 보인다. 기실 어떤 유적들에서는 그 경계를 나타내는 토축시설물이 가장 당연한 경로에서 이탈하여 거의 보이지도 않는 멀리 있는 무덤을 포섭하는 경우도 있다(Bradley, Entwistle & Raymond 1994; 7, 8장). 이러한 경우에는 새로운 경작지 체계를 창조할 때 앞서 존재했던 일부 기념물을 포섭하는 것이 중요한 작업이었던 것으로 보인다.

이와 같은 양상은 경작지의 배치에서도 나타난다. 어떤 경우에는 마치 그것을 존중하는 것과 같은 의도에서 돌무지가 경작지 밖에 놓이도록 그 경계를 나타내는 담장의 경로를 조율했다. 하지만 또 다른 경우에는 경작지의 가장자리나 모서리에 이러한 돌무지가 포함되도록 하기도 했다. 참고로 이 당시에 개별 돌무지가 파괴되거나 그 석재가 사용되었음을 시사하는 증거는 별로 없다. 설령 그러한 행위가 일어났다 하더라도 특정 기념물에 한해서 지속적으로 일어난 것은 아니

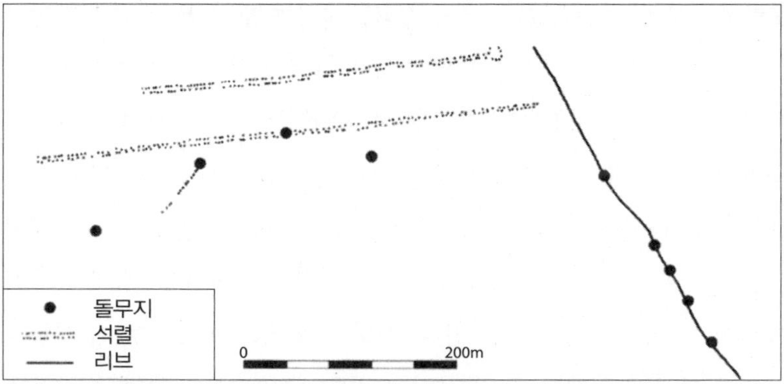

[그림 3.10] 영국 남서부 다트무어 지역의 메리베일(Merrivale)에서 보이는 석렬, 돌무지, 그리고 토지 경계(리브)의 관계
출처: Butler (1997)

었다. 그리하여 돌무지는 종종 파괴되기도 했지만 환상석렬은 늘 존중되었다. 어찌 보면 다트무어 지역의 동축 경작지 분할 체계는 세 개의 경쟁하는 요소들 사이에서의 합의를 통해 구축되었다고 볼 수 있다. 가장 적합한 농경지를 찾아야 하는 욕구, 전통적으로 전해져 내려오는 기본 축을 따라 경관을 조직해야 할 필요성, 기존의 돌무지를 통과하도록 경작지의 경계를 구축해야 할 필요성이 그 요소들이었다.

다트무어의 석렬에서도 유사한 양상이 확인된다. 이것과 리브 시설 사이에서는 일련의 미묘한 관계가 포착된다. 환상석렬의 경우처럼 그것들은 의도적으로 회피되었다([그림 3.10] 참고). 황무지의 상부 경계선을 따라 조성된 토지 경계의 경우, 흔히 기존의 석렬이 그 외부에 존재하도록 경작지를 구획함으로써 그것들이 파괴되지 않도록 했다. 어떤 경우에는 그 둘 간의 거리가 5m에 불과하지만, 그럼에도 불구하고 경작지의 경계를 표시하는 시설을 만드는 데 석렬을 사용하지 않았던 것이다. 또 다른 경우에는 석렬의 입석이 후대의 건축물에 포함됨으로써 보존되었다. 어떤 지점들에서는 토지 분할 체계의 담장들이 여러 개의 서로 다른 석렬 사이를 조심스럽게 오가며 이어졌는데, 석렬의 파괴를 최소화하기 위하여 그랬던 것으로 보인다. 또한 기존의 석렬을 가로지르는 경우에도 훼손을 최소화하려고 한 의도도 엿보인다. 그리하여 다트무어 고원 지대의 경계를 따라 존재하던 몇몇 석렬들의 위치는 그다음 단계에 와서 조성된 토지 분할 체계의 양상에 영향을 미쳤던 것으로 보인다. 어떤 경우에는 리브 시설이 석렬의 위치를 피하기도 했고, 동일한 장축 방향을 따르기도 한다. 대부분의 경우에서는 과거를 미묘하게나마 감안하고자 한 의도가 엿보인다.

필자는 앞서 개별 주거지가 복잡한 역사를 가지고 있었으며, 그 중 일부는 정식 절차에 의해 폐기되거나 매장 기념물로 전환되었을 수 있다고 언급한 바 있다. 그러나 또 다른 경우에는 돌무지나 석렬과 동일한 방식으로 주거지를 다루었던 것으로 보인다. 왜냐하면 그 주거지들은 그 위에 조성된 구조물을 통하여 보존되기도 했기 때문이다. 이러한 사실에 대하여 논의하기란 쉽지 않다. 몇 가지 다루어야 할 문제들이 있기 때문이다. 후속 건물들은 발굴을 통해서만 확인할 수 있는 목조 건축물을 대체했던 것일 수 있고, 또한 지표 조사만으로는 주거지 담장과 경작지 담장 사이의 관계를 확인하기가 어렵다. 하지만 종합적인 양상은 흥미로우면서도 설득력이 있다. 개별 주거지들은 토지를 분할하는 일부 리브 시설에 포함되었고, 흔히 경작지의 모서리나 가장자리에 나타나기도 하며, 이후의 주거지를 배치할 때에도 중심적인 역할을 했던 것으로 보인다([그림 3.11]).

많은 경우 발굴을 하지 않고서는 구조물 간의 조성 순서를 파악하기 어렵지만, 주거지가 가장 이른 시기에 축조되었을 것이라고 볼

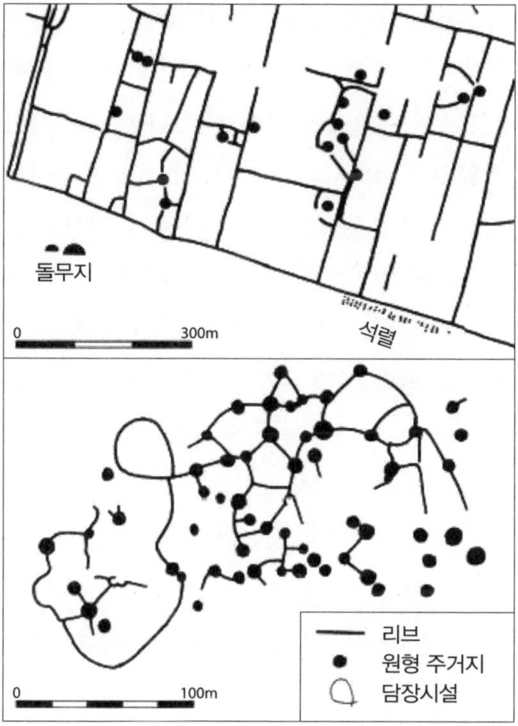

[그림 3.11] 영국 남서부 다트무어 지역에서 보이는 주거지, 경작지 경계(리브), 그리고 담장 시설의 관계

위의 그림은 홀네무어(Holne Moor)의 일부를 나타낸 것이고, 아래 그림은 스탠던다운(Standon Down)의 연결된 담장시설을 나타낸 것이다.

출처: Fleming (1988); Butler (1997)

수밖에 없는 경우들이 있다. 개별 경계선들이 적석묘의 경우와 마찬가지로 그 앞으로까지 가는 경우들이 있다. 경작지의 담장이 주거지에 맞닿는 경우에 이것이 명백하고, 이러한 관계는 담장시설이 어떻게 발전했는지에 대한 시사점을 제공할 수 있다. 이 경우에는 연차적으로 축조된 담장들이 서로 맞붙어 있어, 그러한 특별한 담장군은 그 발전 양상을 파악할 수 있다. 이러한 사실은 예전부터 인지된 바 있으나, 후대의 담장이 돌로 지어진 집의 특정 지점에 맞닿는다는 사실에 대해서는 관심이 덜 갔다. 담장시설의 출입구는 확인되지 않아, 이러한 담장 때문에 집들에 접근하거나 그 지점의 서로 다른 집들 사이를 왔다 갔다 하기는 어려웠을 것이다. 따라서 후대의 취락을 조성할 때 앞선 시대의 폐기된 주거지가 활용되었다는 것이 이에 대한 가장 적절한 설명이다([그림 3.11]). 이러한 가능성은 신중한 야외 조사를 통해 추가적으로 검토되어야 하는데, 이것은 중요한 귀결점을 가진다. 만약 폐기되었던 건물들이 취락의 경계를 구성하는 데 사용되었다면, 왜 그 재료는 그대로 놓아두었는가? 그 재료는 양질의 석재를 제공했을 텐데 다른 종류의 건축물의 경우에도 이와 동일한 양상이 확인되는 만큼 석재의 재활용은 일어나지 않았던 것으로 보인다. 석렬이나 많은 돌무지의 경우와 마찬가지로, 그 장소들은 기념되고 또한 존중되었다. 바로 이러한 이유에서 오늘날에도 그 건물들의 위치를 파악할 수 있는 것이다.

요약

필자가 왜 네덜란드와 잉글랜드 남서부 지역 청동기시대 취락들의 역사를 비교하기로 결정했는지 이제는 그 의도가 명확하게 보일 것이다. 이 두 지역 간에는 피상적인 유사성이 보인다. 예컨대 분묘 기념물과 사람들이 거주하는 취락과의 가까운 관계, 또한 집과 경작지 사이의 가까운 관계에서 그러한 유사성이 보인다. 하지만 근본적으로 중요한 것은 두 지역 모두에서 어떤 세대이든 앞선 세대가 남긴,

눈에 보이는 물질적 흔적에 영향을 받았다는 사실이다. 이는 원형 봉분묘, 환상석렬, 그리고 석렬과 같은 특별한 기념물의 경우뿐만 아니라 주거지의 경우도 마찬가지이다. 그리하여 경관 안에서 사람들이 서로 다른 방식으로 살았더라도, 각각의 경관은 앞선 시대의 잔해로부터 이어지는 전개 과정 속에서 이해되었을 것이다.

취락이나 경작지에 해당하는 사항은 유물에도 해당된다. 왜냐하면 각각의 물질 자료가 그것만의 역사를 가졌기 때문이다. 그 역사는 사물이 어떻게 만들어지고 사용되었으며 또한 교환되었는지의 상황에 대한 설명으로 이루어진 서사의 형태를 띤다. 이 사건들 중 일부는 유물에 남겨진 흔적을 통해 명백히 보였을 것이다. 다시 말해, 물질문화는 그 어느 한 순간이라도 앞선 시대의 영향을 받는다. 사람, 경관, 그리고 이동할 수 있는 유물들은 모두 유사한 궤적을 가지고 있으며, 각각 인간 기억의 매개체로 작용했다. 구전 전통도 매우 중요했지만, 이렇듯 구전으로 전해지는 사건들과 사물이 가지고 있는 일생사가 상호 작용하는 과정 속에서 문헌 기록을 남기지 않는 사람들은 자신들의 역사를 기억할 수 있었던 것이다.

이러한 노력들은 미래에까지 영향을 미쳤다. 필자는 마지막 절에서 특별한 의도로 세워진 기념물들이 축조 이후 시간이 한참 지나고 나서 어떻게 다루어졌는지에 대하여 언급했다. 여기에는 하나의 역설이 존재한다. 왜냐하면 그것들은 원래 후대에 의해 기억될 목적으로 축조되었을 수 있지만 늘 그렇게 되는 것은 아니었다. 그것들의 역사는 너무나 많은 문제를 동반하고 있는데, 이에 대해서는 다음 장에서 다루도록 하겠다.

제4장 미래의 과거를 투영하다: 기념비적 건축물과 기억의 형성

「만리장성」 읽기

기념비적 건축물은 두 개의 삶을 가지고 있다. 현재에 축조되지만 미래를 향한다. 그것은 후속 세대에게 과거를 상징하게 된다. 영어로 기념물을 나타내는 '모뉴먼트(monument)'는 라틴어 동사 '모네레(*monere*)'에서 파생된 것으로, '기억시키다(to remind)'를 뜻한다. 이것이 적합한 단어인 것은 기념물들 중 일부는 아주 오랜 시간 동안 존속하기 때문이다. 하지만 또 다른 기념물들은 축조된 지 얼마 안 되어 파괴되기도 한다.

어쩌면 이러한 이유에서 역설의 거장 중 하나가 기념물의 축조에 관심을 가졌던 것일지도 모른다. 1917년 체코 작가 카프카는 「만리장성("The Great Wall of China")」이라는 단편소설을 썼다. 그 원고는 완성되지 않았으나, 현존하는 판본은 그가 죽은 지 몇 년 후에 처음으로 출간되었다(Kafka 1963a[1931]). 이것은 기념물 축조라는 현상이 얼마나 이해하기 힘든 것인지를 보여 준다.

이 소설은 만리장성의 축조에 관한 것으로, 원래 의도되었던 그것의 성격과, 그것의 축조에 참여했던 서로 다른 사람들이 그 작업을 어떻게 이해하게 되었는지를 다루고 있다. 이야기는 놀라운 관찰에서부터 시작된다. 만리장성은 북쪽에 있는 적으로부터 중국을 보호할 목적을 가지고 있었으나, 그것은 여러 구간별로 축조되었다. 이 구간들 사이에는 텅 빈 넓은 공간들이 있었으며, 그중 일부는 만리장성의 축조가 완성되었다는 사실을 공포한 이후에나 메워진 것으로 보인다. 사실 화자는 그중 일부 공간은 끝내 메워지지 않았다고 의심하고 있다.

만리장성이 연속된 건축물로 축조된 것이 아니라면 어떻게 방어의 역할을 가질 수 있었겠는가? 카프카는 이것에 대하여 예상하지 못한 답변을 내놓는다. 사람들은 "하나의 공통된 목표에 도달하기 위해… 힘을 합치려고 했으나(1963a: 239)", 그 일은 너무나도 막대해서 나라의 모든 지역으로부터 사람들이 차출되었다. 각각의 구간은 한 집단이 상식적인 시간 내에 완성할 수 있을 정도의 규모였다. 500m에 달하는 만리장성의 한 구간을 축조하는 데에는 5년이 걸렸다. 그런데 그렇게 시간이 흐르자 감독하는 사람들은 의욕을 상실하게 되었다. 하지만 그들이 완성한 구간을 떠나 다른 완성된 구간들을 보자 다시 자신감을 가지게 되었다. 그래서 그들은 한 가지 공통된 목적을 향하고 있음을 깨닫게 되었고, 그리하여 이 기념물의 축조는 사회의 근간을 형성하는 데에도 기여하게 되었다. 각각의 팀들은 마치 만리장성의 구간들과 마찬가지로 더 큰 전체의 일부를 형성하고 있음을 깨닫게 되었다.

하지만 화자는 이러한 방식으로도 만리장성의 기능을 설명하지 못한다. 왜냐하면 그는 북쪽의 야만 집단을 접해 본 적도 없고, 오로지 아이들에게 보여 주는 그림을 통해서만 그들에 대하여 알고 있기 때문이다. 사실 국가는 그 어떤 침략 집단도 정복할 수 없을 만큼 규모가 컸다.

> 우리는 그들을 본 적이 없고 만약 이 마을에만 산다면 그들을 결코 볼 수 없을 것이다. 설령 그들이 야생마를 타고 있는 힘껏 우리를 향해 곧바로 달려오더라도 땅은 너무나 넓어서 우리에게 도달할 수 없을 것이며, 그들은 결국 허공에서 끝날 것이다.
>
> (Kafka 1963a: 241)

그렇다면 왜 이렇게 많은 사람들이 자신들의 집을 떠나 이 프로젝트에 참여했을까? 화자에 의하면 이것은 "높은 위치에 있는 사람들에게 해야 할 질문"(Kafka 1963a: 241)이다.

하지만 아무도 높은 위치에 있는 사람들의 실체를 알지 못한다. 그것은 매우 신비로운 기관으로, 그 역사는 창조의 시점으로 거슬러 올라간다. 그 권위 또한 어디에서 발원했는지는 모호하나, 그 활동들은 신들의 승인을 받았다고 한다. 만리장성을 축조할 계획은 항상 존재했을 것이다. 왜냐하면 세상이 시작되면서 그 발상이 생겨났기 때문이다. 그런데 만약 이것이 사실이라면, 북쪽으로부터의 위협은 그저 핑계일 뿐이고, 프로젝트 그 자체는 말이 안 되는 것이다.

> 나는 상부의 조직이 항상 존재해 왔고, 만리장성을 축조하고자 하는 결정도 그러했으리라고 본다. 이를 모르는 북쪽의 집단들은 자신들이

그 원인이라고 생각한다. 또한 정직하고 우매한 황제 역시 그가 그렇게 하도록 공포했다고 생각한다. 하지만 만리장성을 축조하는 우리는 그것이 사실이 아니라는 것을 알고도 말을 하지 않는다.

(Kafka 1963a: 242)

이 소설의 결론은 필연적이다. 만리장성을 축조한 사람들은 만리장성이 축조된 이유를 몰랐던 것이다. 그것을 순전히 기능적 측면에서 설명할 것인가? 아니면 그것은 진정 초자연적 현상과 관련된 작업이었는가? 즉, 신들의 허락을 받은 사업이었는가? 아무도 확신할 수 없었다.

카프카는 만리장성의 기능적 효과에 대한 의문을 제기하면서 이야기를 시작한다. 그는 원래 만리장성의 정치적 기능이 사회 구성원들을 동원하는 하나의 방법이었음에 주목했으나, 끝내는 이 사업이 그 자체의 목적을 위해 존재한다는 결론을 내리게 된다. 그것은 또한 다른 측면도 가지고 있다. 화자는 그것의 축조를 「창세기」에 등장하는 바벨탑의 축조와 비교한다. 그는 만리장성이 제공하는 탄탄한 기초를 바탕으로 바벨탑을 뛰어넘는 더욱더 거대한 탑을 축조할 계획에 대하여 말한다. 따라서 중국의 만리장성은 방어적 시설물이 아니라 과거의 성과를 모방하려 했던 하나의 시도였다. 이 탑은 천상세계를 향했으며, 완성된 구조물은 군사적 건축물로서 원래의 기능과는 완전히 다른 형이상학적 의의를 가지게 될 것이다. 그러한 상태로 그것의 의미는 영원히 유지될 수 있는 것이다.

이렇듯 기념물의 축조가 미래의 사람들에게 영향을 주려는 의도를 가지고 있어도 그것이 성공하는 경우는 매우 드물다. 의미는 변화하며, 기념물에 대한 해석은 그것을 축조한 사람들의 의도와는 다르게 이루어진다. 어쩌면 결코 완성되지 않은 만리장성의 축조와 카프카 자신의 글 사이에는 유사점이 존재한다. 「만리장성」도 미완성된 작품이며, 「만리장성의 축조에 관한 소식」(Kafka 1963b[1934])이라는 또 하나의 미완성된 작품과 같이 출간되곤 한다. 그런데 이것들이 원래 동일한 작품의 서로 다른 부분이었는지는 불분명하며, 각각의 글이 어떤 식으로 전개되어 나갔을지 그 의도도 명확하지 않다. 카프카는 이 서사를 어떻게 완성시킬 생각이었는지 알려 준 적이 없기 때문에 그들은 다양한 방식으로 해석될 수 있다. 한편에서는 그것을 권력의 행사에 관한 우화로 볼 수 있지만, 뒤에 나오듯 인간 지식의 한계와 시간의 흐름이 가져오는 불확실성에 대해 그것이 시사하는 바도 크다. 실제로 그 작품들은 카프카가 1924년 사망한 이후 진행된 중부 유럽의 정치사적 측면에서 볼 때 또 다른 의미를 가질 수도 있다. 그 어떤 저자도 자신의 작품이 어떻게 해석될지에 대해서는 통제할 수 없으며, 특히 미완성된 원고에 대해서는 더욱더 그러하다.

기념물의 축조와 글쓰기 사이의 이러한 비교는 전혀 새로운 것이 아니다. 많은 사람들이 물질문화와 문서를 비교한 바 있고, 심지어 토머스(Thomas 1999: 3장)는 기념물을 읽을 수 있는 다양한 방식에 대하여 논의하기도 했다. 카프카의 작품과 마찬가지로 기념물은 타자에게 메시지를 전달하는 의도를 가지고 있는데, 그러한 메시지는 기념물을 축조한 사람들의 삶의 범위를 넘어서까지 이어진다. 동시에 기념물 축조의 의도는 후속 세대의 입장에서 해석되거나 오도되기도 한다. 왜냐하면 후속 세대는 자신들의 경험과 관심에 따라 그 의도된 바에 접근하기 때문이다. 기념물은 과거 사람들의 믿음 체계나 그들의 성과를 후세에게 기억시키기 위해서 만들어졌을 수 있으나, 후세의 기억에까지 영향을 끼치는 것은 불가능하다.

이러한 점은 작품의 두 번째 부분에 나타나 있다.

황제에 대한 중국 사람들의 충성심은 특별히 높은데, 바로 그 때문에 애초 만리장성의 축조에 동참하도록 유도되었던 것이다. 하지만 나라의 거대한 규모 때문에 문제가 야기된다. 즉, 화자가 만리장성으로 방어해야 하는 적군을 본 적이 없듯이, 황제 역시 본 적도 없고 관료들과 접촉한 적도 거의 없다. 광활한 공간에서 소식은 아주 느리게 전달되며, 소식이 도착했을 때 유효 기간은 이미 지나 있다. 집단들은 자신들에게 도달하는 데 수년이 걸린 지배자의 명령을 따르고자 최대한 노력을 하는 셈이다.

이것은 어찌 보면 만리장성을 축조했던 이유에도 적용할 수 있다. 그 정보는 한 지역에서 다른 지역으로 전달되면서 변형되었을 것이다. 온 세상에 하나의 통일된 메시지를 전달하고자 하는 최고 지배층의 의지가 아무리 강했을지라도, 그것은 결코 성공할 수 없었을 것이다. 하물며 후세에 하나의 단일한 비전을 강조하는 것은 불가능했을 것이다. 중국 영토에 걸쳐 진행되는 정보의 전달은 그것의 시간적 전달 양상과 유사하다. 당시에 어느 황제가 집권하고 있었는지, 어느 왕조가 권력을 잡고 있었는지는 아무도 확신할 수 없었다. 사람들은 아주 머나먼 과거에 내려졌던 명령들을 따르지만 "살아 있는 통치자와 죽은 통치자 사이에는 혼란이 있다(Kafka 1963a: 245)". 그들이 알아낼 수 있는 모든 것은 그 지역의 지식 체계에 입각해서 해석될 수밖에 없다. 카프카는 이러한 상황을 다음과 같은 특징적 역설을 통하여 설명한다.

이러한 현상에 입각해서 실제로 황제가 없다는 결론에 도달하게 되었다면, 그것은 사실에서 아주 벗어난 것이 아니다. 황제의 존재는 계속 반복적으로 상기되어야 하는 사항이다. 어떻게 보면 남쪽에 있는 사람들만큼 황제에게 충성심이 강한 사람들도 없을 것이다. 하지만 우리의 충성심은 황제에게 그 어떠한 이익이 되지 못한다. … 하지만 이러한 생각을 가진 관계로 우리의 삶은 완전히 자유롭고 통제받지 않는다. … 이 삶은 당시에 통용되는 그 어떠한 규칙의 지배도 받지 않으며, 오로지 먼 옛날부터 전해져 내려오는 훈계와 경고만을 따른다.

(Kafka 1963a: 246)

미래의 기억들

카프카의 이러한 우화는 선사시대 연구자들을 위해 쓰인 것이 아니지만 선사시대 연구자들이 고민하는 바를 잘 보여 준다. 왜 거석 기념물이 축조되었는지 설명하기란 쉬운 일이 아니며, 실제로 사회 집단에 따라 그 이유는 달랐을 것이다. 자칫 기념물들이 실용적인 기능을 충족시키기 위해 축조된 것으로 보이지만, 그 규모는 그러한 축조의 원인을 감안할 때 지나치게 크다. 기념물은 세상을 바라보는 특별한 시각을 기념하고, 또한 그것을 후속 세대에게 변하지 않는 방식으로 전달하기 위해 제작되었을 수 있다(Renfrew 1998). 하지만 이 역시 성공할 가능성은 높지 않다. 왜냐하면 카프카의 작품과 마찬가지로, 그 구조물은 해석되고 재해석될 것이며, 또한 개인의 창의성이 발현된 여지도 있을 것이기 때문이다. 정보는 세대 간에 정확히 전달될 수 없다. 그리고 그 결과 기념물은 특정한 관념을 온전히 유지하기 위해 지어졌을 수 있으나, 그 관념을 내포하는 매체의 내구성이 강할수록 전혀 다른 생각을 가진 청중에게 그러한 관념이 전달될 가능성이 높아지는 흥미로운 상황이 발생한다. 어떤 기념물들은 과거에 존재했던 특별한 시각을 보존하고 미래에 그것을 전달할 목적으로 축조되었을 수 있지만, 그것들의 역사를 보면 실제로는 거의 그렇게 되지 않았음을 알 수 있다.

사실 기념물로 규정된 바 있는 건축물들이 모두 동일한 이유에 따라 축조되었다고 생각할 이유는 없다. 물론 여기에는 일종의 순환 논리가 존재한다. 개별 기념물들은 긴 역사를 가지고 있기 때문에 그것이 축조의 이유로 여겨지기도 한다. 하지만 서로 다른 유적에서 확인되는 양상은 서로 다른 방식으로 해석될 수 있다. 하지만 원래 기념물의 의도가 존중되어 그것을 대상으로 행해진 이후의 행위들은 그것의 존속을 위한 보수 및 유지에 한정된 경우도 있다. 이것은 몇몇 거석 무덤에서 관찰된다. 반면 어떤 유적에서는 개별 기념물의 해석에 따라 변형이 일어났고, 그 때문에 그것이 아주 오랫동안 사용되었을 수도 있다. 어떤 경우에는 그 성격 자체가 완전히 변형되어, 원래 있던 구조물을 대체하는 새로운 구조물이 세워졌을 수도 있다. 그리고 또 다른 경우에는 기존의 건축물 근처에 완전히 새로운 종류의 구조물이 조성되어 기존의 계획을 완전히 훼손시켰을 수도 있다. 따라서 이러한 유적들이 오랜 기간 동안 사용되었음을 인식하는 것만으로는 충분하지 않다. 더 중요한 것은 그 고고학적 과정 속에서 하나의 시각을 관통하는지, 아니면 그러한 시각이 여러 단계에 걸쳐 변형되거나 거부되었는지를 확인하는 것이다.

또한 이 모든 기념물들의 역사가 항상 열려 있었다고 생각해서는 안 될 것이다. 영원히 사용된 선사시대 유적을 생각하기란 어렵다. 어느 정도 사용되다가 결국 종식되었다. 다만 그 역사가 끝나게 된 과정은 각 건축물의 전개 양상만큼 다양하다. 여기에서는 몇 가지 전형적인 사례들을 살펴보도록 하겠다.

어떤 기념물들은 유난히 짧은 역사를 가지고 있다. 이는 두 가지 방식으로 이루어진다. 첫 번째는 기념물이 축조된 다음에 곧바로 파괴되는 경우이다. 이것은 제2장에서 조각 장식된 입석의 독특한 전개 양상을 통해 살펴본 '망각을 통해서 기억하는' 과정의 한 가지 사례라고 할 수 있다. 필자는 다른 사례들도 살펴보겠지만, 여기에서 강조해야 할 것은 이러한 과정이 흔히 규칙적으로 반복되었다는 것이다. 그리하여 그 기념물이 제거된 후 얼마 지나지 않아 동일한 형식의 구조물이 또다시 세워졌을 수도 있다. 비근한 예로 신석기시대의 환호를 메우고 다시 파는 행위를 들 수 있다.

두 번째 경우에는 기념물이 축조된 후 완성되고 폐기될 때까지, 이미 정해진 기간 동안 정해진 경로를 따랐을 수 있다. 발굴자가 파악한 구조물의 전개 양상은 처음부터 결정된 것이었을 가능성도 있으며, 따라서 기념물의 변형 과정 자체가 그곳에서 진행된 제의의 일부분을 이루었을 수 있다.

이 장의 나머지 절들에서는 서로 다른 기념물의 전개 양상이 시사하는 바에 대해 살펴보도록 하겠다. 우선 스코틀랜드의 신석기시대 및 전기 청동기시대에 세워진 몇몇 기념물들에서 확인되는 일련의 제의적 주기에 대해 살펴보도록 한다. 최근에는 이 지역의 발굴조사를 통해 이러한 문제들이 검토된 바 있다. 이 경우에는 기념물의 전개 양상이 이미 정해져 있었던 것으로 보인다. 이 사례에서 다루어지는 기념물은 돌무지와 환상석렬이다.

그다음 논의에서는 북부 이탈리아의 아오스타(Aosta)에서 보이는, 나무기둥 및 입석으로 이루어진 일련의 제의적 군집을 살펴보고 그 근처에 있는 거석 기념물 군집과 그것의 변화하는 관계도 함께 살펴보겠다. 그러면서 하나의 유적에서 서로 다른 구조물이 어떻게 축조, 변형, 대체되었는지의 문제를 다루도록 하겠다. 그 구조물 중에는 조각 장식된 입석도 포함되어 있어 앞서 프티샤쇠르 유적과 관련해서 언급되었던 몇 가지 사항을 살펴보도록 하겠다.

그리고 이 장의 마지막에서는 카프카의 작품에 등장하는 주제와 밀접하게 관련되어 있는 세 번째 사례 연구를 다루도록 하겠다. 북서부 프랑스의 카르나크 주변에서 발견되는 기념물의 다양성을 살펴보는 것이 그 연구 주제이다. 또한 앞선 시대의 역사에 대한 반작용으로 기념물이 축조되는 또 다른 전개 과정에 대해서도 살펴보겠다. 이러한 논의는 제2장에서 살펴본 브르타뉴 지방의 거석 기념물 사례와 연관되지만, 그보다는 긴 시간대를 다룬다.

스코틀랜드의 환상석렬

최근에 몇몇 거석 기념물에서 보이는 특이한 전개 양상에 주목하는 두 편의 논문이 출간되었다. 그중 첫 번째는 토머스(Thomas 2000)가 스코틀랜드의 커서스(cursus) 기념물에 대해 논의한 논문이다.

커서스란 울타리나 담장으로 둘러싸인 세장방형의 공간으로, 신석기시대 기념물에 해당한다(Barclay & Harding 1999). 커서스의 분포는 독특하게도 브리튼과 아일랜드에 한정되어 있는데, 각 유적마다 서로 다른 모습으로 나타난다. 중앙이 비어 있는 공간을 한 줄로 된 구나 토축 담장이 둘러싸고 있는 경우도 있다. 또한 롱배로 무덤과 관련된 토축 봉분이 그 중앙에 위치해 있는 커서스 기념물도 있다. 스코틀랜드에서는 목책렬로 그 범위가 규정된 커서스 기념물도 보인다. 이러한 커서스는 홀로 존재하기도 하고, 일련의 토축 구조물로 이루어진 더 큰 기념물의 내부에서 발견되기도 한다.

토머스가 조사한 커서스 기념물은 남서부 스코틀랜드에 있는데, 그중 하나는 아주 길게 이어진 목책 구조물이 토축 담장에 둘러싸인 모습을 하고 있다. 한편 그 근방에 있는 또 다른 커서스 기념물은 목책으로만 이루어져 있다. 이 유적들이 독특한 것은 기존의 목책렬을 대체하는 과정에서 각각의 기둥을 태워 버리거나 땅에서 뽑아 버리고, 그다음 일부 기둥 자리에 새롭게 기둥을 세웠던 것으로 보이기 때문이다. 사실 목책렬의 일부는 파괴되었지만, 또 다른 일부는 살아남아 다음 단계에 조성된 목책렬에 사용될 수 있었던 만큼 상황은 더욱더 복잡했을 수 있다. 동부 해안가 근처에 있는 배넉번(Bannockburn)에서도 이와 아주 유사한 패턴이 확인된 바 있다(Rideout 1987)([그림 4.1]).

이러한 파괴와 대체의 주기는 이 기념물에만 국한된 것이 아니었다. 편년적으로 커서스 기념물과 겹치는 둑길 환호에서도 그러한 주기가 확인된다. 이 기념물의 경우에는 일련의 공적인 이벤트가 일어났던 공간이 분절된 환호에 의해 규정되었다(이 기념물의 등장 배경에 대해서는 제2장에서 다루었다). 분절된 각각의 환호 부분이 동시에 굴토

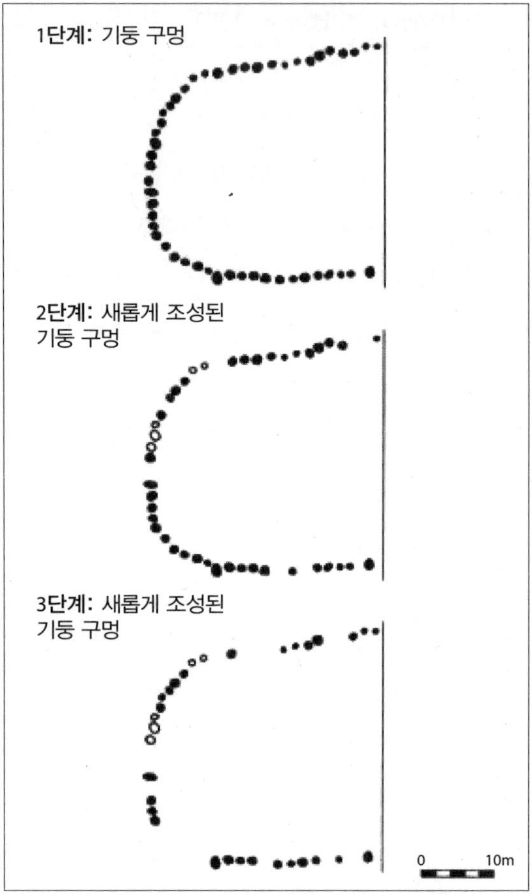

[그림 4.1] 스코틀랜드 배넉번의 신석기시대 커서스 기념물의 한쪽 끝에서 확인된 구조적 전개 양상

출처: Rideout (1997)

되었는지는 명확하지 않다. 하지만 잘 발굴된 유적들에서는 이 기념물이 주기적으로 폐기되었음을 알 수 있다. 그리고 그 과정의 일환으로 인골, 동물 잔해, 장식 토기, 그리고 일련의 다양한 유물들로 이루어진 매납 유구들이 조성되었다. 잠시의 휴지기가 지나고 나서 환호

는 다시 굴토되었고, 기념물의 원래 형태는 재정립되었다. 그런데 이러한 작업은 너무나도 조심스럽게 이루어져 기존의 매납 유구들은 전혀 훼손되지 않았다(Pryor 1998). 수혈이나 분절된 토축 시설물이 돌아가는 작은 환호들에서도 이와 동일한 행위가 이루어졌고, 생크추어리(Sanctuary)라고 불리는 환상목렬(環狀木列)을 구성했던 개별 기둥의 경우에도 이러한 현상이 확인된다(Pitts 2001).

토머스는 이러한 패턴을 기념물에 대한 일반적인 이해와 비교하고 있다.

> 주로 흙과 돌로 지어진 영구적인 기념물은 기억 장치의 기능을 가졌다. 그것의 존속과 재사용은 과거를 현재 안으로 끌어냈다. … 하지만 파괴와 소비를 동반한 행위도 눈에 보이는 흔적을 남기지는 않지만 그것 역시 전통에 영향을 끼쳤고, 따라서 그것 역시 기억할 만한 가치가 있었을 것이다. … 이러한 기억은 물리적 형태를 취했다. 유적의 재사용은 그것의 흔적 중 눈에 보이는 것을 기준으로 재구성하는 작업을 필요로 했다.
>
> (Thomas 2000: 86)

목조 구조물이 불타 버린 경우에는 그것을 대체하는 과정에서 여러 가지 요소들이 관여했다. 그 기념물의 재건은 그곳에 원래 무엇이 있었는지에 대한 기억, 남아 있는 기둥 구멍의 흔적, 그리고 그 기념물이 사용되어야 하는 방식에 대한 구체적인 이해가 결합된 것이다(Thomas 2000: 86). 토머스는 특히 내구성이 강한 흙과 돌로 지어진 구조물을 다루었다. 그러나 목조 건축물은 건드리지 않고 내버려 두어도 그 수명이 한정되어 있었다.

최근 파커 피어슨(Parker Pearson)과 라밀리소니아(Ramilisonina)가 진행한 연구에서도 유사한 주장이 제기되었다. 그들은 브리튼의 신석기시대 및 전기 청동기시대의 기념비적 건축물에서 보이는 독특한 전개 과정에 주목했는데, 이러한 기념물 중 가장 유명한 것이 스톤헨지(Stonehenge)이다. 유적에서 처음으로 조성된 구조물은 대부분 환상목렬이었고, 그것은 대체로 동일한 배치 양상을 보이는 환상석렬에 의하여 대체되었다. 그 반대의 경우, 즉 돌이 나무로 대체된 경우는 거의 없거나 전무하다. 그들의 주장에 의하면, 목조 건축물 단계에는 물질문화의 매납이 많이 이루어졌는데, 그 매납 유구에서 음식물 잔해, 장식 토기, 그리고 일련의 독특한 유물이 나왔다. 하지만 이후에 조성된 환상석렬의 경우에는 이러한 증거가 거의 보이지 않으며, 그 대신 인골이 흔히 나온다. 이러한 구분은 너무나 도식적인 측면이 있다. 환상목렬 중 일부에서는 화장묘가 확인되기도 하고, 생크추어리 마운트플레전트(Mount Pleasant)와 같은 유적은 목조 구조물과 석조 구조물이 결합된 양상을 보여 준다(Pollard 1992). 하지만 이러한 주장의 주된 흐름은 적절한 것 같다. 기념물을 통하여 처음에 강조된 것이 살아 있는 사람들의 행위였다면, 나중에 강조된 것은 죽은 사람들과의 관계였다. 그리고 이와 궤를 같이하면서 기념물은 처음에는 나무로 지어졌다가 나중에는 돌로 지어졌다. 그런데 특히 후자의 구분이 의미심장하다. 왜냐하면 사람의 몸과 마찬가지로 나무는 썩기 때문이다. 반면 돌을 파괴하기란 거의 불가능하다.

그들은 이러한 독특한 전개 양상을 마다가스카르(Madagascar)의 건축물 축조와 비교했는데, 그곳에서도 비슷한 개념적 틀이 확인된다고 한다. 하지만 브리튼 지역의 고고학 자료를 대상으로 한 이러한 해석은 유추에만 의존하는 것이 아니었다. 이 해석은 그 자체만으로도 충분히 성립할 수 있다. 그들의 사례 연구 중에는 본문의 내용과 관련해서 특히 흥미로운 부분이 하나 있다. 신석기시대 기념물들이 미리 정해져 있던 순서에 따라 그 형태가 변했다는 사실이다. 기념물들은 나무로 먼저 축조된 다음에 돌로 재건되었고, 그다음에는 주로 폐기되었다. 파커 피어슨과 라밀리소니아는 이러한 발전 양상의 상징적 의의에 특히 관심을 가졌는데, 그것에 대하여 접근하는 또 다른 방법은 기념물이 원래부터 끝이 있는 전개 과정을 가지도록 의도되었고, 그것의 역사도 미리 정해져 있던 경로를 따랐다고 보는 것이다. 후속 세대도 이러한 기념물의 잔해를 보았을 터인데, 이 경우에도 그 기념물이 영원히 변치 않고 존재할 것이라는 생각과는 매우 다른 결과가 일어났을 것이다. 어쩌면 환상목렬이 세워진 이후에 일어난 변화들은 그곳에서 진행되었던 제의의 일부를 이루었을지도 모른다.

따라서 여기서는 이 과정들을 서로 구분해서 다루기보다는 대체로 비슷한 시기(대략 기원전 2500-2000년)에 존재했던 많은 유적들에서 보이는 독특한 전개 양상을 살펴보도록 하겠다. 이 서로 다른 유적들의 최종 모습은 서로 비슷했지만, 그 발전 양상은 매우 달랐다. 하지만 후기 신석기시대나 전기 청동기시대에 이르러서는 모든 유적에는 환상석렬이 서 있었고, 그 기념물은 유적에서 마지막으로 세워진 건축물이었다. 이 모든 유적들은 스코틀랜드에 있다. 매크리무어(Machrie Moor)는 서부 해안가의 애런섬(Isle of Arran)에 있으며, 클라바(Clava)의 발누아란(Balnuaran)은 본토의 북쪽에 있고, 톰나베리

(Tomnaverie)는 북동쪽에 있다.

이 유적들을 비교하는 이유는 여러 가지가 있다. 세 유적 모두 최근에 발굴된 바 있고, 그중 두 곳은 필자가 발굴한 유적이다. 각각의 유적에서는 해당 시간 동안 진행된 건축의 구체적 역사가 확인되었고, 가장 중요하게는 세 유적에서 보이는 기념물들이 각각 서로 다른 건축 전통의 산물로 이해되고 있다. 그런데 여기에서 관심의 대상이 되는 것은 그 기념물들의 전개 양상이며, 그것들의 구체적인 형태가 아니다.

매크리무어(Machrie Moor)에서는 나란히 서 있는 두 기의 환상목렬이 발견되었는데, 이것들은 원래 더 큰 기념물의 일부분을 이루었다(Haggarty 1991)([그림 4.2]). 두 환상목렬은 그 규모가 서로 달랐다. 더 간단한 것은 목조 기둥을 한 줄만 세워 만들었다. 또 다른 환상목렬의 경우에는 두 줄의 기둥을 동심원 모양으로 배치했고, 그 안에는 방형으로 배치된 거대한 기둥들을 세웠다. 후자의 출입구는 남서쪽을 향하고 있었는데, 이것은 더 간단한 환상목렬이 서 있던 곳의 정반대 방향이다. 이 중 더 큰 기념물의 평면도는 다른 제의적 중심지에서 확인된 구조물의 평면도와 유사하다. 그러나 또 한편으로는 그것이 당시에 사용되던 주거지의 모습을 거대하게 확대한 것으로도 볼 수 있다. 매크리무어의 환상목렬 두 기 모두에서 장식 토기가 출토되었다.

이 두 환상목렬 사이에는 또 하나의 목조 기둥이 서 있었다. 이 기둥이 중요한 것은, 그것이 그다음 단계에 들어와 유일하게 보존된 앞선 시대의 구조물이었기 때문이다. 그 구체적인 양상은 확실하지 않으나, 이 유적에서는 아마도 환상목렬의 사용이 끝난 후에 경작이 이루어졌던 것으로 보인다. 발굴자가 확인한 쟁기 자국으로 보아, 경

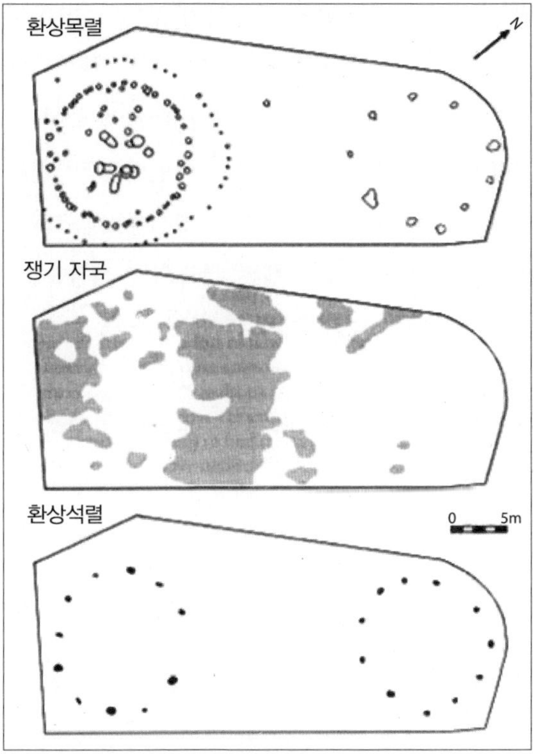

[그림 4.2] 스코틀랜드 애런섬의 매크리무어에서 확인된 구조물의 전개 양상
출처: Haggarty (1991)

작은 최소한 두 차례에 걸쳐 일어났다. 또한 이 단계에 들어와 기존의 기념물들이 서 있던 자리를 가로지르는 다수의 목책렬이 조성되었는데, 목책렬들의 장축 방향이 고랑의 방향과 다른 것으로 보아 이 두 요소가 동시에 조성된 것 같지는 않다. 환상목렬들이 서 있던 지점에는 쟁기질의 흔적이 없는데, 이러한 현상은 여러 가지로 설명할 수 있다. 해거티(Haggarty)는 그것이 선행 발굴 이후에 이 유적이 경험하게 된 자연적인 훼손의 결과라고 보았다. 하지만 쟁기 자국이 보이

지 않는 범위는 앞서 발굴이 일어난 범위와 일치하지 않는다. 따라서 더 가능성이 높은 설명은 그 구조물이 썩어 없어진 뒤에도 환상목렬이 서 있던 지점이 침범되지 않았다는 것이다. 이와 같은 상황이 일상적인 토지 사용의 맥락에서 일어났다고 보기는 어렵다. 쟁기질의 흔적이 나타나는 범위에서 곡물 화분이 나오기는 했지만, 매크리무어에서 일어난 경작 행위는 앞선 시대에 진행된 건축의 흔적을 제거할 목적으로 이루어졌을 수도 있다. 즉, 그것은 커서스 기념물 내부의 목조 구조물을 불태웠던 것과 같은 기능을 했을 수 있다.

이러한 시각을 견지하는 이유 중 하나는 경작 행위가 일어난 다음에는 동일한 지점에 환상석렬들이 그대로 들어섰기 때문이다. 발굴자는 이것이 가능했던 것이 앞선 환상목렬의 배치가 그대로 기억되었을 때 환상석렬들이 세워졌기 때문이라고 보았는데, 두 기의 환상석렬 사이에 여전히 서 있던 목조 기둥이 하나의 표시가 되었을 수 있다. 발굴을 통하여 확보된 이러한 증거에 대한 또 다른 해석은 목조 기둥으로 이루어진 기념물이 서 있던 자리가 경작되지 않은 구역으로 표시되었다는 것이다. 아무튼 두 기의 환상석렬이 조성됨으로써 이 유적의 중요성은 재정립되었고, 훨씬 더 내구성이 강한 방식으로 유지되었다. 그 이후로는 이 기념물에 대하여 그 어떠한 구조적 변형도 일어나지 않았다. 다만 후대에는 그 주변에 화장묘들이 조성되었다.

여기에서 강조해야 할 사항은 세 가지이다. 매크리무어는 목조 건축물이 석조 건축물로 대체되는 익숙한 순서의 또 다른 사례에 해당한다. 환상목렬과 관련한 다량의 토기가 확인되었으며, 이후에 환상석렬 주변에는 전기 청동기시대의 무덤이 조성되었다. 환상목렬들은 그 성격이 서로 달랐다. 특히 더 복잡한 구조물의 경우는 동시기에 사용되었던 주거지의 모습을 거대하게 확장한 것으로 해석할 수 있다. 반면 그것을 대체한 환상석렬들은 그 모습이 거의 비슷했다.

한편 목조에서 석조로 전환된 것은 그렇게 단순하거나 간단한 상황이 아니었다. 이 두 개의 건축 단계 사이에는 최소한 두 차례의 경작이 이루어졌는데, 이러한 행위는 유적의 성격이 전환되기 전에 그것을 정리하는 역할을 했을 수 있다. 이 단계에 해당되는 목책렬은 최소한 일곱 기가 발견되었는데, 그것들 중 이랑과 방향이 같은 것은 거의 없는 만큼, 환상목렬이 폐기되고 그것이 돌로 대체되기까지에는 꽤 오랜 시간이 흘렀던 것으로 보인다. 이것은 스코틀랜드의 다른 유적들에서 보이는 기념물의 주기적인 폐기 및 대체 양상과 비슷하다.

마지막으로 이러한 전개 과정은 미리 정해져 있던 틀을 따랐던 것으로 보인다. 이러한 측면에서 사람들은 환상목렬이 언제부터인가 돌로 대체되었음을 알았을 수 있다. 설령 후자의 행위가 일어나기 전에 모든 구조물이 제거되었을지라도 그렇게 이해했을 것이다. 또한 이 기념물의 역사에서 환상석렬의 조성은 그 마지막 단계로 항상 의도되었던 것일 수도 있다. 다만 이후에는 죽은 자를 묻는 공간으로 재사용되기도 했다.

어떤 측면에서는 이러한 전개 양상이 파커 피어슨과 라밀리소니아가 제안했던 것과 유사하지만, 한 가지 측면은 다르다. 왜냐하면 두 단계의 원형 구조물 사이에 명확히 알 수 없는 공백의 시간이 존재했기 때문이다. 그 시간 동안에 앞선 구조물의 흔적은 모두 제거되었고, 이 기념물의 최종 모습에 영향을 끼친 것은 인간의 기억밖에 없었다.

사용 기한이 짧은 다른 유적의 경우에도 이와 유사한 양상을 생각해 볼 수 있다. 예컨대 북부 스코틀랜드의 클라바 돌무지(Clava Cairns) 유적에서도 이와 비슷한 역사가 진행되었을 수 있다(Bradley 2000). 매크리무어의 경우, 그 기념물의 역사는 거대한 목조 기둥의 배치로 시작되었는데, 그 배치의 평면 형태를 보면 후기 신석기시대 주거지를 모델로 삼았던 것 같다. 발굴 자료 및 환경 자료를 분석한 결과, 클라바(Clava)의 발누아란(Balnuaran) 유적에는 원래 오래된 취락이 있었던 자리에 거대한 돌무지로 이루어진 매장지가 조성되었다는 것을 알 수 있다.

이 유적의 이름이 시사하듯이, 클라바의 돌무지들은 앞서 살펴본 환상목렬과는 전혀 다른 성격의 구조물이다. 가장 눈에 띄는 요소는 도넛 모양의 돌무지 및 패시지그레이브 무덤이다([그림 4.3]). 이 기념물들의 가장자리에는 환상석렬이 돌아갔는데, 그것을 구성하는 입석들은 남서쪽으로 갈수록 높아졌다. 이것은 여름에 달이 떠 있는 방향이기도 하다. 이 서로 다른 두 종류의 구조물이 어떻게 관련되어 있었는지는 명확하지 않으나, 최근의 발굴 결과를 통하여 몇 가지 해답을 얻고 있다.

클라바의 발누아란 매장지는 곡물 재배의 증거가 확인된 기존의 공터에 조성되었다. 개별 기념물 중 최소한 세 기는 재활용된 석재를 많이 이용했던 것으로 보이는데, 그중에는 장식된 석재도 있었다. 이 장식된 석재는 패시지그레이브 무덤의 내쌓기 천장에 사용되었기 때문에 조각된 이미지는 눈에 띄지 않았다. 이 석재는 어쩌면 유적에 존재했던 기존의 건축물에서 왔을 수 있는데, 클라바의 또 다른 돌무

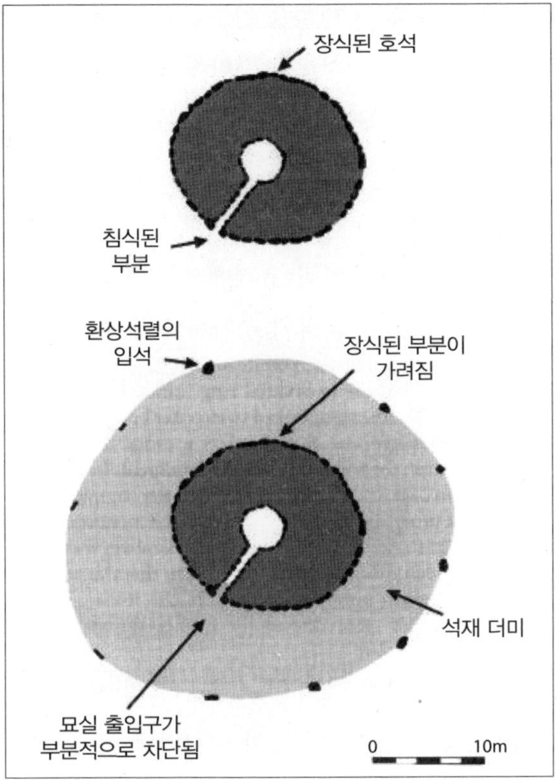

[그림 4.3] 스코틀랜드 클라바의 발누아란 유적의 북동쪽 패시지그레이브 무덤에서 확인된 구조적 전개 양상

지의 경우에는 집이 있던 자리에 그것이 조성되었음을 보여 주는 확실한 증거가 있다. 그런데 그 건물이 제거된 것은 매크리무어에서 환상목렬이 파괴된 것과 비슷한 현상으로 이해할 수 있다.

클라바의 발누아란에 조성된 돌무지 건축물들은 비슷한 종류의 다른 유적들에서도 보이는 독특한 특징을 공유하고 있다. 이것은 바로 남서쪽 방향을 강조했다는 점이다. 이 경우에는 기념물의 외곽을 표시하는 호석의 높이 차이를 통해 이 방향을 강조했다. 그런데 이렇게 될 경우에는 돌무지 건축물이 불안정해질 수밖에 없다. 왜냐하면 호석의 기반이 탄탄하지 않으면 돌무지가 자리를 잡아 가면서 가장 작은 호석들이 그 자리를 이탈할 것이기 때문이다.

이와 비슷한 성격의 건축물이 조성된 다른 유적에서는 위와 같은 현상이 나타나지만, 클라바의 발누아란 유적에서는 호석이 원래의 자리를 유지했다. 왜냐하면 호석의 외곽에 추가된 석재 더미가 그것을 받쳤기 때문이다. 호석을 세우자마자 그러한 석재 더미를 쌓았을 것이라고 예상할 수 있지만, 오히려 이 서로 다른 건축적 요소 사이에 시간적 단절이 있었음을 보여 주는 증거가 확인되었다. 즉, 개별 호석은 조각으로 장식되었는데, 석재를 외부에 쌓았다면 그러한 장식이 보이지 않았을 것이다. 또한 패시지그레이브 무덤 한 기에서는 석재 더미를 추가하기 전에 이미 출입구 주변의 지표면이 침식되어 가라앉은 사실이 확인되었다. 게다가 호석을 지탱하기 위하여 외부에 기반부를 조성했다면 묘실에 접근하는 것이 어렵거나 아예 불가능했을 것이다.

이러한 순서에서 또 하나의 중요한 요소가 되는 것이 환상석렬의 부가이다. 패시지그레이브 무덤 두 기에서는 석재 더미의 가장자리를 표시하기 위하여 이러한 환상석렬이 사용되었다. 또한 클라바의 발누아란 유적의 도넛 모양 돌무지 주변의 공터도 환상석렬을 이용해서 표시했다. 패시지그레이브 무덤의 경우에는 기념물에 대한 추가적인 건축이 진행될 때 환상석렬도 조성되었던 것으로 보인다. 즉, 묘실이 있는 적석묘가 확장되고 어쩌면 그것에 대한 접근이 차단되었을 때 그 주변으로 입석들이 원형으로 배치되었던 것으로 보인다.

이것은 우연히 일어난 발전 양상이 아니었다. 환상석렬을 이루는 입석들은 호석과 마찬가지로 그 크기에서 차이를 보이는데, 환상석렬의 개별 입석과 가장 가까이에 있는 호석은 석재의 색깔이나 모양의 측면에서 관계가 있다. 마치 처음부터 마련되었던 계획에 따라 환상석렬을 구조물 외곽에 세웠던 것으로 보인다. 도넛 모양의 돌무지 구조물의 경우에는 이러한 사실이 더 분명하게 보인다. 왜냐하면 이 경우에는 석재 둔덕이 환상석렬을 이루는 몇몇 입석과 외부 호석을 연결하고 있기 때문이다. 하나의 사례에서는 마치 방사상으로 뻗어 나온 이러한 둔덕이 기념물 내부의 석재 구간들을 분할하고 있다. 두 가지 경우 모두 환상석렬을 축조함으로써 시간에 걸쳐 진행된 하나의 계획이 완성되었던 것으로 보인다. 환상석렬을 세워 기념물의 경계를 표시함으로써 그 안에 있는 묘실에 대한 접근이 차단되었다. 이렇듯 불안정한 구조물을 유지하기 어려웠을 것임을 감안하면, 그곳에서 일어난 건축의 전개 과정은 시간적으로 아주 짧았을 것으로 보인다. 그리고 마커리무어에 세워졌던 환상석렬의 경우와 마찬가지로, 이 기념물 주변에서 후대에 매장이 이루어졌지만 그 구조는 변형되지 않았다.

클라바의 적석묘와 흔히 비교되는 또 다른 종류의 기념물에서도 이와 유사한 양상이 확인되었다. 북동부 스코틀랜드에서는 누워 있는 입석이 포함된 환상석렬(recumbent stone circle)이 발견되는데, 그것은 세 가지 요소로 특징지어진다(Burl 2000: 12장). 앞서 설명한 유적에서 보이는 것과 마찬가지로, 도넛 모양의 돌무지가 있고 그 주변에는 높이가 다른 입석들로 이루어진 환상석렬이 돌아간다. 이 경우에도 기념물은 남서쪽을 향하고 있으며, 개별 입석들은 그쪽으로 갈수록

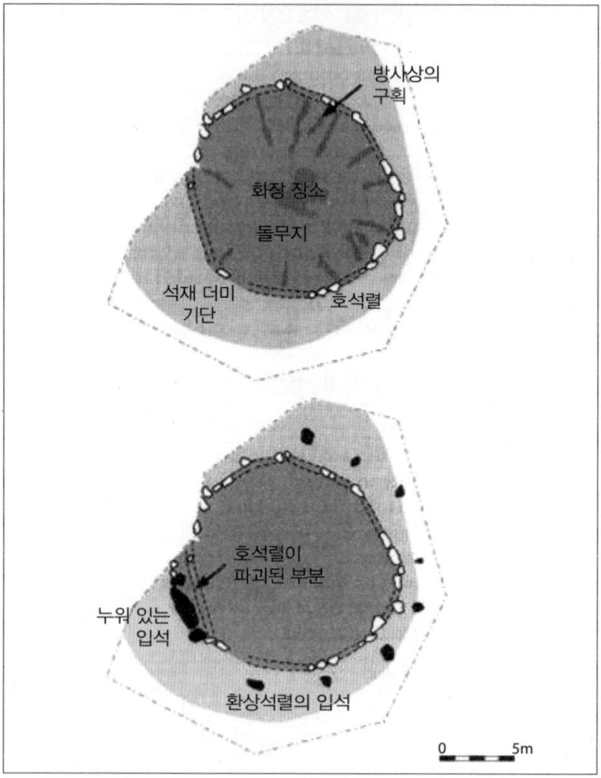

[그림 4.4] 스코틀랜드 톰나베리의 누워 있는 입석이 포함된 환상석렬의 건축 단계

높아진다. 하지만 큰 차이는 가장 높은 두 개의 입석이 가로로 누워 있는 거대한 석재의 양쪽에 서 있다는 점이다. 이러한 유적 중 하나인 톰나베리(Tomnaverie)를 발굴한 결과, 클라바의 발누아란 유적에서 보였던 것과 아주 유사한 전개 양상이 확인되었다(Bradley et al. 2000)([그림 4.4]).

이 유적의 경우, 전개 양상의 시작점은 취락보다는 화장이 진행된 장소였다. 그곳은 나지막한 산등성이의 가장자리 부근의 눈에 띄는 곳에 있었다. 그 화장 자리 주변으로는 거대한 기단이 조성되었다. 하지만 화장 자리는 구릉의 표면이 불룩 튀어나온 곳에 위치해 있었으므로 여전히 노출되어 있었다. 클라바의 발누아란 돌무지와 마찬가지로, 돌무지 주변에는 호석이 돌아갔고 석재 더미를 이용해서 그것을 보강했는데, 이 두 가지 건축 요소는 동시에 조성된 것이다. 이 돌무지에서는 방사상의 구획이 확인되는데, 그 구획선들은 내부의 지점과 외부의 호석을 연결했다. 그 결과, 화장이 진행된 장소가 더 부각되었고 구릉 정상부의 평평한 표면은 남서쪽으로 확장되었다. 그곳에서는 30km 떨어진 로크나가르(Lochnagar)라는 먼 산을 바라볼 수 있었다.

다른 유적에서와 마찬가지로 톰나베리에서 진행된 마지막 건축 단계는 환상석렬의 축조였다. 이러한 환상석렬은 돌무지를 둘러쌌고, 앞서 언급한 거대한 가로 입석은 호석의 자리를 고정시킨 석재 더미 위에 올려졌다. 또한 환상석렬 중 가장 높은 두 개의 입석과 석재 더미 기단이 이어지도록 기단의 일부가 새로 지어졌다. 이로써 기념물 위에서 보이는 경관은 더 좁은 지점에 집중되었는데, 한 세대마다 나타나는 달의 위치가 그 초점이 되었던 것으로 보인다.

톰나베리에서의 전개 양상 역시 이미 정해진 계획을 따랐던 것으로 보인다. 따라서 각 단계마다 지속적으로 진행된 기념물의 사용 및 축조는 그곳에서 진행된 제의의 중요한 요소였을 수도 있다. 그 화장 자리는 무작위적으로 선택된 것이 아니었다. 왜냐하면 그곳은 구릉 정상부에서 로크나가르 위로 달이 지나가는 것을 볼 수 있는 유일한 지점이었기 때문이다. 그리고 돌무지의 축조는 그러한 방향을 강조했으며, 구릉 정상부의 지표면을 남서쪽으로 확장하는 역할을 했다. 돌무지의 구조는 그 주변에 환상석렬이 돌아갈 것이라는 사실을 인지한 상태에서 정해졌던 것으로 보인다. 호석 중에서 가장 직선적이고 긴 부분이 있던 지점은 나중에 환상석렬 중 가로로 세워진 입석과 그 양쪽의 가장 높은 두 개의 입석이 있던 자리이기도 했다. 또한 돌무지가 축조될 당시에 이미 조성된 방사상 모양의 구획선들은 나중에 환상석렬의 입석들이 세워질 곳을 향했다. 따라서 이러한 작업이 연속적으로 이루어졌다고 주장하는 것이 쉬운 해석이지만, 그러한 가능성은 없다. 환상석렬을 세우기 위해서는 호석의 상당 부분을 파괴해야 했고, 다른 방식의 재건이 필요했다. 따라서 이 과정은 일정한 기간에 걸쳐 일어났던 것으로 보인다. 이 기념물의 방향이 18.5년마다 달이 나타나는 지점이기도 하다는 사실은 그 기념물에서 중시되었던 시간적 주기를 시사하는 것일 수 있다(Ruggles 1999: 5장, 212-5[1]).

이번 절에서 살펴본 다른 유적들의 경우와 마찬가지로, 톰나베리에서는 환상석렬의 축조로 기념물의 전개 과정이 종결되었다. 하지만 나중에는 그 주변에 무덤이 조성되기도 했다. 세 가지 사례에서 살펴본 모든 기념물은 처음부터 정해진 계획에 따라 축조가 이루어졌던 것으로 보인다. 따라서 그 이후 계속 추가된 구조물들은 정해진 시간 동안에 진행되었던 일련의 제의적 행위에서 모두 제 역할을 했던 것으로 보인다. 어쩌면 다른 유적들에서도 이러한 주기가 반복되었을 수 있다. 하지만 지금으로서는 추측에 불과하다. 아무튼 환상석

1 영문 원서의 참고문헌에는 "Ruggles 1999"의 서지사항이 빠져 있어서, 옮긴이가 추가하도록 하겠다. Ruggles, C., 1999, *Astronomy in Prehistoric Britain and Ireland*, New Haver, Conn: Yale University Press.

렬이 축조됨으로써 살아 있는 사람들은 기념물을 더 이상 사용할 수 없게 되면서 그 계획이 끝났던 것일 수 있다.

아오스타

또 다른 경우에는 건축의 전개 과정이 훨씬 더 오랜 기간에 걸쳐 이루어져, 후속 세대가 따라야 했던 절차를 규정하기 어려웠을 수도 있다. 제2장에서는 프티샤쇠르 유적에서의 독특한 고고학적 전개 양상을 살펴보았다. 이번 절에서는 북부 이탈리아의 아오스타(Aosta)에서 확인된, 상당히 유사한 성격의 증거에 대하여 논의해 보도록 하겠다(de Marinis 1995; Mezzena 1998b).

프티샤쇠르 유적의 경우와 마찬가지로 아오스타 유적은 보존 상태가 양호한데, 이는 고고학적 층위가 두텁게 퇴적되었기 때문이다. 또한 일련의 방사성탄소연대 측정치도 확보되었지만 그 연대가 항상 층위적 순서와 일치하지는 않는다. 따라서 일치하지 않을 경우에는 발굴자의 층위적 해석을 따르도록 하겠다(Mezzena 1998b). 기념물들은 북동쪽에서 서남쪽으로 이어지는 나지막한 구릉에 걸쳐 조성되었는데, 이것은 매우 중요한 의미를 갖는다. 북동-남서는 이곳에 조성된 기념물들이 따르는 장축 방향이기도 하다. 기념물들은 이곳에서 기원전 3000년에서 2000년까지 거의 1,000년 동안 조성되었다.

이 유적의 역사 중 이른 단계에서는 스코틀랜드의 기념물들과 아주 유사한 양상이 확인된다([그림 4.5]). 아오스타에서 가장 이른 구조물은 거대한 목조 기둥렬로, 그 기둥이 박혀 있던 주혈의 바닥에는

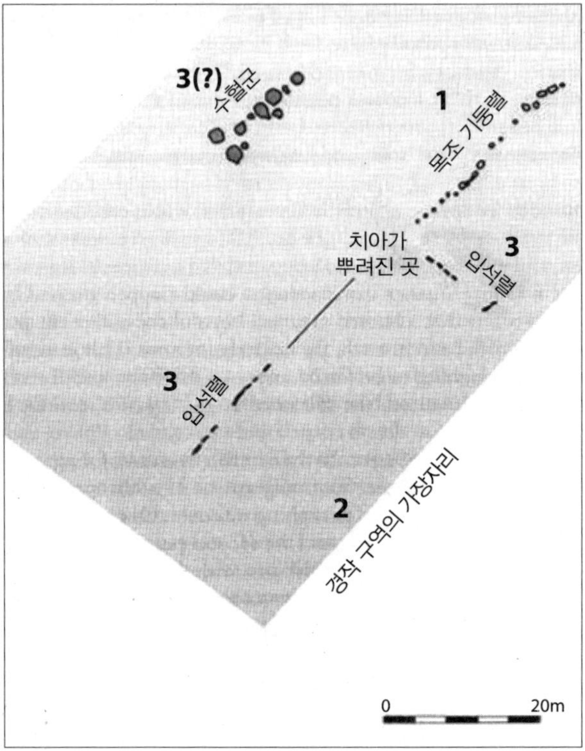

[그림 4.5] 북부 이탈리아 아오스타 유적 기념물의 원래 배치도
출처: Mezzena (1998b)

돌들이 가득 차 있었다. 이 기둥렬은 지형의 굴곡을 다소 따라가면서 북동에서 남서로 이어지는 연속된 두 개의 호선 모양을 이루었다. 이 목조 기둥들은 꽤 오랜 시간에 걸쳐 세워졌던 것으로 보이지만 이것을 입증할 방법은 없다. 이와 관련된 방사성탄소연대 측정치들을 보면 확실히 오랜 시간에 걸쳐 분포한다. 그 연대들은 두 개의 군집을 형성하고 있는데, 그러한 군집 양상은 어떤 실험실에서 방사성탄소연대를 측정했는지에 따라 결정된 것으로 보인다. 주혈의 바닥에서

는 일련의 매납품이 발견되었는데, 개와 소의 두개골도 확인되었다. 톰나베리의 환상석렬과 마찬가지로 이 목조 기둥렬은 달을 향했을 수 있다. 아무튼 그렇게 조성된 축은 이후 아오스타에서 세워진 모든 후대의 건축물에 영향을 끼쳤다. 목조 기둥의 원래 형태가 어떠했는지는 알 수 없다. 하지만 이후에 조각상 모양의 입석들이 이 목조 기둥렬에서부터 이어져 나갔다는 사실로 미루어 볼 때, 목조 기둥은 원래 인물상의 모습을 띤 형태로 조각되었을 가능성을 생각해 볼 수 있다.

이러한 명백한 관계에도 불구하고 목조 기둥렬과 입석렬 사이에는 직접적인 연속성을 상정할 수 없다. 매크리무어에서 발굴된 구역과 마찬가지로, 아오스타 유적 전체에 걸쳐 쟁기질이 이루어졌던 것으로 보인다. 이 과정에서 목조 기둥의 흔적이 일부 제거되었는데, 이러한 작업은 입석이 세워지기 전에 이루어졌던 것으로 보인다. 경작은 거의 전 지역에 걸쳐 진행되었다.

이러한 경작 구역이 특별한 의미를 가졌을 것으로 보는 이유가 있다. 경작 구역은 기존 목조 기둥렬의 일부를 침범하지 않았고 장축 방향을 따랐지만, 또 다른 구역에서는 목조 기둥렬을 파괴하기도 했다. 이러한 쟁기질은 가장 이른 시기의 목조 기둥보다 250년 뒤에 이루어졌는데, 쟁기질은 이후에 세워질 석조 구조물의 터를 조성하는 작업이 되기도 했다. 근처에 취락이 있었다는 증거가 없는 만큼, 유적에 대한 이러한 변형은 추가적인 건축을 진행하기에 앞서 그곳을 정화시킬 목적을 가지고 있었을 수 있다. 이러한 시각을 가지게 된 이유 중 하나는 목조 기둥렬이 끝난 곳 너머의 한정된 공간에서 사람의 치아, 특히 송곳니를 씨앗처럼 '뿌린' 양상이 확인되기 때문이다. 여기에서 확인된 쟁기질의 흔적은 이탈리아에서 발견된 쟁기질의 가장 이른 증거이기도 한데, 이처럼 이빨이 공반되는 양상으로 미루어 보아 — 참고로 이러한 점은 아이손(Jason)에 관한 고전기 신화[2]를 떠올리게 한다 — 쟁기질 현상은 실용적인 관점에서 접근하기 어렵다.

아오스타 유적의 그다음 발전 단계 역시 스코틀랜드의 증거를 떠올리게 한다. 왜냐하면 목조 구조물이 석조 구조물로 대체되었기 때문이다. 경작 단계가 끝나자 사람의 형상을 한 입석들로 이루어진 두 개의 입석렬이 조성되었다. 첫 번째 입석렬은 목조 기둥렬이 서 있던 자리에 이어서 조성되었고, 두 번째 입석렬은 이것과 직각을 이루며 조성되었다. 두 입석렬이 만나는 지점은 사람의 치아가 뿌려진 장소이기도 했다. 이 입석들의 연대와 관련해서는 일련의 문제점이 있어서, 입석렬이 한꺼번에 조성되었는지 아니면 순차적으로 조성되었는지 알 수 없다. 그런데 이웃하는 한 쌍의 입석은 그 조각된 장식이 너무 유사하여 이미 정해져 있던 큰 계획에 따라 입석들이 제작되었을 가능성을 생각해 볼 수 있다. 한편 또 다른 세 개의 입석들은 동일한 기단부 구 시설물 안에 세워졌었다. 앞서 존재했던 목조 기둥렬과 달리 입석들 주변에서는 그 어떠한 매납 유구도 발견되지 않았다. 반면 입석렬의 조성과 더불어 두 개의 기단 구조물이 조성되었는데, 그중 하나의 아래에서는 인골이 확인되었다.

이 유적의 또 다른 구역에서는 열을 이루는 수혈군이 발견되었다. 이 한 줄의 수혈은 주된 입석렬과 평행하게 조성되었고, 또 다른

---

2 아이손은 황금양털을 찾으러 다니던 그리스 신화의 주인공 중 하나이다. 황금양털을 소유하고 있던 콜키스(Colchis)의 왕 아이에테스(Aeëtes)가 대지에 뿌린 용의 이빨로부터 싹튼 병사들을 쓰러뜨리면 황금양털을 주겠다는 약속을 한 사건이 이 신화에 포함되어 있다.

입석렬이 직각으로 뻗어 나가는 지점의 정반대편에 있었다. 그 수혈군의 연대는 다소 불투명하지만, 수혈들이 경작층을 파괴했던 것만큼 입석 중 이른 시기의 것들과 아마 동시대였을 것이다. 각각의 수혈은 아주 의도적인 형태로 메워졌는데, 두 개의 서로 다른 토양층이 교차하는 양상이 포착된다. 또한 그 안에서는 탄화된 곡물 잔해 및 반복적으로 등장하는 유물들이 확인되는데, 그중에는 갈판도 있었고 아주 눈에 띄는 한 쌍의 독특한 자연석도 있었다. 이 한 쌍의 자연석은 맨들맨들한 동그란 조약돌 하나와 다각형 혹은 삼각형의 모양을 가진 납작한 편암 하나였다. 이 둘은 인공 유물은 아니지만 계속 반복적으로 출토되고 있으므로, 그 패턴은 의미 있는 것으로 생각된다. 납작한 편암재의 경우에는 입석과 그 석재가 동일하기 때문에 종종 입석의 소형 버전인 것으로 이해되기도 한다. 만약 그것이 사실이라면, 우리는 이러한 석재 파편을 조심스럽게 매납한 행위를 조각 장식된 입석의 축조나 그것을 끌어내린 행위와 연결시킬 수 있다.

이와 관련해서 새롭게 강조해야 할 사항이 있다. 기존의 배치 양상을 정화시킨 쟁기질에도 불구하고 주된 입석렬은 앞서 조성되었던 목조 기둥렬의 경로를 그대로 이어 나갔다. 이로써 아오스타 유적에 원래 서 있었던 기념물에 의해 강조된 달의 방향이 지속되었을 수 있다. 앞서 언급한 수혈들의 열상 배치도 마찬가지이다. 한편 각 건축 단계마다 특화된 양상으로 매납이 이루어졌다. 목조 기둥 아래에는 소의 두개골, 경작 구역에서는 사람의 이빨, 그리고 조각된 입석의 기단부에는 인골이 매납되었다. 농경과 관련된 상징적 의의가 중요했음이 명백해진다. 이 유적에서 일어난 경작 행위와 그다음 단계에서 이루어진 갈판과 곡물의 매납은 서로 관련이 있을 것이다.

그렇다면 이 유적에서 조각 장식된 입석들은 어떻게 조직되어 있었는가? 그것들은 두 개의 열을 형성했는데, 개별 입석의 이미지들은 모두 같은 곳을 향하고 있어서 마치 하나의 스크린과 같은 역할을 했다. 이 입석들이 처음에 조각되었을 때에는 대체로 사람과 비슷한 크기였고 색도 아주 밝았을 것이다. 그것들은 모두 사람의 형상을 하고 있었는데, 남자와 여자는 구분되지 않으나 옷의 모습이나 묘사된 유물상을 바탕으로 두 종류의 입석 조각군을 구분할 수 있다. 그것들은 종종 변형되기도 했는데, 이로써 개별 입석들이 꽤 오랜 시간 동안 서 있었을 가능성을 생각해 볼 수 있다. 아오스타에서는 서로 다른 두 종류의 조각 양식이 확인되는데, 각각의 양식으로 확인할 수 있는 장신구와 무기가 묘사되었다. 그것들을 비교한 결과는 더 화려하게 조각된 입석이 좀 더 후대에 속할 것이라는 견해를 뒷받침한다.

입석 조각들은 그것들이 세워진 이후에 하나의 공통된 역사를 가지게 되었다. 그것들은 의도적으로 훼손되었다. 특히 어깨와 머리 부분이 훼손되었고, 그런 다음에는 끌어내려졌다. 구멍에서 입석을 뽑아 버릴 수도 있었지만 사람들이 그것을 지표면 높이에서 절단시키는 바람에 입석의 하단부는 제자리에 남게 되었다. 입석을 끌어내린 자리 주변에는 그 잔해들이 종종 남아 있었다. 이 유적의 늦은 단계에 들어와서는 많은 입석편이 재사용되었다. 하지만 보고자는 입석 하단부의 경우에는 원래의 배열에 대한 기억을 보존할 목적으로 그 자리에 두었다고 주장한 바 있다.

입석 조각상의 파편들은 이 유적에 조성된 매장 기념물에 사용되었다([그림 4.6]). 그중에서 가장 크고 눈에 띄는 것은 프티샤쇠르 유적에서 확인된 것과 유사한, 아주 나지막한 삼각형의 돌무지를 가진

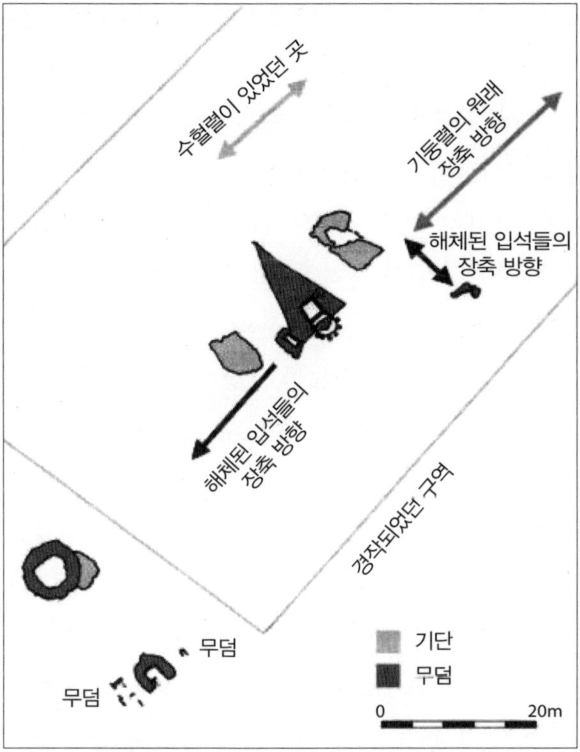

[그림 4.6] 북부 이탈리아 아오스타 유적의 기념물에 대한 변형
출처: Mezzena (1998b)

거석 무덤이다(Gallay 1995). 아오스타에서는 이 거석 무덤이 주된 입석렬의 축을 따르고 있으며, 그 위치는 입석렬과 관련이 있는 것으로 보이는 두 적석 기단부의 중간 지점이다. 이 외에도 네 기의 무덤이 또 있었는데, 대체로 원형인 두 기는 이와 같은 단계에 축조되었으나 그 구조는 그다지 잘 보존되지 않았다. 이 무덤들 중 가장 큰 것은 조각된 입석들로 이루어진 주된 입석렬, 두 기의 기단, 그리고 삼각형 적석묘에 의하여 조성된 장축 방향을 따랐으나, 나머지 무덤들은 이

계획에서 이탈했다. 한편 이 작은 분묘군의 경우에는 경작 구역 밖에 있었다. 이 모든 기념물들은 기원전 3000년이 끝날 무렵으로 편년되며, 삼각형의 적석묘에서는 벨비커토기가 나왔다. 새로 축조된 기념물 중 세 기에서 입석 조각상의 석재를 재활용한 현상이 확인된다.

아오스타 유적의 마지막 단계에 들어와서는 거대한 규모의 석관묘 세 기가 축조되었는데, 그것들은 쟁기질이 이루어진 구역 내에 있었다. 각각의 석관묘는 기존에 세웠던 기념물과 직접적으로 연관되어 있는데, 석관묘 두 기는 삼각형 적석묘와 맞닿아 있고, 나머지 석관묘 한 기는 입석렬 중 짧은 것의 장축을 따라 서 있다. 이 기념물들의 축조 시기 역시 기원전 3000년 말에 해당하며, 앞선 입석 조각상들의 석재를 재활용했다. 여기에서 흥미로운 사항 중 하나는 석관묘 조성의 마지막 단계에 들어오자 앞서 의도적으로 화려하게 조각된 석재 대신 오래된 입석 파편이 재사용되었다는 점이다.

앞서 살펴본 스코틀랜드의 환상석렬 세 기는 건축물의 전개 과정이 미리 정해진 사례를 보여 주고 있다. 그것들은 이미 정해진 일련의 과정들을 통과했고, 그 과정들이 끝나면서 완성되었다. 각각의 경우 환상석렬을 세움으로써 기념물의 역사가 끝났던 것이다. 각 기념물이 어떤 식으로 발전해야 하는지에 대한 명확한 지침이 있었고, 처음부터 그 지침에 따라 기념물이 축조되었던 것으로 보인다. 이러한 계획에서부터 크게 벗어나지 않았으며, 각각의 단계는 비교적 짧은 기간 후에 끝났다.

반면 아오스타는 이와는 다른 사례를 보여 준다. 스코틀랜드의 기념물들이 오랫동안 사용되지 않았던 것과 달리, 이 유적의 역사는 1,000년에 걸쳐 있다. 이 1,000년의 기간 동안 몇 가지 요소들은 존중되었다. 기념물들은 대체로 북동에서 남서로 이어지는 장축 방향을 따라 배치되었는데, 이것은 달의 위치와 관련이 있을 수 있다. 지형의 형상에 따라 조성된 것이기도 한 이 장축 방향을 따라 원래의 목조 기둥렬, 주된 입석렬, 갈판이 매납된 수혈들, 그리고 거석 무덤이 배치되었다. 게다가 이러한 장축 방향은 목조 기념물이 입석렬로 전환되기 전에 이루어졌던 쟁기질을 통해서도 재확인되었다. 이러한 관찰 사항을 지나치게 강조할 필요는 없다. 왜냐하면 다른 한편으로 건축 단계의 말기에 가서는 기존의 관습이 와해되기 시작했기 때문이다. 이른 단계의 거석 무덤군의 경우에는 무덤 두 기만이 이 유적의 원래 배치를 따르고 있다. 또한 그것을 이루는 다섯 기의 기념물 중 네 기는 쟁기질이 이루어진 구간 밖에 위치해 있다. 그다음으로 이어진 단계에는 세 기의 기념비적 석관묘가 아오스타에 세워졌는데, 그 중 한 기만이 이 유적의 원래 배치를 따르고 있다. 이 한 기의 석관묘는 입석렬의 진행선을 따라 세워져 있었던 반면, 나머지 두 기는 삼각형 적석묘와는 관련되어 있으나 앞선 시대의 기념물과는 관련이 없었다. 어쩌면 이 시기에 이르자 사람들이 이 유적의 역사를 더 이상 이해하지 못했던 것일 수도 있다. 프티샤쇠르 유적에서도 오래된 조각 입석 파편들이 일련의 무덤에 사용되었는데, 이 경우에는 석재 재사용의 순서가 조각 장식된 입석의 제작 순서와 일치했다. 즉, 가장 오래된 입석의 파편이 가장 먼저 후속 기념물에 재사용되었고, 가장 늦은 입석의 파편이 그다음 단계의 건축물에 사용되었다. 그런데 아오스타에서는 정반대의 상황이 일어났다. 가장 최신의 입석 조각에서 나온 석재가 먼저 활용되었고, 가장 오래된 입석 조각에서 나온 석재가 가장 마지막에 조성된 기념물을 축조하는 데 사용되었다. 어

[표 4.1] 메제나(Mezzena 1998b)가 설정한 아오스타 유적의 고고학적 전개 과정

단계	주된 구조물	과거와의 관계
1	목조 기둥렬 한 줄 (원래 조각 장식?)	목조 기둥렬의 장축 방향이 달의 위치를 향함
2	경작 및 사람의 치아를 뿌림	경작 구역의 장축 방향이 목조 기둥렬의 장축 방향을 따름
3	입석 조각상들을 세움	입석렬 중 하나가 목조 기둥렬의 장축 방향을 이어 나감
3(?)	수혈 조성	수혈이 입석렬과 평행하게 조성됨
4	입석 훼손 및 철거, 입석 파편을 무덤에서 재사용	일부 무덤이 유적의 원래 장축 방향에서 이탈함. 매장지는 앞서 경작되었던 구역을 벗어남. 입석의 재활용 순서가 그것의 제작 순서와 일치하지 않음

1–3단계에 나타난 과거를 참고한 행위와 4단계에 들어와 나타난 원래의 계획에서 벗어난 양상을 강조하고 있다.

쩌면 이것은, 마치 끌어내린 입석들의 하단부를 조심스럽게 보존했던 것과 마찬가지로 입석 상들의 역사를 명백히 환기시키는 행위로 이해할 수도 있다. 그러나 한편으로는 이 유적에서의 기념물 배치가 가지고 있던 의도가 망각되었던 것일 수도 있다([표 4.1]).

필자가 여기에서 기념물의 전개 과정을 프티샤쇠르 유적의 전개 과정과 비교했던 이유는 그 두 유적의 성격에서 명백한 유사점이 있기 때문이다. 하지만 다른 측면에서 볼 때 그것들은 서로 다르다. 프티샤쇠르는 입석 조각의 재활용이 끝난 이후에도 전기 청동기시대까지 여러 가지 방식의 이차 매장을 위해 사용되었다(Gallay 1995). 어찌 보면 이러한 유적의 형성을 가져 왔던 관념들이 더 이상 힘을 발휘하지 못하게 되었던 것일 수 있다. 반면 아오스터에서는 기념물들의 원래 디자인이 와해된 후에는 이 유적을 더 이상 사용하지 않았다. 프

티샤쇠르에서는 이러한 훼손 이후의 단절이 다른 방식으로 표현되었다. 그곳은 여전히 중요한 역할을 했는데, 다만 이제는 여러 개의 청동기시대 매장지 가운데 하나에 불과했다. 그래서 유적 역사의 앞부분은 그것을 사용한 사람들에게 중요하지 않았던 것으로 보인다. 이것은 그 역사가 더 이상 기억되지 않았기 때문일 수 있지만, 프티샤쇠르에서 일어난 후대의 활용 자체가 중요성에 대한 또 다른 관점을 반영하는 것일 수도 있다. 즉, 의도적인 재해석의 과정을 통해서 앞선 시대의 중요성을 인식했던 것일 수 있다. 필자는 이제 북서부 프랑스의 신석기시대 기념물을 다루면서 이 두 가지의 서로 다른 가능성을 좀 더 살펴보도록 하겠다

카르나크

이 절의 내용은 제2장에서 필자가 논의한 조각 장식된 입석과 거석무덤 간의 관계와 관련이 있다. 필자가 앞서 살펴보았던 것은 남부 브르타뉴 지방의 가장 이른 시기의 기념물인 입석, 세장방형 봉분묘, 그리고 패시지그레이브 무덤이었다. 이제는 더 긴 시간에 걸친 그곳에서의 전개 양상을 살펴보도록 하겠다.

이 사례 연구에서는 지역 전체의 고고학 자료를 다루기보다는 모르비앙의 카르나크 주변의 한정된 지역을 다루도록 하겠다. 왜냐하면 바로 이곳에서 이런 기념물들이 가장 높은 밀도로 나타나기 때문이다. 물론 이러한 현상은 어느 정도 왜곡된 측면이 있을 수 있다. 대부분의 유적들은 이제는 바다에 잠긴 넓은 지역을 내려다보는 높은

지대에 위치해 있다. 저지대의 유적들 중에는 에르 라니크(Er Lannic)의 유명한 입석군(Le Rouzic 1930)처럼 부분적으로 물에 잠긴 유적들도 있지만, 저지대에도 거석 기념물이 높은 밀도로 분포했는지는 알 수 없다. 이 기념물의 축조가 집중된 곳은 내륙의 구역인데, 그 구역의 남쪽 경계선은 네 개의 입석 배치로 표시되었다(Bailloud et al. 1995).

이 지역에는 아주 다양한 종류의 기념물들이 존재하지만, 고고학 자료의 측면에서는 그 편년을 확정하기 어렵다. 왜냐하면 최근까지도 서로 다른 기념물들은 별개로 다루어져 왔기 때문이다. 그리하여 각 기념물마다 형식 분류와 편년이 개별적으로 이루어졌다. 이제는 그렇지 않지만, 경관 내에서 고고학 자료를 통합적으로 논의하는 것은 여전히 흔치 않은 일이다. 이것은 참으로 안타까운 상황일 수밖에 없다. 왜냐하면 더 큰 지역 단위에서 개별 건축물 사이의 관계를 살펴보아야만 많은 문제들이 해결될 수 있기 때문이다. 또한 이렇게 해야 새로운 기념물의 축조와 사용을 이 지역의 앞선 역사와 관련해서 연구할 수 있다. 아오스타에서 일어났던 것과 마찬가지로, 이 기념물들의 사용 방식을 규정하려는 의도가 있었을지라도, 이후의 후속 세대가 과거 기념물을 어떻게 해석하는지는 규정할 수 없었을 것이다.

카르나크 지방에서 관찰된 기념물들의 종류는 입석, 세장방형 봉분묘, 그랑투물루스 무덤(*grands tumulus*), 패시지그레이브 무덤, 인클로저 시설, 그리고 석렬 등으로 무척 다양하다(Bailloud et al. 1995). 이 중에서 서로의 층위적 관계가 명백한 경우는 드물며, 신뢰할 수 있는 방사성탄소연대 측정치가 있는 경우는 더 드물다. 이러한 엄청난 다양성 때문에 이곳에서 기념물이 축조된 전개 과정은 가히 폭발적이었다. 카프카의 「만리장성」에도 나와 있듯이, 서로 다른 기념물들이 가지게 된 의미는 그것을 처음 축조했던 사람들의 의도를 벗어났을 것이다.

이러한 전개 과정 중 앞선 시기의 것에 대해서는 이미 살펴보았으므로, 이제는 이러한 전개 과정을 좀 더 자세히 살펴보기로 하겠다. 필자는 제2장에서 남부 브르타뉴 지방에서 조각 장식된 입석이 가장 이른 시기의 세장방형 봉분묘와 체계적으로 연관되어 있으며, 그것의 파쇄된 파편들이 종종 패시지그레이브 무덤의 석재로 사용되었음을 확인하였다. 대서양 유럽의 다른 지역에서도 비슷한 현상이 보이는 만큼, 이것을 동쪽에서 온 정착 농경민 집단과 토착 수렵-채집민 집단 간 갈등의 결과로 보기는 어렵다고 했다.

이제는 두 가지 다른 종류의 증거를 살펴볼 필요가 있다. 우선 전기 세장방형 봉분묘 중 일부는 그 규모가 더 확장되어 카르나크 지방의 독특한 건축적 요소가 되는 그랑투물루스 무덤을 형성했을 것이다([그림 4.7]). 이것이 언제 이루어졌는지에 대해서는 논란이 있다(Patton 1993: 5장; Boujot & Cassen 1998). 하지만 이러한 봉분묘의 측면에 맞닿아 패시지그레이브 무덤이 축조되기 이전에 이러한 전환이 완성되었을 것이다. 두 번째 문제는 로크마리아케르(Locmariaquer)에서 토축 구조물 옆에 서 있던 석렬에 의해 발생한다. 이 석렬의 입석들은 하나만 제외하고 모두 '라타블데마샹(La Table des Marchand)'이라 불리는 패시지그레이브 무덤이 그 지점에 축조되기 전에 제거되었다. 그럼에도 불구하고 이 지역의 석렬들은 모두 후기 신석기시대로 편년되었다. 그러나 이것은 만족스럽지 못한 해석이다. 왜냐하면 르 피에르 드루아(Les Pierres droits)라고 불리는 또 다른 입석 배치에서는

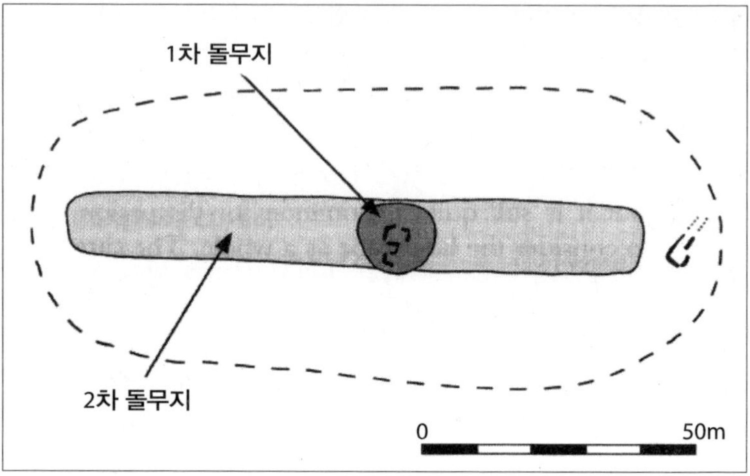

[그림 4.7] 브르타뉴 카르나크의 투물루스 생 미셸에서 확인된 건축 순서
점선은 봉분의 최종적 범위를 나타낸다.
출처: Le Rouzic (1931)

전기 신석기시대에 해당하는 방사성탄소연대 측정치가 확보되었기 때문이다(Lecerf 1999). 따라서 이러한 입석렬의 축조는 아주 오랫동안 지속된 전통이었던 것으로 보인다.

카르나크 지역의 아주 눈에 띄는 요소는 바로, 한때 해안가 평원이었던 곳을 내려다보는, 높은 고지대에 높은 밀도로 분포하는 다양한 종류의 기념물들이다. 이 분포 범위의 남쪽 경계를 따라 네 기의 입석렬이 서 있는데, 그것들은 두 계곡 사이의 높은 지대를 관통하고 있다([그림 4.8]). 물론 예외적인 경우도 있지만, 대부분의 기념물들은 지형을 구분하는 이 경로를 따라서 혹은 그것의 북쪽에서 발견된다. 카르나크의 이러한 입석렬들을 통하여 다른 기념물과 비교·분석이 가능하다(Bailloud et al. 1995).

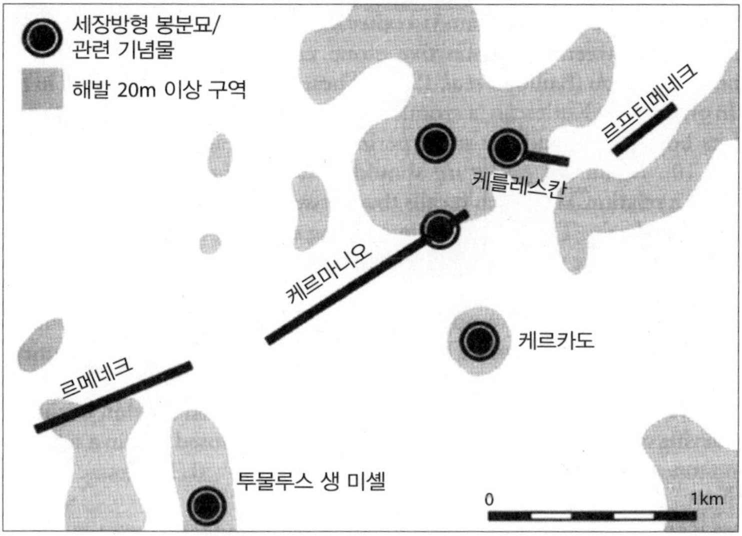

[그림 4.8] 카르나크 석렬의 배치 양상
석렬과 고지대의 관계, 그리고 석렬과 세장방형 봉분묘 및 관련 기념물과의 관계를 나타낸다. 케르카도의 패시지그레이브 무덤도 표시된다.
출처: Bailloud et al. (1995)

이 입석렬들은 세장방형 봉분묘 및 조각 장식된 입석이 분포하는 구역의 남쪽 한계선을 표시하고 있을 뿐만 아니라, 두 기념물을 활용하기도 했다. 예를 들어 케르마니오(Kermanio) 석렬의 장축 방향은 르 마니오(Le Manio)라고 불리는 기존 세장방형 봉분묘의 장축 방향을 이어 오고 있으며, 후자가 전자의 경로에 포함되어 있다([그림 4.9]). 게다가 이 입석렬은 이미 그 자리에 존재했던 조각 장식된 입석도 포함하도록 배치되었다. 케를레스칸(Kerlescan) 석렬의 경우에도 세장방형 봉분묘의 장축 방향을 이어 나가고 있지만 그 둘이 겹쳐 있지는 않다. 또한 이 석렬의 분포 범위 너머에는 동일한 장축 방향을 가진 또 하나

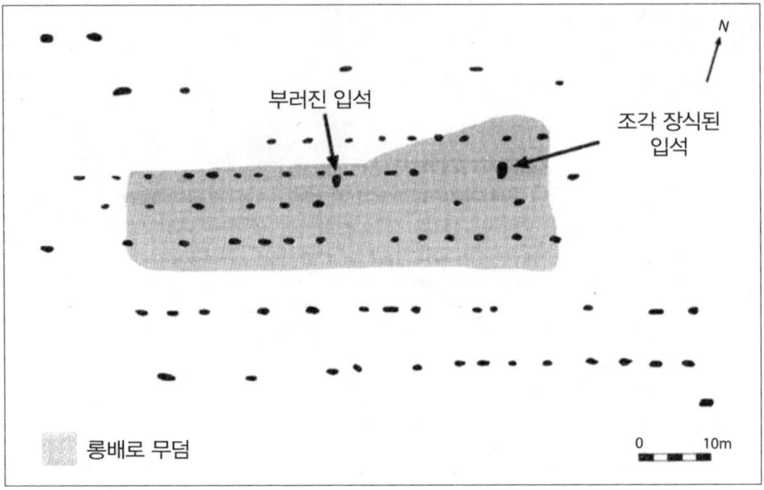

[그림 4.9] 브르타뉴 르마니오에서 보이는 조각 장식된 입석을 포함하는 세장방형 봉분묘와 후대의 석렬 배치의 관계
출처: Bailloud et al. (1995)

의 석렬이 서 있다. 르마니오 유적에서의 전개 양상을 보면 이러한 세장방형 봉분묘가 가장 먼저 축조된 기념물이었고, 석렬이 축조됨으로써 그 독특한 형상이 더 거대한 규모로 강조되었음을 알 수 있다. 이와 비슷한 방식의 설명을 통하여 그랑투물루스 무덤의 축조도 설명할 수 있다. 왜냐하면 이들 중 일부는 거대하게 확장된 롱배로 무덤이기 때문이다. 투물루스 생 미셸(Tumulus St Michel)은 카르나크 석렬들의 남쪽에 있으며, 르메네크(Le Ménec) 석렬을 내려다보고 있다(Le Rouzic 1932). 그 두 개의 건축물은 대체로 평행하게 배치되었다. 발굴 결과, 이 그랑투물루스 무덤의 봉분은 눈에 덜 띄는 롱마운드 혹은 테르트르튀밀레어(*tertres tumulaires*) 무덤 위에 축조되었음을 알 수 있다.

카르나크에 존재하는 대표적인 석렬 유적 네 곳인 케르마니오,

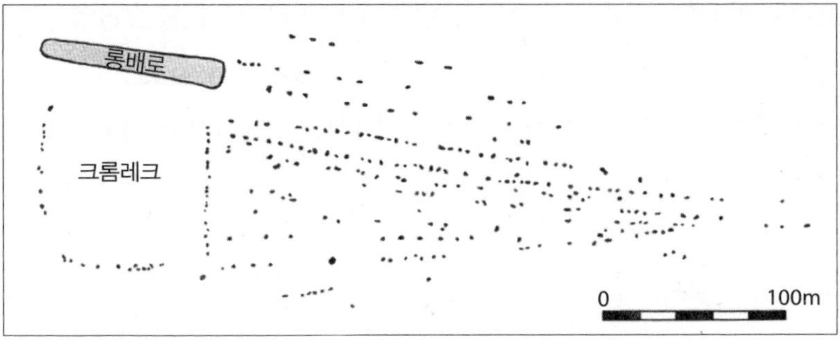

[그림 4.10] 카르나크의 케를레스칸에서 보이는 롱배로 무덤, 크롬레크 시설, 그리고 석렬 배치의 관계
출처: Bailloud et al. (1995)

케를레스칸, 르메네크, 그리고 르프티메네크(Le Petit-Ménec)의 구조물은 각각 다른 종류의 기념물과 직접 연관되어 있다. 그것들은 아마도 크롬레크(*cromlechs*)라고 불리는 석축 인클로저 시설들을 연결했던 것으로 보인다(Bailloud et al. 1995). 이 시설물은 두 가지 방식으로 편년될 수 있다. 첫 번째로 케를레스칸 유적에서는 기존의 테르트르튀밀레어 무덤이 크롬레크의 한쪽 변으로 사용되었고, 인클로저의 석축 담장은 이 세장방형 봉분묘의 양쪽 끝에 맞닿도록 축조되었다([그림 4.10]). 이 경우에도 인클로저의 연대는 토축 기념물의 축조 이후로 볼 수 있다. 그런데 이러한 편년적 관계는 르마니오 유적의 석렬과 세장방형 봉분묘의 관계를 떠올리게 한다. 발굴이 아주 부실했던 에르 라니크(Er Lannic) 유적에서도 일련의 연대 측정치들이 나왔는데, 그곳에서는 두 개의 크롬레크가 개별적으로 서 있었다. 그것들은 대체로 기원전 4000년으로 편년되며, 그곳에서 장식 토기도 매납되었다(Le Rouzic 1930). 이것은 기존의 오래된 입석 파편들을 석재로 이

용한 패시지그레이브 무덤들의 연대와 일치하고 있다. 그러한 사례 중 하나는 케르마니오 유적 근처에 있는 케르카도(Kercado)에서도 발견되었다. 이것은 두 가지 이유에서 흥미롭다. 왜냐하면 이 패시지그레이브 무덤의 지붕석으로 돌도끼가 조각된 입석의 파편이 사용되었고, 이 무덤 주위로는 크롬레크와 비슷한 방식으로 세워진 돌들이 돌아갔기 때문이다(L'Helgouac'h 1965: 그림 7).

기념물군 전체가 오랜 시간에 걸쳐 점차 조성되었음을 보여 주는 증거가 다소 있다. 서로 다른 석렬의 입석들이 석렬의 마지막에 위치한 인클로저에 가까워지면서 그 성격이 달라진다는 것은 이미 관찰된 사실이다. 그 입석들은 석렬의 다른 입석들에 비하여 점차 높아졌다. 하지만 시간이 지나면서 이러한 계획이 와해되었음을 보여 주는 증거도 있다. 르메네크 석렬의 서쪽 끝에는 커다란 타원형의 인클로저 시설이 자리잡고 있는데, 원래는 동쪽으로 출입구가 하나 나 있었던 것으로 보인다. 벌(Burl)은 원래 두 개의 석렬에 의해 이곳으로 접근로가 규정되었다고 보았다(Burl 1993: 134-46). 이 두 석렬은 서로 평행하고 또한 출입구와 장축 방향이 일치한다는 점에서 다른 석렬들과 다소 차이가 있다([그림 4.11]). 게다가 그것을 이루는 입석들은 인클로저를 향할수록 점점 높아진다. 하지만 이 유적에서는 이것 외에도 최소한 열 개의 석렬들이 더 존재한다. 그것들은 대부분 크롬레크에 도달하기 전에 끝난다. 심지어 그중 다섯 개는 인클로저의 위치와 장축 방향이 맞지 않고, 만일 그것들의 진행 경로가 계속 이어졌다면 크롬레크를 아예 피했을 것이다.

카르나크의 석렬들에서는 또 다른 비정상적인 요소가 보인다. 그 기념물들은 원래 계획되었을 때 간단한 배치를 따르도록 되어 있었

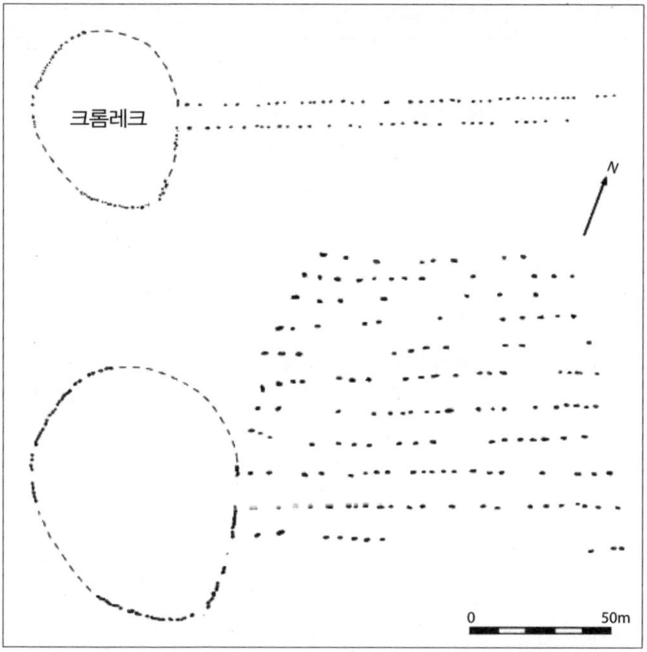

[그림 4.11] 메네크 유적의 서쪽 크롬레크 시설과 벌(Burl 1993)이 제안한 후대의 변형

고, 개별 입석 단위들은 서로 다른 원산지에서 채굴된 석재를 사용했을 가능성이 있다(Sellier 1995). 하지만 아주 자세히 보면 석렬들의 독특한 형태가 와해되었음을 알 수 있다. 정확히 몇 개의 서로 다른 석렬이 세워졌는지 명확하지 않고, 그것들의 장축이 서로 교차하는 경우도 있다. 그리고 다수의 석렬들은 더욱 작은 단위로 세분되는데, 각각의 단위는 대개 크기가 비슷한 입석들로 이루어져 있어서, 마치 하나의 작업 집단이 채굴하거나 운반할 수 있는 가장 큰 돌들만 선택했던 것으로 보인다. 서로 다른 구역들의 장축 방향은 다소 어긋나 있어서, 마치 이러한 석렬의 축조가 아주 긴 시간에 걸쳐서 단계적으로 이

[표 4.2] 카르나크에서의 고고학적 전개 과정에 대한 해석

원래의 계획	기념비적 확장
세장방형 봉분묘	봉분을 확장시켜 '카르나크 봉분묘(Carnac tumuli)'를 조성함
	무덤 측면에 패시지그레이브 무덤 조성
	석렬에 의해 무덤의 장축 방향 확장
	석렬이 무덤의 장축 방향 와해
	무덤이 석축 인클로저(크롬레크)의 한쪽 변을 이룸
석렬	장식 조각된 입석이 후대의 석렬에 사용
	입석 파편이 패시지그레이브 무덤의 석재로 활용
	시간이 지나면서 석렬의 개수 증가(?)
	시간이 지나면서 석렬의 길이 증가(?)

루어졌다는 인상을 준다. 시간이 지나면서 석렬들은 추가적으로 조성되어, 어떤 경우에는 아예 크롬레크 시설이 있는 곳을 더 이상 향하지 않는 석렬도 세워졌다. 또한 개별 입석렬이 연장되기도 했지만 결과는 동일했다. 이 작업이 점점 진행될수록 원래의 계획은 점차 가려지게 되었다. 그리하여 마지막 입석들이 세워졌을 무렵에는 석렬군과 앞선 시대의 롱배로 무덤과의 관계가 거의 소멸되었다([표 4.2]).

사실 그 시기가 되자 주변 집단에서는 카르나크에서 또 다른 새로운 종류의 기념물을 축조하는 데 몰입해 있었다. 모르비앙 지역에서는 패시지그레이브 무덤인 롱배로 무덤이나 조각 장식된 입석보다 그 분포가 훨씬 더 넓다. 참고로 가장 이른 시기의 이러한 묘실 무덤(chambered tomb)들은 기존의 조각 장식된 입석 파편을 석재로 사용했다. 패시지그레이브 무덤 중에서 석렬과 물리적으로 연관된 것은 하

나밖에 없다. 석렬들은 주로 기념물들이 분포하는 넓은 구역의 남쪽 경계선을 표시했을 뿐이다(Boujot & Cassen 1998). 더 늦은 시기의 묘실 적석묘(chambered cairn), 연도가 각을 이루는 패시지그레이브 무덤(angled passage grave), 그리고 알레쿠베르트 무덤(*allées couvertes*)의 경우에도 마찬가지였다.

정리하자면, 이 지역에서 가장 이른 단계에 축조된 기념물은 롱배로 무덤과 조각 장식된 입석이었던 것으로 보인다. 이 둘은 그다음 단계에 들어와서도 지속적인 관심의 대상이 되었다. 이들과 후속 기념물들과의 관계는 석재가 가장 이른 패시지그레이브 무덤을 축조하는 데 재사용된 점을 통해 알 수 있다. 이러한 양상은 훨씬 더 넓은 단위에 걸쳐서도 확인되는데, 이러한 행위는 어쩌면 이 장의 앞부분에서 살펴보았던 것과 같이, 기념물 축조와 관련된 제의의 최종점을 나타낸 것일 수 있다. 동시에 카르나크에 원래 존재했던 이 두 가지 요소들은 또 다른 방식으로 강조되었다. 롱배로 무덤의 위치는 봉분을 추가적으로 조성하거나 석렬을 세움으로써 더 눈에 띄는 방식으로 강조되었다. 폐쇄된 석관묘를 묘실로 사용하는 테르트르튀밀레어 무덤의 경우에는 그 봉분이 더 거대하게 확장되어 브르타뉴 지방의 특징인 그랑투물루스 무덤을 형성하게 되었다. 또 다른 테르트르튀밀레어 무덤들의 경우에는 그 장축 방향을 영구적으로 보존해 주는 석렬들의 축조로 그 위치가 강조되었다. 이러한 석렬들은 앞선 시기의 토축 기념물을 향하기도 했고 그것들을 통과하기도 했다. 한편 봉분묘와 관련된 입석 조각상들은 또 다른 방식으로 기념되기도 했다. 그것들은 흔히 파쇄되었고, 파편들은 새로운 단계의 기념물에서 석재로 재활용되었다. 하지만 르마니오 유적에서는 기존의 조각 장식된 입석이 아예 새로운 석렬의 일부로 활용되기도 했다. 이것이 특히 흥미로운 이유는 최근에 이 지방 내륙에 위치한 이른 시기의 유적인 르 피에르 드루아에서 사람의 형상으로 조각된 입석들이 포함된 석렬이 확인되었기 때문이다(Lecerf 1999). 어쩌면 카르나크의 석렬을 이루는 개별 입석들이 특정 개인을 기념하기 위해 세워졌던 것일 수도 있다. 테르트르튀밀레어 무덤과 석렬 사이의 관계가 얼마나 밀접한지는 그것들 사이에 크롬레크라고 불리는 석축 인클로저 시설이 배치된 사실을 통해서도 알 수 있다. 실제로 케를레스칸에서는 롱배로 무덤이 크롬레크 시설의 석축 담장 일부를 이루기도 했다(Bailloud et al. 1995: 56-8).

이러한 석렬군은 카르나크에서 처음부터 계획된 요소일 수도 있지만, 작업 자체의 거대한 규모 때문에 시간이 지나면서 원래의 간단한 배치는 훼손되었다. 원래의 배치에 점점 더 많은 입석들이 추가되면서 원래의 장축 방향은 와해되었고, 최종적으로 크롬레크와의 관계도 단절되었다. 개별 석렬 중 어떤 것들은 원래 경로에서 이탈하기도 했고, 서로 침범하기도 했고, 서로 교차하기도 했다. 또한 어떤 것들은 더 이상 인클로저 시설을 향하지 않게 되었다. 석렬의 양상이 더 복잡해질수록 앞서 존재했던 롱배로 무덤과의 밀접한 관계도 점점 더 이해하기 어려워졌을 것이다.

이 좁은 구역 내에 이렇게 화려한 기념물들이 많이 조성되면서 또 다른 변화들이 일어났다. 테르트르튀밀레어 무덤과 같은 경우는 폐쇄된 석관묘 위에 봉분을 덮은 닫힌 성격의 기념물이지만, 그것을 대체한 기념물은 사람들이 통과할 수 있는 석렬이나 외부로 열려 있는 무대와 같은 공간이었다. 그리하여 봉분묘와 관련되었던 개별 입석들은 그다음 단계에 들어와 그 주변에 조성된 많은 수의 입석들 때문에 더 이상 눈에 띄지 않게 되었다. 만약 이 입석들이 과거 인물들을 나타냈던 것이라면, 또 다른 이미지들의 군집 속에서 그들의 의미는 더 이상 부각되지 않았을 것이다. 석렬 중 일부는 천제의 기본 방향을 따랐던 것으로 보인다(Bailloud et al. 1995: 45-6). 따라서 어쩌면 그것들은 단순히 지역 경관의 일부를 구성했던 것이 아니라, 태양과 달의 위치를 나타내는 역할을 했을 수도 있다. 이 단계가 되면 더 이상 개별 롱마운드 무덤은 중요하지 않았을 것이다. 이곳에 분포하는 기념비적 건축물의 성격 그 자체가 변했던 것이다.

요약

이 장에서 필자는 기념물들이 과거를 기념할 의도를 가지고 축조되었다는 생각에 대하여 살펴보았다. 그 경우 그것을 축조한 사람들은 후속 세대가 과거를 인식하는 방식을 규정하고자 했던 것일 수도 있기 때문이다. 즉, 그것은 미래의 기억을 규정하고자 하는 노력으로 이해할 수 있다. 어떤 경우에는 이것이 의도되었을 수도 있고, 또 다른 경우에는 '기념비적'으로 보이지만 그러한 의도로 조성되지 않았던 것일 수도 있다. 이 경우에는 본래 기념물이 훨씬 더 짧은 기간 동안 사용될 의도를 가졌을 수도 있다. 사실 그것을 축조한 사람들은 그 기념물의 수명이 끝나는 시점까지 염두에 두었던 것으로 보인다. 이러한 사례들은 고고학 자료 속에서 무수히 많이 나타난다. 매크리무어, 클라바의 발누아란, 그리고 톰나베리 유적의 기념물은 한정된 시간 동안에만 사용될 목적으로 조성된 것이며, 아오스타에서의 기념물 축조는 아주 이른 단계에서부터 와해되었던 것으로 보인다. 카르나크의 경우 이 경관에 있는 가장 오래된 기념물들은 그것을 기념하기 위해 추가된 구조물들에 완전히 가려지게 되었다. 축조하는 사람들은 원래의 계획을 망각하게 되었고, 그러한 과정 속에서 기념물의 축조는 그 자체의 생명을 가지게 된 것이다.

이러한 문제들은 카프카의 「만리장성」에서도 다루어진다. 왜 기념물을 축조하는지, 그리고 그것을 통해 후속 세대에게 어떠한 아이디어를 전달하고자 했는지에 대해 합의가 없었을 수 있다. 이러한 프로젝트들은 서로 다른 시작점을 가지고 있었을 수 있고, 그중 확실한 결론에까지 도달한 것은 얼마 되지 않을 것이다. 어찌 보면 원래 이 계획을 바꾸는 것은 — 마치 방어적 목적의 성곽 위에 새로운 바벨탑을 짓는 것처럼 — 항상 가능했고, 이러한 축조 행위들이 얼마나 실용적인 목적을 가지고 있었는지, 그리고 그것들이 은밀하지만 어떤 정치적인 역할을 했는지는 당시에도 명확하지 않았을 수 있다. 카프카의 작품에 나와 있듯이, 이렇게 노력이 많이 들어가는 작품이 누구를 대상으로 하고 있는지는 확신하기 매우 어렵다.

또한 '기념물(monument)'이라는 용어가 시사하는 의도를 원래의 건축 계획이 완성시켰을 가능성은 더욱 낮다. 왜냐하면 이러한 건축물은 앞서 무엇이 일어났는지 후속 세대에게 상기시킬 수는 있지만, 과거에 대한 단일한 해석을 유도하지는 못했을 것이기 때문이다. 카프카의 작품에 등장하는 사람들은 중국의 황제에 대한 충성심이 높지만 정보가 너무 느리게 전달되어 그들이 어떤 황제를 따라야 하는지, 그리고 어떤 명령을 따라야 하는지 알 수 없다. 그래서 혼란스러운 정보 속에서 그들은 나름대로 생활을 영위해야 했던 것이다.

이 문제의 일부는 기억과 시간의 복잡한 관계와 관련이 있다. 매크리무어, 톰나베리, 클라바 등에서 보이는 것과 같은 일부 기념물들은 꽤 짧은 시간 동안만 사용되었다. 기존의 구조물은 파괴된 후에 영구적인 매체로 재건되기도 했고, 원래 기념물이 가지고 있던 전체 계획은 몇 년에 걸쳐 전개되다가 건축물이 완성되면서 폐기되기도 했다. 클라바의 발누아란에 있는 패시지그레이브 무덤은 겨울에 해가 지는 현상에 초점이 맞추어져 있었고, 톰나베르의 환상석렬은 18년마다 나타나는 여름 달의 위치에 초점이 맞추어져 있었다. 이러한 전개 과정은 꽤 짧은 시간에 걸쳐 일어났기에 하나의 계획을 따를 수 있었고, 기념물들의 의미는 변형되지 않았다. 이 건축물들과 관련된 행위는 아마도 하나의 간단한 리듬을 따랐고, 그 리듬에는 인간 세대의 지속과 천체의 움직임이 관여했던 것으로 보인다.

아오스타와 카르나크의 이른 단계의 경우도 마찬가지였을 수 있다. 아오스타의 경우에는 선행하는 목조 기둥렬의 장축 방향이 원래 달을 향했고, 목조 기둥을 입석으로 대체하는 것은 원래부터 있었던 계획이었을지도 모른다. 마찬가지로 필자는 제2장에서 입석 조각상들이 파쇄되고 다른 기념물의 석재로 사용되기에 앞서 원래 그 역사가 끝나도록 의도되었다고 주장한 바 있는데, 이 경우에도 이러한 해석이 성립할 수 있다. 하지만 이러한 유적들이 오랜 시간에 걸쳐 사용되면서 원래의 계획에 관한 기억이 점점 더 흐릿해졌을 수 있는데, 구전 전통에서도 이러한 현상이 자주 일어난다. 그것이 원래 어떤 모습이었는지 점점 명확해지지 않으면서 각각의 유적에서는 새로운 발전 양상이 일어났을 수 있다. 아오스타에서는 이러한 양상이 상대적으로 덜 보이는데, 달을 향하는 장축 방향은 후속 기념물들에 의해서도 존중되었기 때문이다. 그러나 카르나크 유적의 경우에는 롱배로 무덤을 기념하는 건축물의 배치가 거대한 단위에 걸쳐 일어나는 바람에 롱배로 무덤이 가졌던 원래의 의미가 가려졌을 수 있다. 석렬들은 이 롱배로 무덤들을 출발점으로 삼았지만 카르나크의 경관이 계속 진화하면서 봉분묘의 중요성은 점점 더 잊혀 갔던 것으로 보인다. 이러한 거대한 전개 속에서 짧은 단계들도 확인된다. 이는 석렬들이 단계적으로 늘어나는 양상 가운데 나타난 것으로, 많은 석렬들이 원래의 배치에서 벗어나 있다는 새로운 해석이 이루어지면서 원래의 계획이 와해되었음을 시사한다. 그것들은 어느 정도 장기 지속(longue durée) 속에서 인간의 기억이 미약한 결과일 수 있지만, 기념물 축조 행위도 변화하는 상황에 적응했음을 보여 주기도 한다. 어찌 보면 서사시의 전달에서도 이와 유사한 현상이 일어났던 것으로 보인다(Morris 1986).

필자는 카프카의 단편소설을 통하여 기념물을 다루는 고고학적 연구의 역설적 상황을 나타내고자 했는데, 우리가 생각해 보아야 할 가능성이 또 하나 있다. 사람들은 이러한 앞선 세대의 기념물들 사이에서 생활했지만, 그것이 축조된 배경에 대한 이해는 아마도 사라졌을 것이다. 그래서 세상에 대한 새로운 해석이 도입되면서 이 건축물들은 변형되었을 수 있고, 원래 있던 자리에 새로운 건축물이 세워졌을 수도 있다. 하지만 기존 건축물의 거대한 규모 때문에 그것은 인간의 인식 속에서 완전히 사라지지는 않았을 것이다. 그래서 그것이 한때는 독특한 신앙 체계를 나타냈듯이, 폐기되고 상당한 시간이 지난 이후에도 사람들은 그것을 아주 다른 방식으로 재사용하고 해석했을 수 있다. 이렇듯 인간에게 고대의 유적들은 특별한 힘을 가진다. 제5장에서는 과거에 행해졌던 고고학에 대해 다루도록 하겠다. 즉, 선사시대 사람들이 태곳적 과거의 잔적을 어떻게 해석하고 거기에 어떠한 새로운 의미를 부여했는지를 살펴보도록 하겠다.

제5장 고대의 과거를 다시 만들다: 그 수정에서 부활까지

과거를 둘러싼 해석, 대립, 그리고 정당화

성 프로타수스와 성 제르베

구석기시대에 기독교 성인이 살았다는 것이 말이 되는가? 할데인(Haldane 1985)은 「신을 만든 사람들("God-makers")」이라는 제목의 에세이에서 그에 관한 이야기를 전한다.

그 구체적인 내용은 확실히 알 수 없으나, 아마도 기원후 4세기경에 북부 이탈리아의 어느 교회 바닥 아래에서 두 명분의 인골이 발견되었을 것이다. 그 인골들 위에는 붉은색 황토가 뿌려져 있었다. 밀란의 대주교 성 암브로시우스(Saint Ambrosius)는 어느 날 꿈을 꿨는데, 그 꿈을 통하여 이들이 네로 황제에 의해 처형당한 기독교 순교자임을 알게 되었다. 이내 그 인골들은 기적을 일으킬 수 있는 힘을 가진 것으로 확인되었는데, 맹인의 눈을 다시 뜨게 했고, 악령을 퇴출시키기도 했다. 그리하여 그 인골들은 성인으로 공포되었다. 즉, 원래의 선사시대 맥락에서 떨어져 나온 그들은 성 프로타수스(Saint Protasus)와 성 제르베(Saint Gervaise)가 된 것이다.

최근의 발굴 자료를 통하여 우리는 그 인골들이 후기 구석기시대에 해당됨을 알 수 있다. 유럽에서 명확한 매장 의례가 처음으로 등장했던 것이 이 시기이다. 또 인골들이 발견된 지역은 이런 매장 의례의 흔적이 아주 잘 확인된 곳이기도 하다. 그 인골들의 구체적인 매장 양상을 보면 이탈리아와 프랑스의 접경 지대에 위치한 그리말디(Grimaldi) 동굴에서 발견된 그라베트(Gravettian) 문화[1]의 무덤들과 눈에 띄게 유사한 측면이 있다.

성 암브로시우스가 이런 사실을 알 리가 없었다. 그는 (아마도 구석기시대 사람들이 그랬던 것과 마찬가지로) 붉은색 황토가 인간의 생명소를 상징하는 것으로 보았는데, 그런 상징을 기독교적 맥락 안에서 해석했던 것이다. 프로타수스와 제르베가 순교자였음을 알리는 꿈은 그의 이런 생각을 뒷받침해 주었다. 물론 지금에 와서는 암브로시우스가 잘못 생각한 것이라고 쉽게 말할 수 있지만, 그 누구도 낯선 고고학 자료를 처음 접했을 때에는 그와 같은 방식으로 생각했을 것이다. 그는 당시 사회 내에서 통용되고 있던 관념 체계에 따라 해석을 내린 것일 뿐이다. 그 해석의 결과에 따라 후기 구석기시대 고고학은 두 명분의 인골을 잃게 되었고, 그 대신 기독교 세계는 두 분의 성인을 추가로 얻게 되었다.

---

1 유럽에 존재했던 후기 구석기시대 문화로, 그 분포 범위는 서쪽의 에스파냐에서부터 동쪽의 러시아에까지 이른다. 이 문화는 기원전 27000년경에서 19000년경까지 존속했던 것으로 보인다. Darvil, T. ed., 2008, *Concise Oxford Dictionary of Archaeology*, Oxford: Oxford University Press.

이 경우는 상당히 독특하기는 하지만, 한편으로는 꽤 일반적으로 나타나는 현상의 한 가지 사례일 뿐이기도 하다. 과거 사람들은 늘 태곳적 과거의 잔적과 마주쳤다. 그 잔적은 여러 가지 방식, 즉 문헌 기록을 통해, 지명을 통해, 현존하는 구전 전통을 통해, 혹은 당시 사람들의 경험과 기대에 따라 해석되었을 것이다. 아주 오래된 잔적이 잘못 해석되고 엉뚱한 방식으로 이해되었다고 해서 놀랄 일은 아니다. 고고학 조사 방법론이 개발되기 이전에 사람들이 원칙에 따라 자료를 해석했기를 바랄 수는 없는 노릇이다. 하지만 후세 사람들은 머나먼 과거의 수많은 흔적과 분명히 마주쳤고, 그것에 대한 모종의 대응을 해야만 했을 것이다. 이때 과거의 흔적이 무시되기도 했는데, 이 또한 하나의 반응으로 여길 수 있다.

구석기시대 성인들의 경우와 같은 사례는 또 있다. 기독교 지도층(Christian church)의 입장에서 볼 때 비기독교적인 과거는 무척이나 난감한 사안이었다. 두 신앙 체계의 관계를 생각해 보면 이 상황은 명확해진다. 다행히 우리는 이 문제를 살펴볼 때 문헌 자료의 도움을 조금이나마 받을 수 있다. 비기독교적인 과거를 바라보는 태도에는 갈등도 있었고 동화도 있었다. 기독교 집단에서는 처음에는 비기독교적 신앙 체계의 잔재를 파괴하라는 지시를 받았고, 나중에는 그것을 새로운 종교의 틀 안에서 통합하도록 유도되었다(Daniel 1972: 25). 이런 두 개의 접근 중 첫 번째에 대해서는 따로 다룰 필요가 없다. 하지만 두 번째 접근은 재해석의 과정을 동반했다. 성 프로타수스와 성 제르베의 수용이 그 한 가지 사례인데, 다만 당시 사람들은 그 사실을 알지 못했을 뿐이다. 그 외에 선사시대 유물들에 대해서도 사람들은 비슷한 방식으로 행동했다.

기독교인과 비기독교적 과거

이 주제와 관련해서 두 개의 사례를 살펴볼 수 있다. 선사시대의 잔적 중 눈에 띄는 것으로는 바위미술(rock art)와 거석 무덤이 있는데, 사람들은 각각에 대하여 서로 다른 방식으로 접근했다.

후대의 사람들이 거석 무덤에 대하여 어떻게 반응했는지는 여러 차례에 걸쳐, 특히 대니얼(Daniel 1972)에 의하여 논의된 바 있다. 거석 무덤 바로 옆에 교회를 세우기도 했고, 기독교인 매장지를 조성할 때 거석 무덤을 포함시키기도 했다. 또 특정한 경우에는 거석 무덤의 잔해를 교회 건축물 안으로 수용하기도 했다. 예를 들어, 선사시대 기념물을 해체하고 그 석재를 다시 이용해서 교회 제단을 만들기도 했고, 그 건축물 잔해를 원래의 모습 그대로 남겨 두고 일종의 예배당으로 사용하기도 했다. 입석의 경우에는 야외에 세워진 십자가로 재사용하기도 했고, 봉분은 기독교 건축물의 입지로 선정되기도 했다. 가장 눈에 띄는 사례는 앞장에서 살펴본 카르나크의 투물루스 생 미셸로, 이 경우에는 거대한 원형의 봉분 위에 교회가 세워졌다(Le Rouzic 1932).

후대의 사람들은 거석 기념물을 매우 미묘한 방식으로 다루기도 했는데, 이런 경우에는 발굴을 통해서만 이 사실을 확인할 수 있다. 이를 보여 주는 좋은 사례로는 노르망디 지역에서 알레쿠베르트(*allées couvertes*)라고 불리는 거석 기념물이 재사용된 경우를 들 수 있다(Billard et al. 1998). 중세시대 초기에는 거석 기념물이 서 있던 자리를 매장지로 종종 활용하기도 했다([그림 5.1]). 이 둘 간의 대응 관계는 여러 곳에서 확인된 바 있는데, 특히 몇몇 지점에서는 신석기시대

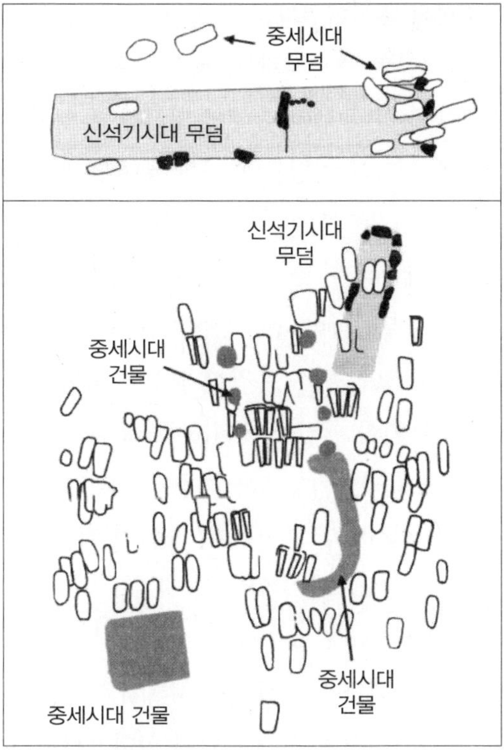

[그림 5.1] 프랑스 북부 포르테주아와 발드뢰이(Val–de–Reuil)에서 신석기시대 봉분묘가 기독교 매장지로 사용된 상황
출처: Billard, Carré & Treffort (1998)

에 축조되었던 건축물의 일부가 기원후 1000년 후반기까지 계속 살아남았던 것으로 보인다. 이 허물어져 가는 거석 기념물들은 새로운 인간 활동의 구심점이 되었는데, 다만 그 활동의 양상은 곳곳마다 달랐다. 어떤 지점에서는 신석기시대 거석 기념물의 석재가 훼손되거나 파괴되었다. 하지만 다른 지점, 예를 들어 포르테주아(Portejoie) 같은 곳에서는 기존 기념물의 공간적 범위가 존중되었고, 중세시대 무

덤들은 그 기념물의 입구 주변에 배치되었다.

기독교적 전통에 따라 대부분의 중세시대 무덤들은 동서 방향의 장축을 가졌다. 하지만 발굴을 통하여 확인된 바에 의하면, 노르망디의 보솔레이(Beausoleil) 3 유적의 거석 기념물 주변에 배열된 무덤들은 남북의 장축 방향을 가졌다. 그 무덤들이 신석기시대 기념물의 양옆을 따라 나란히 축조되었기 때문이다. 또 다른 유적인 부트생시르(Butte-Saint-Cyr)에서는 중세시대 무덤들이 동서 방향으로 축조되기는 했지만, 무덤군이 조성된 과정을 보면 매우 복잡한 양상이 확인된다. 그 무덤군은 기존의 신석기시대 거석 기념물을 의도적으로 파괴하면서 조성되기 시작했고, 그 지점에 최종적으로는 기독교 교회가 세워졌다. 그 교회의 입구는 기존의 선사시대 기념물이 서 있던 자리에서 단지 2m 떨어져 있었고, 두 구조물 모두 동일한 장축 방향을 가졌다.

이러한 현상들은 아주 오래전부터 발굴 과정에서 확인되었다. 하지만 그것에 대한 자세한 논의는 최근에 와서야 진행되기 시작했다. 오늘날에는 기독교가 처음 소개되면서 이런 현상들이 일어났던 것으로 이해되고 있다. 선사시대 기념물들 중 일부는 파괴되었으나 일부는 존중되었다. 하지만 모든 지점들에서는 새로운 세대의 무덤들이 공통적으로 축조되었고, 이로써 그곳은 기독교적으로도 성스러운 장소가 되었다. 이것은 낭트 총회(Synod of Nantes)에서 공포한 추가 조항에 제시되어 있는 교회의 지시 사항과도 일치한다. 다만 이 문서의 연대에 대해서는 논란이 있음을 명심해야 한다(Billard et al. 1998).

이베리아 북부 지역에도 비슷한 칙령들이 내려졌다. 토착 주민들은 비기독교적 암석 숭배(pagan cult of rocks)를 퇴치하라는 지시를 받았다(Sanches et al. 1998: 93-4). 이때 암석의 범주에는 아마도 묘실 무덤(chambered tomb)도 포함되어 있었을 것인데, 이는 묘실 무덤의 내부 벽면에 기독교적 이미지들이 새겨졌다는 사실을 통하여 알 수 있다. 하지만 가장 많은 영향을 받았던 것은 야외에 노출되어 있던 바위미술로, 사람들은 그것에 대하여 일련의 행동들을 취하기 시작했다. 그 결과 기존에 새겨졌거나 그려진 바위미술 위에는 새로운 이미지들이 추가되었고, 이것은 결국 오늘날에 진행되는 바위미술 연구에도 커다란 영향을 미쳤다. 새로운 문양들은 흔히 기존에 장식되었던 표면 전체를 덮기도 했는데, 이는 마치 그 문양들이 기존에 있었던 이미지에 대하여 해설을 하는 것처럼 보이기도 한다. 고고학자들에게 문제가 되는 것은 후대에 와서 이루어진 재사용의 정도가 항상 제대로 인식된 것은 아니라는 점이다. 그리하여 중세시대의 이미지들 중 일부는 선사시대의 것으로 여겨지기도 했고, 또 다른 이미지들은 관심의 대상으로 여겨지지 않아 체계적으로 연구되지 않았다(Martínez García 1995). 이 외에도 또 하나의 문제가 있다. 기독교적 상징 기호 중 일부는 선사시대의 기호와 유사한 측면이 있다. 물론 이 서로 다른 두 개의 바위미술 전통에서 서로 다른 제작 기법이 사용되었고, 후대의 기호들이 동시기의 건축물에 사용되기도 했기 때문에 앞선 시대의 기호와 구분할 수 있다. 하지만 그럼에도 불구하고 두 개의 미술 양식 사이에는 너무나도 유사한 측면이 있어서, 대서양 해안가를 따라 분포하는 바위미술의 경우에는 그것이 중세시대에 만들어졌음에도 불구하고 '선사시대'에 해당하는 바위미술 전통으로 잘못 규정된 적도 있다(Anati 1968).

그런데 이런 문제적 상황에 대한 연구가 가장 생산적인 방향으로 이루어지는 것은 아니다. 선사시대의 암면화 및 암각화, 그것과 흔히 혼동되는 후대의 이미지를 구분하는 것도 중요하지만, 이런 연구 방법을 통해서는 그 둘 간의 관계에 대해서 의미 있는 해석을 내릴 수 없다. 그 둘 간의 유사성은 우연히 비롯된 것인가? 아니면 기독교인들이 원래 있던 바위미술에 새롭게 추가한 이미지를 기존의 이미지에 대한 의도적인 해석으로 볼 수 있을까? 예를 들어, 최근에 라라 알베스(Lara Alves)가 조사한 엘페드로소(El Pedroso) 동굴에서 아마도 동기시대나 전기 청동기시대의 선사시대 암각화 위에 기독교적 도상들이 의도적으로 그려졌음이 확인된 바 있다(라라 알베스로부터 직접 들음). 이곳에 원래 새겨졌던 이미지들 중에는 팔을 꼬고 있는 남성 인물상도 있었다. 이 인물상들은 대체로 석제 도구를 이용해서 제작된 것들이었다. 하지만 그중 일부는 다른 종류의 도구를 이용해서 부분적으로 다시 새겨지기도 했는데, 이 과정에서 원래의 이미지 중 일부 요소만이 강조되었다. 이런 작업 결과 암각화에 원래 표현되어 있던 반인반물상들은 십자가에 매달린 예수의 모습으로 변형되었다. 이런 해석은 이 동굴 유적의 다른 지점들에 십자가가 새롭게 새겨졌다는 사실을 통하여 뒷받침된다.

이와 비슷한 방식을 통하여 또 다른 인물상들은 기독교의 미사에서 사용된 성배의 모습으로 변형되기도 했다. 변형을 하는 이러한 행위를 원래의 이미지가 가지고 있던 힘을 억제시키기 위한 것이었다고 본다면 너무나 단순한 해석일 것이다. 어떤 경우에는 중세시대 도상의 관점에서 기존의 그림을 '재해석'한 것일 수 있다. 또한 기존의 암각화를 다시 새기는 작업이 그것의 의미를 다시 살리는 행동으로 간주되었을지도 모른다. 한편 기독교적 기호로 이루어진 시각적 언어에 이미 익숙해진 사람들은 선사시대 모티프를 기독교적 기호로 재해석했던 것일 수도 있다. 그런데 그들의 이런 실수는 고고학자들이 저지르는 실수와 별반 다르지 않다. 예컨대 선사시대 미술에 대한 선지식을 가진 고고학자들은 중세시대의 이미지들을 잘못 읽고 그것을 선사시대의 이미지와 혼동하기도 했다.

로마인들과 선사시대의 과거

로마인들이 앞선 시대의 잔존물을 어떻게 받아들였는지 살펴보면 앞선 사례들과 꽤 비슷한 양상이 확인된다. 이런 비교 작업에 무게를 두기 위해서 앞선 사례들과 동일한 유형의 고고학 자료를 다루고, 유럽의 동일한 지역에 해당하는 로마시대의 유적들을 검토하도록 하겠다.

연구자들을 가장 헷갈리게 하는 이베리아의 바위미술 유적 중 한 곳은 살라만카(Salamanca)에 있는 로마 점령 이후의 철기시대 요새인 예클라데옐테스(Yecla de Yeltes)이다(Martín Valls 1983). 석축 성벽이 돌아가는 이 놀라운 구조물은 말의 이미지와 아주 추상적인 모티프들이 그려져 있는 암반 노두가 분포한 곳에 있다. 이 암면화의 양식을 보면 기원전 3000년과 2000년 무렵에 북서부 이베리아의 해안가를 따라 남겨진 독특한 암각화 양식과 매우 유사한 측면이 있다. 예클라데옐테스 요새의 방어 시설물 중에는 노두 암면화의 말들과 동일한 양식으로 말들이 묘사되어 있는 석재 덩어리들도 포함되어 있다. 한편 석축 성벽의 표면에도 조야한 양식으로 표현된 일련의 동물 그림들이 나타나 있는데, 그 그림들은 금속제 끌(chisel)을 이용해서 새겨졌을 것이다. 이런 다양한 현상에 대하여 모두 설명하기란 어려운 일이다. 하지만 아마도 동기시대나 초기 철기시대에 이미 암각화가 새겨졌던 지점에 후대의 방어 시설물이 세워졌고, 암각화가 있는 석재 중 일부가 채석되어 요새의 외벽에 사용되었다고 보는 것이 타당할 것이다. 아울러 로마 점령 이후의 철기시대 사람들이 새로운 새김 기법을 이용해서 기존의 암각화를 모방했던 것으로 보이며, 이런 후대의 암각화가 있는 석재 역시 요새 건축물에 사용되었던 것으로 보인다.

위와 같은 해석을 제시할 수 있었던 것은 로마시대 사람들이 말 그림을 매우 중요하게 여겼기 때문이다(필자의 이런 생각은 줄리앙 베카르(Julian Becares)로부터 비롯되었다). 이런 증거는 세고비아(Segovia)에 있는 후기 구석기시대 동굴인 라그리에가데페드라사(La Greiga de Pedraza)에서도 확인된 바 있다(Corchón 1997). 이 유적은 아마도 지금으로부터 16,000년 전부터 11,500년 전 사이에 해당하는 시점에 사용되었으며, 그 내부에는 동물 그림과 추상적인 기호들이 새겨져 있다. 확인할 수 있는 동물 그림들 중 55%는 말을 묘사한 그림들이다.

바로 이 동굴에서는 로마시대의 금석문도 확인되었는데, 그 자료 전체는 꽤 오랜 시간에 걸쳐 조성되었지만, 대부분의 금석문 자료는 플라비우스 황제와 세베루스 황제의 집권기에 해당한다. 로마시대 사람들이 남긴 이런 흔적들은 동굴의 가장 깊숙한 곳에 집중되어 있으며, 일대일로 완전히 대응하는 것은 아니지만 대개 구석기시대 암면화가 그려진 곳과 동일한 지점들에서 발견된다([그림 5.2]). 특히 이 금석문들은 앞선 시대의 말 그림 근처에서 확인된다.

이런 금석문들 중 대다수는 개인의 이름이거나 이 동굴 유적을 방문했다는 사실에 대한 기록에 불과하다. 하지만 동굴이 재사용되

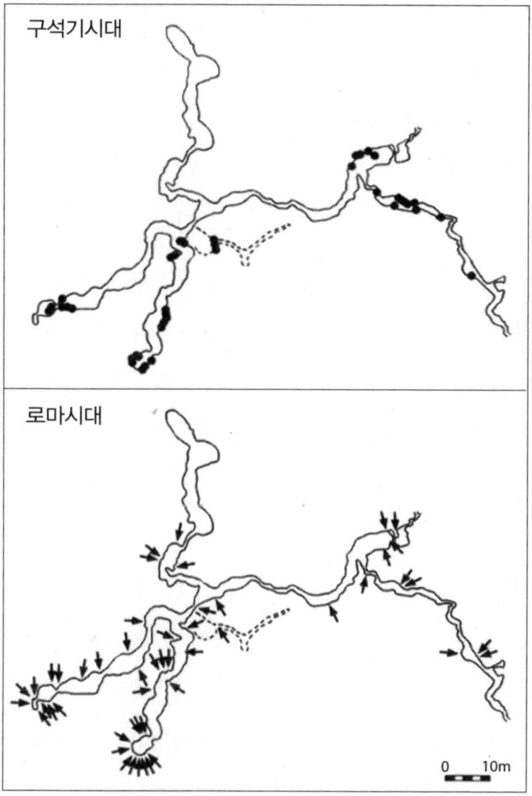

[그림 5.2] 스페인 북부 라그리에가데페드라사 동굴 내부에서 확인된 구석기시대 이미지들의 분포 양상과, 동일한 유적에서 확인된 로마시대 금석문과의 관계
출처: Corchón (1997)

었을 무렵 그곳은 중요한 숭배의 중심지로 여겨졌던 것으로 보인다. 이곳의 성스러움을 암시하는 요소들은 일부 금석문에서 확인되는데, 그중 다섯 개의 금석문에서는 한 남성신에 대한 언급, 그리고 어쩌면 한 여성신에 대한 언급도 나타나 있다. 라그리에가데페드라사 동굴에서는 봉헌물에 관한 금석문도 확인되었는데, 그것은 선사시대 암

각화 중 말 군집 옆에 그려져 있다.

이런 대응 관계가 우연의 결과일 가능성은 낮다. 로마시대의 금석문들은 구석기시대의 그림들과 상호 관련성을 보일 뿐만 아니라, 전자의 배치 양상을 보면 후자를 조심스럽게 존중하고 있음을 알 수 있다. 물론 열악한 보존 상태 때문에 그 증거는 빈약하지만, 금석문의 내용은 동굴이 재사용되었을 당시 그곳이 성스러운 장소로 여겨졌음을 시사하고 있다. 불빛만 비추면 구석기시대 암각화들을 쉽게 확인할 수 있었을 것이다. 따라서 두 종류의 고고학적 자료 사이에 의미 있는 상관 관계가 있음을 상정할 수 있다. 예클라데엘테스 유적에서와 마찬가지로, 태곳적 과거의 이미지에 새로운 의미가 부여되었던 것으로 보인다.

북부 프랑스에서 확인되는 로마인들의 거석 기념물 재사용 역시 이런 방식으로 접근할 수 있다. 이 주제는 사실 많은 논쟁 대상이 되어 왔으며, 그 결과 한때는 이 구조물들이 신석기시대의 것이 아니라 로마시대의 건축물이라는 문제적 시각이 표명되기도 했다(Collum 1935). 이 맥락에서 발견되는 로마시대의 고고학 자료는 아주 특징적인 양상을 보인다. 이런 거석 기념물 중 다수에서는 흙으로 된 봉분 내에서 로마시대 무덤들이 확인되며([그림 5.3]), 무덤 입구 근처에서는 파이프클레이(pipeclay)[2] 점토로 만든 소상들이 발견된다. 그런데 북부 프랑스 지역의 거석 기념물들에서는 로마시대의 토기도 함

---

2 양질의 흰색 점토로 로마시대에는 주로 소상(小像) 제작에 사용되었으며, 17세기부터는 담배 파이프를 만드는 데 사용되었기 때문에 '파이프 점토'를 의미하는 '클레이파이프(claypipe)'라는 이름으로 불리게 되었다. Bedoyere, G., 2004, *Pottery in Roman Britain*, Princes Risborough, Buckinghamshire: Shire Publications.

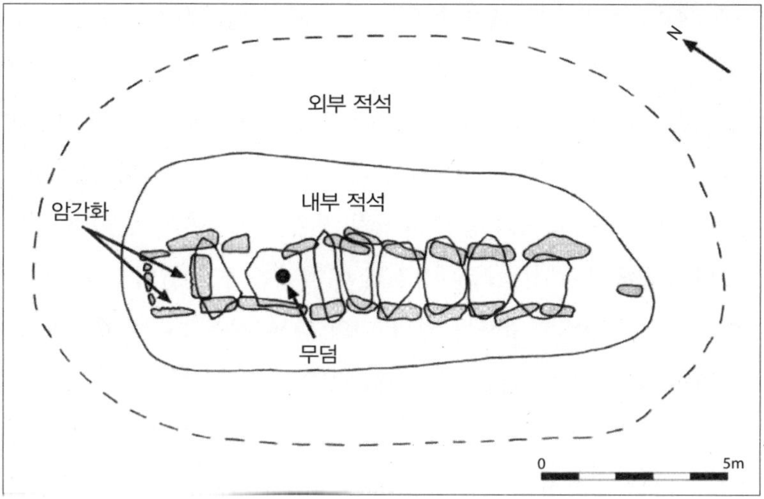

[그림 5.3] 프랑스 북부 트레세(Tressè)의 거석 무덤에서 확인된 신석기시대 암각화 두 개와 로마시대 무덤의 위치
출처: Collum (1935)

께 나타난다(Andre 1961; Ars 1997). 이곳에서 일어난 행위들은 주로 다산과 풍요에 초점이 맞추어졌던 것으로 보이는데, 소상들은 주로 비너스나 마트레스(Matres)를 표현하고 있다. 제2장에서 언급된 아르존(Arzon)의 르프티몽(Le Petit Mont) 거석 기념물에는 베네티(Veneti) 부족과의 전쟁에서 중요한 활약을 했던 로마 군대의 수장 중 한 명을 기념하기 위한 석제 제단이 세워지기도 했다(Lecornec 1994). 이런 정황이 확인되는 거석 기념물에 대해 특별히 정밀한 발굴이 이루어진 적은 없으나, 많은 경우에는 로마시대 인골들이 함께 발견되기도 한다.

갈리아-로마 집단에서 이러한 앞선 시대의 기념물들을 어떻게 생각했는지 정확히 알 수는 없지만, 몇몇 단서들은 남아 있다. 프랑스 북부 지역의 재사용된 거석 기념물 내에서 발견된 유물들은 로마시대 무덤이나 성소에서 발견된 유물들과 거의 일치한다(Galliou 1987: 31, 151-3). 또 그것들은 집 안에서 사용된 유물들과는 유사성이 거의 없다. 게다가 동일한 양상의 유물상은 동굴이나 바위 그늘 유적(rock shelter)과 같이 자연경관 내의 눈에 띄는 지점들에서 확인되기도 한다(Galliou 1987). 라그리에가 동굴 유적의 경우와 마찬가지로, 이 지점들은 로마시대에 매우 성스러운 장소로 여겨졌을 수도 있다. 아무튼 이 지점들은 사람들이 거주하는 경관 내의 다른 지점들과는 별도의 성격을 가진 장소로 인식되었을지도 모른다.

이 지점들에서 비너스와 마트레스의 소상들이 발견된다는 사실은 또 다른 의문점을 불러일으킨다. 알레쿠베르트라고 불리는 거석 기념물들에서는 여성의 유방을 묘사한 암각화들이 확인되며, 그 유방들은 종종 목걸이에 의해 연결된 것으로 표현되기도 한다(Shee Twohig 1981: 72-3). 로마시대에 들어와서도 이런 이미지는 충분히 확인할 수 있었을 것이며, 이 때문에 거석 기념물을 특히 여성과 관련시키는 관념이 형성되었을 수도 있다. 그런데 다른 한편으로는 여성의 유방이 확인된 거석 기념물과 로마시대에 매장 장소로 재사용된 거석 기념물의 분포 양상은 일치하지 않는다(Galliou 1987: 31).

또 하나의 가능성은 이 거석 기념물이 재사용되었을 무렵 그것들이 이 지역에서 나타나는 또 다른 종류의 지하 구조물과 혼동되었을 수도 있다는 점이다. 철기시대 취락들에서는 '수테레인(*souterrain*)'이라고 불리는 지하 구조물이 확인되는데, 이것은 기원전 100년 무렵까지만 사용되었던 것으로 보인다(Giot 1980; Menez 1994). 이 지하 구조물은 주로 암반을 파서 조성되었으며, 석재가 추가적으로 사용되었음을 보여 주는 증거는 거의 없다. 이것들은 주로 농업 생산품을 저장한 창고로 해석되고 있는데, 그중 일부에서는 특별한 매납품들이 발견되기도 했다. 거석 기념물과 비교했을 때 특히 중요한 것은 19세기에 조사된 캥페르(Quimper) 근처의 수테레인으로, 이곳의 2차 퇴적층 내에서는 로마시대의 파이프클레이 점토 소상들이 다량으로 발견되었다(Le Men 1868). 결국 서북부 유럽 지역의 철기시대 곡식 저장용 구덩이들과 마찬가지로, 이 지하 구조물들은 공동체의 풍요와 연관된 곳으로 여겨졌을 수도 있으며, 이 때문에 그곳의 실제 기능을 상실한 이후에는 봉헌물을 매납하는 장소로 사용되었을지도 모른다. 이런 전통은 후대에 이르러 로마시대 사람들에게 영향을 미쳤을 수도 있고, 그 상징 체계는 신석기시대 무덤의 재사용에도 관여했을지도 모른다.

중세시대 사람들과 로마시대의 과거

우리는 앞서 중세 기독교인들이 선사시대 역사의 잔적을 어떻게 인식했는지, 그리고 로마 사회에서 동일한 증거가 어떻게 다른 방식으로 수용되었는지에 대해 살펴보았다. 이제 중세시대의 정치 담론 속에서 로마시대의 잔적이 어떻게 활용되었는지 살펴봄으로써 이 주제에 관하여 더 많은 시사점을 확보할 수 있을 것이다.

제2장에서 필자는 기원 신화에 대하여 검토했다. 로마시대 이후 가장 강력한 신화 중의 하나는 웨일스 왕조들을 마그누스 막시무스(Magnus Maximus)(Williams 1985: 19-20)의 후손으로 보는 것이다. 막시무스는 로마의 장군이었고, 기원후 4세기에는 잠시 동안 서로마 제국의 통치자이기도 했다. 그는 에스파냐에서 태어났지만 브리타니아에

서 복무했고, 그곳에서 픽트(Picts)족과 스코트(Scots)족을 상대로 싸웠다. 그는 군대를 이끌고 갈리아로 갔고, 그곳에서 기원후 387년에 로마의 황제로 등극했다. 그는 영국에서 상당한 지지를 받았으나, 그 이듬해에 죽었기 때문에 그곳으로 돌아가지는 못했다.

그가 웨일스와 어떻게 관련되어 있는지에 관해서는 역사와 전설이 뒤섞여 있다. '맥센 울레디그(Macsen Wledig)'이라는 새로운 이름으로 불리는 막시무스는 '헬렌 루이독(Helen Luyddog)(즉, Helen of the Hosts)'이라는 이름의 웨일스인 부인을 얻은 것으로 이해되기도 하는데, 그녀를 로마 황제 콘스탄티누스(Constantine)의 어머니인 성 헬레나(St Helena)로 보는 시각도 있다. 막시무스가 갈리아로 데리고 간 군인들 중 일부는 오늘날의 카나번(Caernarfon)(즉, Caernarvon) 근처에 자리 잡은 세곤티움(Segontium) 요새로부터 차출되었다고 한다. 또한 막시무스는 웨일스인들을 아일랜드의 약탈자들로부터 보호하기 위하여 남동부 스코틀랜드로부터 병력(foederati)을 지원받았다고 한다. 그는 북부 웨일스에서 어느 정도의 자치를 허용한 것으로 되어 있다.

윌리엄스는 다음과 같이 말한다.

> 최소한 전설에서는 그는 영국인의 영웅이 되기 위한 조건을 충분히 갖추고 있다. … 놀라운 것은 수백 년 후에 역사시대에 들어와서도 이 사람이 웨일스의 역사 전통에서 절대적으로 중요한 인물이 되었다는 사실이다. 기원후 6세기에 활동한 서부 브리튼 출신의 길다스(Gildas)는 막시무스가 '군단들을 철수시킨' 시점을 로마의 브리튼 점령이 끝난 시점으로 보았다. 웨일스의 전통은 막시무스가 웨일스 사람들을 위해 너무나도 훌륭한 일을 했다고 단언하고 있다. … 웨일스의 초기

운문 및 서사 전통에는 … 막시무스에 대한 기억들이 곳곳에 남아 있다. … 그 이후 웨일스에서 권력을 잡은 거의 모든 왕조들은 자신들과 막시무스를 연결시키는 계보를 만드는 데 온갖 심혈을 기울였다.

(Williams 1985: 20)

웨일스 사람들이 자신들의 역사를 로마의 황제에게로 연결했듯이, 그 적들 역시 마찬가지였다. 기원후 13세기 후반에 영국의 왕 에드워드(Edward) 1세는 동일한 전설을 활용했다. 카나번성은 그가 웨일스를 정복한 승리의 상징물이었으며, 전략적이고 역사적으로 중요한 자리를 차지하고 있었다(Taylor 1986: 77-103). 그것은 기존의 노르만 양식의 성채를 대체하기 위해 세워졌는데, 매우 가까운 곳에 로마시대 요새인 세곤티움의 폐허가 자리 잡고 있기도 했다. 막시무스는 바로 이 요새에서 군인들을 이끌고 갈리아로 갔던 것으로 전해진다. 세곤티움은 이렇듯 중요한 곳으로, 기원후 12세기에는 콘스탄티누스 황제의 도시로 묘사되기도 했다.

에드워드는 웨일스인에 대한 자신의 통치권을 강조하기 위하여 동일한 연계성을 활용했다. 1283년에 마그누스 막시무스의 유골이 발견되었는데, 정확하게는 세곤티움의 유적에서 그 유해가 발견되었고, 에드워드의 지시 아래 기독교적인 방식에 따라 다시 매장되었다. 바로 그해에 웨일스가 패배했고, 영국인들의 권위를 공고히 하기 위해 거대한 성채가 축조되었다. 이 성채는 어떤 성채와도 다른 것이었다.

『마비노기온(*Mabinogion*)』이라는 이야기 묶음에 의하면, 맥센 울레디그라는 사람은 웨일스로 돌아가 도시를 건설하고 여러 가지 색상의 타워를 가지고 있는 거대한 요새를 짓는 것을 꿈꾸었다. 에드워드는 이 꿈을 실현한 것이다. 카나번은 영국적인 성채였지만 완전히 이질적인 양식으로 축조되었다.

> 전통적인 원형의 타워 혹은 터렛(turret) 대신 다각형의 탑을 쓴 것이 가장 큰 차이이고, 서로 다른 색상의 돌들을 활용해서 성채 벽에 띠를 이용하여 눈에 띄는 패턴을 만든 것도 하나의 차이이다. 전자의 형식은 선례가 거의 없고, 후자의 경우에도 영국에서는 선례가 전혀 없다. 돌로 건물을 지을 때 색상 띠를 만드는 것은 중세시대 이탈리아 건축에서 흔치 않게 나타나지만, 그것을 다각형의 타워와 함께 결합한 단 하나의 널리 찬양되는 선례가 있다. 그것은 바로 콘스탄티누스 황제의 첫 번째 도시인 콘스탄티노플에 있는, 타일로 뒤덮인 테오도시안(Theodosian)의 벽들이다. 이러한 유사성은 단순히 운이 좋은 것으로 치부하기에는 너무나 눈에 띈다. … 아마도 이 새로운 건물은 처음부터 카나번이 가지고 있는 전설적인 과거를 상기시키키고, 또한 제국적 권위를 나타내는 건축 형태를 통해 그러한 전설적 과거의 예시가 되고자 했을 것이다.
>
> (Taylor 1986: 78-9)

이러한 방식으로 연결짓는 것은 충분히 설득력 있다. 이 새로운 성채의 외관은 『마비노기온』에 나와 있는 마그누스 막시무스의 수도에 대한 묘사와 일치하는데, 그것을 지은 것은 영국의 왕이었다. 세곤티움과 콘스탄티노플 사이의 전설적인 연결 고리 역시 콘스탄티노플의 방어벽과 동일한 건축적 양식을 이용해서 건물을 축조하는 것에 의해 강조되었다. 또한 웨일스인들을 최종적으로 정복하고 성채를 짓기 시작한 바로 그해에 막시무스의 유해가 발견되었고, 에드워드의 지시에 따라 다시 매장되었다.

남부 웨일스에서는 로마시대의 전통이 다른 방식으로 계승되었다. 여기에서 주목받는 것은 칼레온(Caerleon)에 있는 전설적인 요새이다. 중세시대 초기에도 로마시대의 건축 잔해들이 명백히 보였고, 특히 목욕탕의 잔해들과 유적 중앙에 배치된 승천 아치가 남아 있었다. 이러한 거대한 석조 구조물들은 많은 관심과 해석을 불러일으켰는데, 이는 놀라운 일이 아니다. 하지만 이 경우에는 로마제국이 아닌 아서(Arthur)왕과 연결지어졌다. 칼레온에 있는 거대한 탑을 방문했던 기랄두스 캄브렌시스(Giraldus Cambrensis)가 이 유적지에 대하여 묘사했지만, 이 유적을 아서의 전설과 연결시킨 것은 바로 『브리튼 왕들의 역사』를 쓴 몬머스 출신의 제프리(Geoffrey of Monmouth)이다.

이러한 일은 아마도 12세기 초에 영국 왕조에 대하여 웨일스인들이 다시 반항하면서 나타났던 것 같다. 당시의 정치사는 그 주변 지역 집단에서 누구에게 충성을 보여 주었는가에 따라, 그리고 칼레온 영주들의 운명에 따라 매우 복잡하게 전개되었는데, 13세기 초반에서 중반까지 이것이 절정에 도달하면서 그렇게 의미가 깊었던 두 건물은 모두 파괴되었다.

이것은 거대한 작업이었다. 목욕탕과 승천 아치는 거대했을 뿐만 아니라 꽤 잘 보존되었을 것으로 보인다. 그것들을 제거하기 위해서 거대한 노동력이 투입되었고 아주 조심스러운 조직력이 필요했는데, 그렇다고 그 돌들이 새로운 건축 프로젝트에 유용한 재료로 재사용되었다는 증거도 없다. 훨씬 적은 노력을 들여 적합한 석재를 칼레온의 다른 지역에서도 확보할 수 있었다. 이러한 건물들의 파괴는 상징적인 행위였을 수 있는데, 하웰(Howell 2000: 394)은 이것과 관련해서 '기억의 의도적인 제거'라고 지칭한 바 있다. 그는 이러한 논지를 다음과 같이 말한다.

> 일련의 문학 작품들을 통해서 칼레온은 웨일스의 왕권과 관련되는 가장 중심적인 위치에 서게 되었다. 이곳에는 사람을 압도하는 거대한 건축물이 있고, 아서왕의 궁전이라고 생각되는 유적이 있었다. … 웨일스 변방 지대의 남작들(marcher barons)은 웨일스의 왕권과 관련된 이러한 물질적인 잔재가 남는 것을 원치 않았을 것이다. 그래서 웨일스 왕권의 상징물이 되었던 로마시대 잔해물의 물질적 증거를 제거할 수 있다는 생각은 이러한 행동을 야기하기에 충분했을 것이다. … 이것을 해체하는 사람들의 의도는 단순히 건물만을 해체하는 것이 아니었다. 그들이 원했던 것은 이보다 앞선 웨일스 전통의 물질적 상징물을 완전히 없애는 것이다.
>
> (Howell 2000: 394)

이것은 영국의 권위를 강조하기 위하여 로마의 건축물들을 이용하고 그것을 토착 기원 신화에 편입시킨 카나번에서 일어난 상황과는 정반대이다. 즉, 칼레온에서는 로마시대의 잔해물이 영국에 대한 웨일스 저항의 측면으로 해석되었고, 그리하여 제거될 수밖에 없는 자료로 여겨졌다.

요약: 재사용의 이유

앞에서 언급한 것과 같이 현재와 과거 사이의 연결 고리들이 고고학적 분석의 범주 밖에 있는 경우도 많을 것이다. 특히 상서로운 의미가 있거나 특정한 사건이 일어난 지점들, 초자연적인 존재들과 관련된 지점들이 그러할 것이다. 그리고 이 경우에 과거와 현재 사이의 연결 고리들은 민속학이나 지면을 통해서 확인될 것이다. 하지만 이렇듯 과거와 현재 사이의 관계가 설명되지 않는 사례들만큼이나 일반적인 모델에 들어맞는 사례들도 있을 것이다. 앞서 언급한 모든 사례들이 이에 해당한다

이러한 사례들은 상당한 시간 동안에 걸쳐 일어났으며, 이탈리아에서 웨일스에 이르기까지 여러 나라의 고고학 자료와 관련이 있다. 그것들의 공통점은 왜 고대의 과거가 재사용되었는지, 그 이유에 대하여 어느 정도의 정보가 있다는 것이다. 어떤 경우에는 기독교 공동체들과 비기독교적 과거 사이의 관계에 대하여 알고 있고, 로마시대 사례의 경우도 마찬가지이다. 로마인들이 가졌던 종교관의 독특한 양상에 대해서는 역사적 기록도 있으며, 이번 장에서 다룬 사례 중 하나인 라그리에가 동굴에서는 여전히 해독할 수 있는 일련의 비문들이 있다. 그러나 웨일스의 사례는 사정이 다르다. 이 경우에는 문헌자료에 입각하기는 하지만, 근대적 의미에서의 역사관보다는 기원신화의 반포와도 관련이 있다. 아무튼 이 모든 사례 연구들에서 왜 과거 유적들에 새로운 의미가 부여되는지에 대한 매우 타당한 설명들을 찾을 수 있다.

이번 절의 제목은 몇 가지 가능성들을 제안해 준다. 그것은 해석,

갈등, 정당화와 관련이 있고, 앞서 살펴본 사례들은 이들 각각을 보여준다.

이 세 개의 개념들 중 아마도 '해석'이 가장 접근하기 어려운 개념일 것이다. 왜냐하면 '해석'은 잘 포착되지 않는 증거에 의존해야 하기 때문이다. 이번 장에서 필자는 이러한 접근에 도움이 될 만한 사례들을 제시했다. 예컨대 이베리아의 동기시대와 청동기시대의 반인반수 암각화 및 암반화는 기독교 시대의 변형을 통하여 새롭게 해석되었다. 일부의 경우에는 중세시대 모티프가 표현될 때 기존의 기호들이 동일한 표면에 그대로 남겨지기도 했는데, 다른 경우에는 중세시대 모티프를 그 위에 그리거나 그 둘이 합쳐지기도 했다. 이러한 방식으로 서로 다른 시대의 모티프들 사이에 존재하는 유사성들이 강조되었고, 그럼으로써 비기독교적인 과거의 인물상들은 성배와 예수가 십자가에 못 박힌 그림으로 전환되었다. 이것이 가능했던 것은 앞선 시대의 기호들이 이미 이 당시에 기독교적 도상으로 이해되었기 때문일 수 있다. 이와 비슷한 방식으로 브리튼의 거석 기념물들을 재사용한 갈리아-로마인들은 이것들이 아주 먼 과거의 것들인지 몰랐을 수 있다. 이 거석 기념물들에서 확인되는 매납물들은 신전에서 발견되는 것과 유사하다. 땅속에 반쯤 묻혀져 있던 이 건축물은 유사한 물질 자료의 봉헌이 일어난 동굴이나 바위그늘과 비슷하게 인식되었을 수 있다. 지하 동굴의 제의적 상징 역시 이러한 경우일 수 있는데, 오늘날 고고학자들이 그러하듯이, 과거 사람들은 건축 구조물의 시대가 서로 다르다는 것을 인식하지 못했을 가능성도 충분히 있다. 이것은 에스파냐의 성스러운 동굴의 경우에도 마찬가지이다. 그 동굴들을 방문한 로마인들은 라그리에가 동굴 벽에 그려진 말들이 예클라데엘테스보다 더 오래되었다고 생각하지 않았을 수도 있다. 토속신앙에서 말들이 중요한 역할을 했던 만큼, 이러한 고대의 그림들을 최근에 만들어진 그림들과 동일시하는 것보다 더 자연스러운 행동이 있었을까? 이와 다르게 생각하는 것은 편년에 대한 근대적인 이해가 가미되었기 때문이다.

우리는 기독교 교회의 역사를 통해서 비기독교적인 잔존물이 새로운 종교의 틀 속에서 동화되거나 파괴되었음을 확인할 수 있다. 앞서 살펴본 사례들을 통하여 이 사실은 명백해진다. 거석 기념물의 잔존물이 종교적 건물에 편입된 경우도 있고, 비기독교적 신앙과 관련 있는 입석이 나중에 기독교의 십자가로 변화하기도 했다. 묘실 무덤의 용도가 교회로 바뀔 수 있었고, 그 자리에 기독교 공동묘지가 발달할 수 있었다. 필자는 노르망디에서 이러한 양상의 두 가지 구체적 사례들을 확인했는데, 둘 사이의 대조되는 측면은 많은 것을 시사해 준다. 하나의 사례에서는 무덤들이 선사시대 무덤의 입구를 향해 분포하고 있었고, 또 다른 사례에서는 거석 기념물들이 파괴되고 그 자리에 교회가 축조되었다. 이러한 양상은 넓은 지역에 걸쳐 발전했던 것일 수 있다. 예컨대 전기 중세시대 웨일스에서 아서왕과 관련되는 로마시대의 잔해들은 영국의 권위에 대한 저항의 상징으로 인식되자 완전히 파괴되었다.

여기에서 살펴볼 마지막 사례 역시 웨일스에서 나왔는데, 이는 과거 해석 중 가장 세련된 사례에 해당한다. 서로 다른 두 집단에서는 각자의 정치적 목적을 위하여 동일한 기원 신화의 물질문화를 활용했다. 웨일스 왕조들에게 세곤티움의 잔해는 그들이 마그누스 막시무스를 계승했음을 입증하는 시각적 증거물이었다. 그는 그곳에 묻혀 있었고, 남아 있는 건축물의 잔해는 그의 아들인 콘스탄티누스가 세운 도시의 잔재였다. 반면 에드워드 1세에게 막시무스의 시신은 웨일스를 굴복시켰을 당시 그의 통제 아래 들어온 성스러운 유물로, 그가 카나번 성채를 세운 것은, 『마비노기온』의 기록에 의하면 원래 콘스탄티누스가 의도했던 것을 완성시킨 것이었다. 에드워드가 웨일스의 전통을 이용한 것은 이러한 성채의 디자인 자체를 통하여 입증되는데, 그 이국적인 요소들은 콘스탄티노플이라는 도시를 시사했던 것으로 이해될 수 있다. 이 성채가 축조된 것은 웨일스 사람들의 전설적인 역사에 대응하기 위해서뿐만 아니라, 전통에 호소함으로써 웨일스 사람들에 대한 정복을 정당화하기 위해서이기도 했다.

분석의 단위

들어가며

앞서 살펴본 사례들은 과거와 현재 사이에 어떤 관계들이 맺어질 수 있는지를 보여 주며, 고대 유산을 재사용하는 행위의 기저에 있는 몇 가지 원칙들을 보여 준다. 이제 우리에게 남겨진 과제는 재사용의 문제와 관련해서 물질문화를 연구할 때 활용할 수 있는 다양한 분석 단위에 대한 검토이다. 그리하여 이 장의 후반부에서는 아주 긴 시간에 걸쳐, 그리고 아주 넓은 지역에 걸쳐 확인되는 과거 물질문화의 재사용 패턴을 우선 다루고 있다. 특히 북부 독일에서 확인되는 서로 다른 종류의 선사시대 무덤들이 후대에 들어와 각각 어떻게 다루어졌는지 살펴보고 있다. 아울러 한 종류의 선사시대 건축물에 초점을 맞추어 — 철기시대 담장시설(enclosure)이 그것이다 — 선사시대 건축물과 그것이 조성된 입지의 역사를 함께 살펴보고 있다. 연구 방식은 프랑스, 벨기에, 그리고 네덜란드에서 확인되는 유사한 양상의 자료와 브리튼 저지대(Lowland) 지역의 자료를 비교하는 것이다. 마지막으로, 큰 유적 한 곳을 정하고 그 발전 양상에 초점을 맞추어 논의를 진행하고 있는데, 이곳은 아일랜드의 타라왕실 복합유적(royal complex at Tara)으로, 선사시대 및 전기 중세시대 기념물들로 이루어져 있다. 이 사례들에 사용된 서로 다른 분석의 단위들은 각각 상이한 시사점을 제공하고 있다.

지역 단위에서 확인되는 패턴:
북부 독일의 무덤 재사용 행위

특정한 지역 범위 내에서 일어났던 고대 유산의 재사용은 어떤 방식으로 확인될 수 있을까? 이에 관한 연구는 많지 않으나, 흥미롭게도 두 개의 사례 연구에서 유럽의 동일한 지역이 다루어졌다. 이러한 두 연구 결과의 차이점은 매우 흥미로운 사실들을 드러낸다.

이런 연구 중 하나는 1998년에 홀토르프(Holtorf)에 의하여 진행되었고, 또 다른 연구는 그다음 해에 소프(Sopp)에 의하여 진행되었다. 홀토르프의 분석은 북동부 독일 메클렌부르크-포어포메른(Mecklenburg-Vorpommern)의 늦은 시기 거석 무덤들을 다루고 있으므로 그 지역적·시간적 범위는 다소 한정되어 있다. 반면 소프의 연구는 더 넓은 지역과 더 긴 시간을 다룬다. 그는 평지에 조성된 세 종류의 기념물, 즉 거석 무덤, 원형 봉분묘, 지상시설이 없는 무덤(flat grave)이 어떻게 재사용되었는지 살펴보고 있으며, 연구의 지역적 범위는 동쪽의 오데르(Oder)강에서 서쪽의 라인강에 이르는 북부 독일의 매우 넓은 지역은 물론, 남쪽으로 드레스덴(Dresden)과 쾰른(Köln)에 이르는 영역까지 포함한다.

각각의 연구 사례에서 사용된 분석 방법은 서로 다른 연구 전통에서 비롯되었다. 홀토르프(Holtorf 1998)는 후기 과정주의 고고학의 틀 내에서 연구를 진행했으며, 신석기시대에 처음 축조된 이후로 기원후 1400년까지 이어진 거석 무덤들의 역사에 관한 일종의 '전기(傳記)'를 쓰고 있다. 반면 소프는 훨씬 더 전통적인 접근을 취하고 있다. 그는 그간 진행된 이론적 논의들에 대하여 전혀 언급하지 않았고, 동일한 지역에서 이루어진 홀토르프의 연구도 전혀 언급하지 않았다. 그의 분석은 매우 자세하게 기록되어 있지만, 확인된 패턴들에 대해서는 거의 설명하지 않고 있다. 그에게는 패턴의 확인 그 자체로 충분한 듯하다. 홀토르프와 마찬가지로 소프의 연구는 거석 무덤이 처음 축조된 시기에서 시작하여 중세시대에 해당하는 기원후 1300년에 끝을 맺고 있다([표 5.1]).

이 두 개의 연구를 함께 살펴봄으로써 우리는 각각 따로 접했을 때에는 대답을 얻지 못했을 많은 질문들을 할 수 있게 된다. 홀토르프와 소프가 확인한 기념물 재활용의 패턴들은 얼마나 광범위하게 분포하는가? 그 패턴들은 북부 독일 전역에서 발견되는가? 아니면 특정한 지역 전통의 산물인가? 모든 기념물들이 후대에 들어와 비

[표 5.1] 사례의 개수를 통해 확인되는 북부 독일 신석기시대 및 전기 청동기시대 매장 유적들의 재사용 빈도

	기존 기념물에 후대의 건축적 요소가 부가된 경우 (%)	기존 기념물 주변에 후대 활동의 흔적이 확인된 경우 (%)
후기 청동기시대/전기 철기시대	17	14
로마 정복 이전의 철기시대	39	6
로마시대	18	34
대이주시대	8	7
전기 중세시대	11	19
중세시대	7	20

출처: Sopp (1999)

슷한 방식으로 재사용되었는가? 아니면 기념물이 포함된 원래 유적들의 형태에 따라 그 기념물들은 서로 다른 역사를 경험하게 되었는가? 두 개의 연구를 비교함으로써 이런 질문들에 대한 답변을 얻을 수 있다.

이 중 첫 번째 질문이 가장 대답하기 쉽다. 홀토르프가 확인한 재사용의 패턴은 연구 지역 전체에 걸쳐 공통적으로 나타나지는 않는다. 그가 살펴본 지역에서는 거석 기념물들이 신석기시대에 사용되었고, 대부분 더 이상 사용되지 않은 전기 청동기시대에도 여전히 중요하게 여겨졌다. 그 이후 이 기념물들은 후기 청동기시대, 초기 철기시대, 그리고 대이주시대에 다시 사용되었다. 그러나 이러한 패턴은 소프가 살펴본 연구 지역 전체에서는 나타나지 않으며, 특히 로마시대 이후에는 재사용의 빈도가 훨씬 낮게 확인된다.

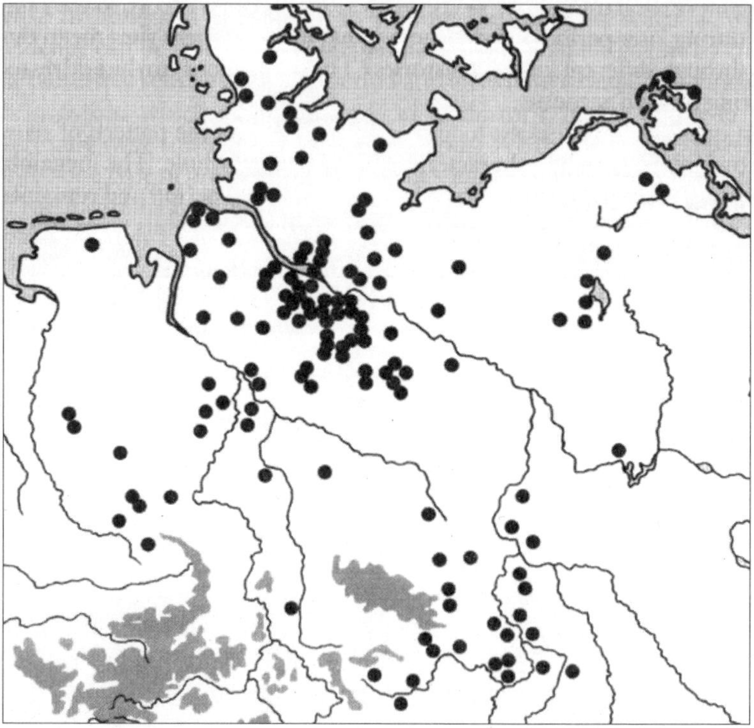

[그림 5.4] 북부 독일에서 로마 정복 이전의 철기시대에 재사용된 선행하는 매장 기념물의 분포 양상

출처: Sopp (1999)

이런 사실은 소프가 제시한 분포도를 통해서도 확인할 수 있다. 후대에 재사용된 선사시대 기념물들은 넓은 지역에 걸쳐 확인되지만, 특정한 시기에 특정한 재사용의 행위가 일어났던 것으로 보인다. 후기 청동기시대 및 초기 철기시대에는 라이프치히(Leipzig) 주변 지역에서, 다음 단계에서는 특히 함부르크와 베를린 사이에서 이런 행위가 높은 빈도로 확인된다([그림 5.4]).

또한 과거 사람들은 소프가 다룬 두 종류의 기념물[3]에 대하여 분명하게 구별할 수 있었던 것으로 보인다. 그들이 둘의 차이를 의미심장하게 여겼음은 해당 유적들이 서로 다른 시대에 사용되었던 사실을 통하여 알 수 있다. 그리하여 거석 기념물이 재사용된 주된 시기들은 후기 청동기시대와 로마 정복 이전의 철기시대였다. 로마 정복 이전의 철기시대에 일어났던 재사용의 행위는 원형 봉분묘 주변에서도 확인되는데, 이 경우에는 재사용이 로마시대에까지 이어졌다. 두 종류의 기념물은 그 재사용 기간이 일부 겹치기도 하지만, 거석 기념물의 중요성이 약해지면서 원형 봉분묘가 새로운 중요성을 확보하게 된 것 같다. 지상 표식이 없는 무덤은 또 다른 패턴을 보여 주는데, 주로 로마 정복 이후의 철기시대와 전기 중세시대에 재사용이 이루어졌다. 이것은 매우 흥미로운 사실로, 이 무덤들의 위치가 어떤 방식으로든 표시되었음을 알려 준다. 즉, 무덤이 더 이상 사용되지 않은 시기에도 그 위치가 기억되었다는 것이다.

현재까지 이런 단위로 이루어진 분석에서는 유적의 종류별로 사용 역사의 패턴을 확인하고, 재사용의 중심 연대를 확인하는 것에 초점이 맞추어져 왔다. 그러나 이런 방식의 연구에는 단점도 있다. 개별 기념물에서 확인되는 매우 복잡한 사용의 순서를 간과하는 경향이 있는데, 특정한 구조물은 한 번이 아니라 여러 번 재건축될 수 있다. 이 점을 간과하지 않은 것이 홀토르프가 선호하는 전기적 접근 방법의 장점이지만 그의 사례 연구들은 거석 무덤의 발전 과정만을 다루고 있다.

---

3 거석 무덤과 원형 봉분묘

필자는 몇 가지 구체적 사례를 통하여 이런 측면을 보여 주려 하는데, 이 사례들은 소프가 다룬 각각의 무덤 건축물 형식과 관련이 있다. 앞서 살펴보았듯이, 소프의 연구 지역에서 가장 간단한 재사용의 패턴을 보이는 것은 거석 무덤으로, 후기 청동기시대와 로마 정복 이전의 철기시대에 그 재사용이 집중되었다. 그 대표적인 사례가 바렌도르프(Barendorf) 유적이다. 이곳에서는 앞선 시대의 거석 무덤 안에 작은 석관묘가 새롭게 축조되었으며, 확인된 관련 유물은 일련의 후기 청동기시대 골호(骨壺)와 금속제 유물 한 점이다(Sopp 1999: 180-1). 다른 거석 무덤들의 석실 내부에서도 비슷한 양상이 확인된다. 또한 흥미롭게도 더 늦은 시기에도 이런 거석 무덤들이 비슷한 방식으로 재사용되었으나, 이런 종류의 유적에서 이루어진 후대의 활동은 대체로 특정한 한 시기에 한정되어 있다. 홀토르프의 연구 지역에서는 훨씬 더 복잡한 재사용의 순서가 확인되었는데, 그것이 가능했던 이유 중 하나는 그가 꽤 최근에 이루어진 발굴 성과들을 활용했기 때문이다. 거석 무덤에 추가로 조성된 무덤들은 대체로 앞에서 언급된 시대에 해당하지만, 이와는 다른 시기의 유물들도 거석 무덤의 내부에서 발견된 바 있다.

이것은 원형 봉분묘에서 관찰되는 양상과는 꽤 다르다. 소프가 검토한 유적들 중에는 특히 유명한 유적 한 군데가 포함되어 있다. 그것은 매우 잘 알려진 로이빙겐(Reubingen) 봉분묘로서, 그 내부에서는 기원전 1900년경에 세워진 매우 화려한 무덤과 매장과 관련된 구조물이 확인되었다([그림 5.5]). 이 구조물 위에는 돌무지를 쌓았고, 그 위에는 토분이 형성되었다. 그러나 이 봉분묘가 중세시대에 들어와 매장지로 재사용되었다는 점은 잘 알려져 있지 않다. 그 봉분묘의 정

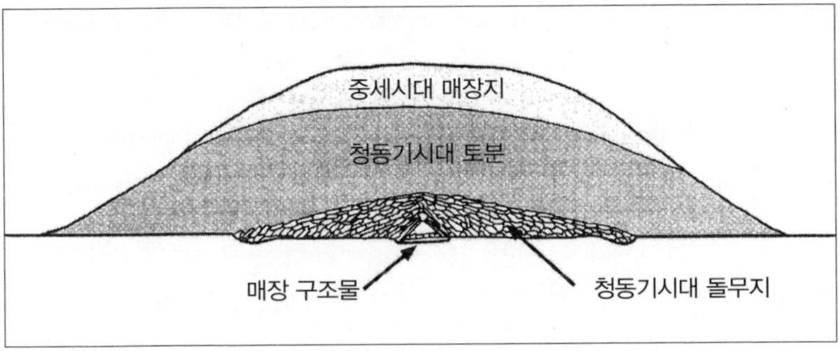

[그림 5.5] 여러 시기에 걸쳐 사용된 북부 독일 로이빙겐 봉분묘의 단면을 나타낸 모식도
출처: Sopp (1999)

정부에서는 무려 70기의 무덤들이 발견되었는데, 시신은 동서 방향으로 안치되어 있었고, 반지, 장신구, 도자(刀子)와 같은 유물들이 확인되었다.

물론 이것은 극단적으로 예외적인 경우에 해당된다. 왜냐하면 북부 독일에서는 훨씬 더 많은 수의 봉분묘들이 후기 선사시대에 재사용되었기 때문이다. 소프가 살펴본 유적들 중 재사용 행위가 가장 잘 확인되는 사례는 칼브스리트(Kalbsrieth) 유적이다. 이 유적은 승문토기(Corded Ware)단계[4]에 일련의 무덤들이 축조되고 그 위에 거대한 원형 봉분묘가 세워지면서 조성되기 시작했다(Sopp 1999: 228-9). 이후

4 유럽의 후기 신석기시대에 등장한 문화 중 하나로, 그중에서 가장 넓은 분포를 보인다. 기원전 2900년경에 유럽 중북부 지역에서 처음 등장했으며, 기원전 2800년경에는 라인강 지역까지 확산되었다. 이 문화는 주로 토기, 무덤, 그리고 부장품으로 사용된 도끼를 통해서 확인되며, 취락 유적은 거의 확인된 바 없다. 따라서 독특한 토기의 모습에서 비롯된 '승문토기 문화'라는 명칭 이외에도, 그 무덤이나 부장품의 양상을 따라 '쿠르간 문화(Kurgan Culture)', 혹은 '배틀액스 문화(Battle-Axe Culture)'라고도 불린다. Milisauskas, M. ed., 2002, *European Prehistory: A Survey*, New York: Springer.

발베르그 문화(Baalberge Culture)[5], 구형암포라 문화(Globular Amphora Culture)[6], 그리고 우네티체 문화(Unetice Culture)[7] 단계까지 이 유적의 중요성은 계속 유지되었다. 그리고 라텐 철기시대(La Tene Iron Age)와 대이주시대(Migration Period)에 원형 봉분묘가 재사용되었고, 마지막으로 전기 중세시대에는 매장지가 조성되었다. 그러한 사용의 전 시기 동안 봉분묘가 최소한 두 차례 이상 증축되었음을 알 수 있는데, 한번은 승문토기 단계에, 그리고 또 한 번은 구형암포라 문화 단계에 증축이 이루어졌다. 물론 이 봉분묘가 매장의 장소로 이용되지 않은 시기들도 있지만, 전반적으로 볼 때 그 사용의 역사는 신석기시대에 시작되어 매장지가 추가된 중세시대까지 이어진 것으로 볼 수 있다.

봉분묘의 재사용 과정이 늘 위의 경우처럼 복잡한 것은 아니다. 하지만 봉분묘가 여러 시기에 걸쳐 사용된 경우와, 그 중간중간에 명

---

5 이 문화는 '퍼널비커 문화' 혹은 'TRB 문화'의 변형으로, 기원전 3800-3500년경에 중부 독일과 보헤미아 지방에 분포했다. Mallory, J. & Adams, D. Q. eds., 1997, *Encyclopedia of Indo-European Culture*, London: Fitzroy Dearborn Publishers. 참고로 발베르그 문화와 다음 각주에서 언급되는 구형암포라 문화 모두 승문토기 문화보다 앞서 존재했던 문화인 만큼 이 부분의 내용에는 논리적 오류가 있다. 저자가 인용한 소프(Sopp 1999)의 독일어 저서를 옮긴이가 구하지 못한 관계로, 이 부분에 대하여 추가적으로 살펴보지는 못했다.

6 이 문화는 TRB 문화의 후신으로, 기원전 기원전 3400-2800년경에 엘베강 유역에서 드네프르강 중류 유역에 이르는 유럽의 중부 및 동부 지역에 분포하고 있다. Mallory, J. & Adams, D. Q. eds., 1997, *Encyclopedia of Indo-European Culture*, London: Fitzroy Dearborn Publishers.

7 이 문화는 중부 유럽의 대표적인 청동기시대 문화 중 하나로, 기원전 2300-1600년경에 보헤미아 지역을 중심으로 분포하고 있다. 이 문화는 뛰어난 청동기 제작 기술로 유명하다. McIntosh, J., 2006, *Handbook to Life in Prehistoric Europe*, Oxford: Oxford University Press.

확한 재사용의 행위가 확인되지 않은 시기가 끼어 있는 경우도 흔히 확인된다. 따라서 외페르제(Oeversee)에서는 전기 청동기시대에 축조된 봉분묘에 로마 철기시대 무덤들이 추가되었고(Bauch et al. 1989: 그림 13), 크베들린부르크(Quedlingburg)에서는 후기 신석기시대의 원형 봉분묘가 서로 다른 두 시기에 재사용되었는데, 라텐 철기시대에는 화장묘들이 추가되었고, 전기 중세시대에는 매장지로 다시금 사용되었다(Sopp 1999: 267-8)([그림 5.6]).

이러한 물질 증거는 두 가지 시사점을 제공한다. 첫째, 신석기시대부터 일부 조성되기 시작한 원형 봉분묘는 거석 무덤보다 훨씬 더 빈번하게 재사용되었던 것으로 보인다. 둘째, 기념물이 아주 오랜 시간 동안 지속적으로 재사용되었던 것 같지는 않다. 유적들의 사용 역사를 보면, 인간 활동의 증거가 나타나지 않는 시기들이 있어서 단절적 양상이 확인된다. 즉, 일부 원형 봉분묘는 거석 무덤보다 더 오랜 시간 동안 중요하게 인식되었을 수 있다.

지상 시설이 없는 무덤들을 통해서는 다른 문제들을 생각해 볼 수 있다. 그것들은 흔히 앞서 세워진 기념물들의 외곽이나 사이사이에서 확인되며, 이는 선행 구조물과의 관계 속에서 그 무덤들의 입지가 결정되었음을 시사한다. 다만 선행 구조물의 축조 시기와 그 주변에 추가된 무덤들의 시기 사이에 반복된 패턴은 보이지 않는다. 예를 들어, 구덴도르프(Gudendorf)의 거석 무덤 주변에는 후기 로마시대와 대이주시대의 무지상시설식(無地上施設式) 매장지가 조성되었다(Tempel 1981). 또한 하르네-슐로스(Herne-Schloss)에 있는 신석기시대의 원형 봉분묘 주변에는 전기 청동기시대와 로마시대 무덤들이 분포하고, 운터스테트(Unterstedt)의 원형 봉분묘 주변에는 대이주시대와

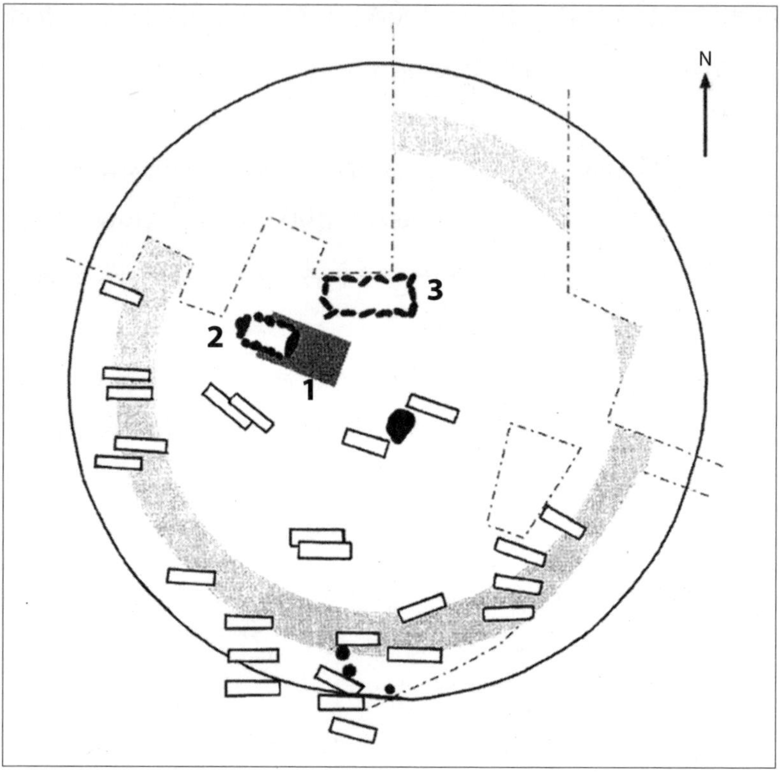

[그림 5.6] 북부 독일 크베들린부르크 유적에서 확인된 무덤 조성의 순서를 나타낸 도해
1: 최초의 후기 신석기시대 무덤, 2–3: 추가로 조성된 후기 신석기시대 무덤
●: 철기시대 화장묘, ▫: 전기 중세시대 무덤
출처: Sopp (1999)

전기 중세시대 무덤들이 분포한다(Sopp 1999: 221-3, 293-4). 마찬가지로 청동기시대의 봉분묘들에서도 한쪽에는 무지상시설식 철기시대 매장지가, 다른 한쪽에는 로마 철기시대 무덤들이 배치되기도 한다. 청동기시대 봉분묘 근처에서 일어난 후대의 활동을 보여 주는 증거로는 후기 로마시대, 대이주시대, 그리고 전기 중세시대에 조성된 매

장지들을 들 수 있다. 하지만 하나의 특정한 패턴을 보이지는 않는다.

한편 독자적으로 입지하고 있는 무지상시설식 매장지들도 있다. 다만 이 경우에는 두 개 혹은 그 이상의 단계에 걸쳐 조성되었으며, 각 단계들 사이에는 시간적 단절이 확인된다. 이 경우에는 일차적으로 세워졌던 일련의 무덤들이 표시되거나 기억되었던 것으로 보인다. 예컨대 쾨르미크(Cörmigk) 유적에서는 후대의 무덤들이 앞선 시대에 조성되었던 여섯 기의 후기 신석기시대 혹은 전기 청동기시대 무덤들의 위치를 존중하고 있는 양상이 확인되는데, 선행 무덤에 지상식 구조물이 세워져 있었던 것으로는 보이지 않는다(Laser 1959). 따라서 그 선행 무덤들의 위치가 어떻게 기억되었는지는 흥미로운 문제이다

지상 시설이 없었던 이런 무덤들은 많은 질문을 유발한다. 그것들은 원형 봉분묘에 비하여 시간적 단절이 확인되는 경우가 덜하지만, 간간이 시간적 단절이 나타나기도 한다. 이 경우에는 기존 무덤들의 입지가 알려졌을 가능성이 있다. 왜냐하면 그것들이 후대에 파괴된 사례는 매우 적기 때문이다. 이 매장지들이 이미 세워진 기념물 바로 옆에 조성된 경우는 별다른 문제가 없지만, 이런 경우에도 기존의 구조물이 세워진 시기와 그 이후의 매장지들이 조성된 시점 사이에 일관성 있는 관계는 확인되지 않는다.

정리하면, 이러한 연구들은 무덤의 재사용 행위가 사람들의 구체적인 선택의 결과로 일어났음을 보여 준다. 또한 그 선택은 그들이 거석 기념물과 원형 봉분묘의 차이를 제대로 인지하고 있었음을 보여 준다. 그들은 무지상시설식 매장지의 사용이 끝난 이후에도 그것들이 어디에 있는지 기억했던 것으로 보인다. 하지만 왜 이런 선택들이 이루어졌는지에 대해서는 명확한 해답을 얻기 어렵다. 이 문제

를 해결하기 위해서는 좀 더 좁은 지역 단위의 연구를 진행할 필요가 있다. 이미 확보된 자료를 통하여 확인되는 하나의 사실은 서로 다른 집단들이 과거에 대해서 서로 다른 태도를 취했다는 점이다. 이번 사례 연구에서 나타난 굵직한 경향성도 지역적 편차를 동반했던 만큼, 이것은 또 다른 접근 방식의 시발점이 될 수 있다.

기념물의 형식별 유형화: 유럽 대륙에서 라텐 단계의 장례용 담장시설은 어떻게 수용되었는가?

동일한 지점에 세워진 서로 다른 종류의 기념물들 사이에서, 설령 그 축조 및 사용 시점이 상당히 떨어져 있을지라도, 일련의 연관성을 갖는 지역들이 있다.

이와 관련해서는 북부 프랑스 지역으로 넘어가야 한다. 철기시대 기념물들 가운데 가장 잘 알려진 것 중 하나가 마른 상파뉴(Marne Champagne) 지역의 장례용 담장시설(funerary enclosure)과 방형 봉분묘이다. 그것들이 명성을 얻게 된 이유는 그 안에서 무기, 개인용 장신구, 심지어는 해체된 운송 수단 등 매우 화려한 유물을 갖춘 매장 시설이 발견되었기 때문이다(Demoule 1999). 그런데 이런 기념물들과 관련이 있는 장례 전통은 라텐 단계에서 훨씬 더 널리 사용되었다. 그것의 범주를 가장 넓게 잡으면 다양한 토축(土築) 사당들과 그 내부에 있는 작은 목제 건축물까지 해당한다. 또한 이런 장례용 담장시설들은 북부 프랑스에만 한정되어 있지 않고, 벨기에와 네덜란드에서도 확인된다(Wilhelmi 1990). 중부 유럽에서 확인되는 독특한 비어엑샨첸(Viereckschanzen) 유구[8] 역시 같은 원형(原形)에서 비롯되었을 수도 있다. 물론 그렇다고 해서 동일한 형식의 기념물이라 볼 수는 없으며, 그것들이 확인되는 모든 유적들이 특별한 기능을 가졌다는 것도 아니다(Büchsen Shütz, Olivier & Aillières 1989; Bittel 1998).

매장지에서 이런 작은 방형의 담장시설이 사용되기 시작한 것은 분명히 라텐 단계부터이다. 이 토축 시설물들은 지방 양식의 다양한 원형 봉분묘와 함께 사용되었는데, 종종 그것들을 파괴하면서 새롭게 조성되기도 했다. 이런 방형 담장시설이 사용된 것은 외부 지역에서 발생한 종교 체계와 상관이 있는 것으로 여겨진다. 왜냐하면 유럽 대륙의 서로 다른 지역에서 확인되는 방형 담장시설들은 외관상 유사하지만, 그 내부에서 진행된 매장 의례에는 공통점이 거의 없기 때문이다. 북부 프랑스에서 발견되는 후장(厚葬)의 무덤들은 더 광범위하게 일어난 이런 전개 양상의 한 가지 현상일 뿐이다.

방형의 담장시설과 봉분묘의 수용이 특정한 시기에 한정되어 일어났기 때문에 각각의 지역적 맥락을 간과하기 쉽다. 새롭게 등장한 대부분의 담장시설은 이미 조성되어 있는 매장지에 세워졌으며, 이때 매장지의 선행 무덤들과 단절된 요소는 발견되지 않는다. 하지만 또 다른 경우에는 이런 새로운 형식의 담장시설들이 더 앞선 시대의 기념물과 밀접하게 관련되어 있다. 주된 관계의 양상들은 다음의 사례 연구에 잘 나타나 있다.

---

8 방형의 구상(溝狀) 유구

[그림 5.7] 철기시대 매장지로 재사용된 북부 프랑스 포르테주아의 신석기시대 집단묘 유적
출처: Carré (1993)

대부분의 증거는 방형 담장시설과 원형 봉분묘 사이의 관계를 나타내는데, 종종 이런 기념물들과 취락 유적, 그리고 거석 무덤 사이에 관계가 형성되기도 했다. 앞서 언급한 노르망디의 포르테주아 유적에서는 알레쿠베르트 형식의 거석 무덤과 일련의 기독교 무덤들뿐만 아니라, 여기에서 다루고 있는 철기시대의 담장시설 사이에서도 직접적인 관계가 확인된다. 이 유적의 담장시설은 기원전 1세기에 세워졌으며, 그 안에서는 30기가 넘는 무덤들이 발견되었다(Carré 1993)([그림 5.7]). 이 토축 시설물은 거석 무덤의 뒷벽과 맞닿아 있었으며, 주변에는 작은 환호가 있었다. 구조물들 사이의 이런 관계가 거석 무

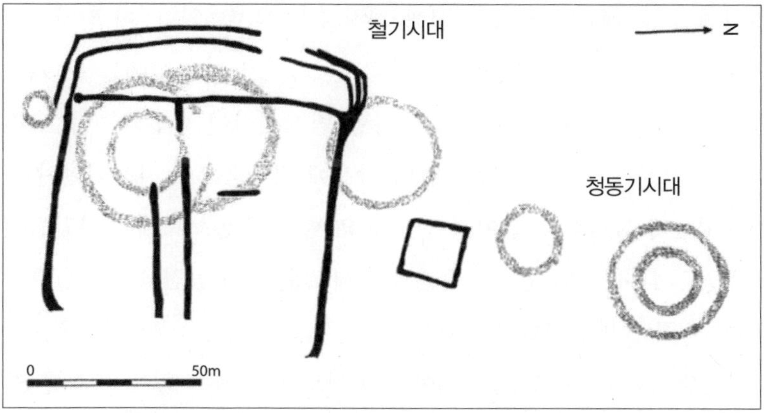

[그림 5.8] 북부 프랑스 콩실리르탕플르 유적의 청동기시대 봉분묘 매장지와 그 위에 조성된 일련의 철기시대 담장시설들

대형 방형 담장시설은 취락을 포함하고 있으며, 그 북쪽에 위치한 소형 방형 담장시설은 제의적 기념물로 해석된 바 있다.

출처: Pinnigre (1990)

덤과 기독교 무덤들 사이의 관계만큼이나 매우 조심스럽게 설정되었음은 의심의 여지가 없다.

파드칼레(Pas de Calais)의 콩실리르탕플르(Conchil-le-Temple)에서는 이러한 철기시대 구조물과 취락 유적, 그리고 일련의 청동기시대 봉분묘들 사이에 매우 뚜렷한 관련성을 확인할 수 있다(Pinnigre 1990)([그림 5.8]). 이 경우에는 고고학적 조사를 통하여 한 줄로 서 있는 대형 원형 봉분묘들이 확인되었는데, 그중 둘은 매장 구역의 사용 과정 속에서 하나로 합쳐졌다. 이 두 개의 봉분묘는 발굴 지역에서 확인되는 가장 큰 구조물들이다. 이 유적에서는 라텐 철기시대 동안 취락이 조성되었다. 이 취락의 주변으로는 거대한 방형 담장시설이 자리 잡고 있는데, 이 방형 담장시설은 그 안에 가장 큰 두 개의 봉분묘를 포함하면서 두 개의 봉분묘는 살짝 피하도록 설치되었다. 이 담장시설 내부에는 일련의 주택들이 배치되어 있었다. 또한 바깥에는 두 개의 청동기시대 봉분묘 사이에 작은 방형 담장시설이 확인되는데, 그것 역시 철기시대 중기에 세워졌으며 당시에 장례용으로 사용되었던 담장시설들과 동일한 모습이었다. 기존의 중요한 봉분묘들을 사람들의 생활공간 내에 편입시키고 주변에는 새로운 제의 공간을 설치함으로써 이 유적은 변형되었다.

방형 담장시설 중 철기시대 매장지로 발전하지 않는 것들은 종종 앞선 시대의 원형 봉분묘와 관련된 입지에 세워졌다. 이런 현상에 대해서는 꽤 많이 기록된 바가 있으나, 그 관계의 구체적인 양상에는 여러 가지가 있다. 어떤 유적들에서는 방형 담장시설 때문에 원형 봉분묘 매장지의 전반적인 배치에서 변화가 일어나기도 했고, 다른 유적들에서는 개별 봉분묘 자체가 변형되기도 했다.

예를 들어 욘(Yonne) 계곡의 수시(Soucy)에는 후기 청동기시대에 20기의 원형 봉분묘로 이루어진 매장지가 조성되었다(Baray et al. 1994). 그 뒤의 할슈타트 C단계에는 한 기의 무덤이 조성되었고, 할슈타트 D단계에는 기존의 원형 봉분묘 중 두 기가 다시 사용되었다. 라텐 단계의 초기에는 잠시 동안 휴지기가 있다가, 최종 단계에 들어와서는 이 유적의 가장 큰 원형 봉분묘를 중심으로 그 양쪽에 최소한 일곱 기의 방형 및 장방형 담장시설이 세워졌다([그림 5.9]). 이렇듯 매장지의 전개 양상에는 잠시 동안의 단절도 있었지만, 홀토르프와 소프가 다룬 사례들에 비하면 단절의 시간이 짧았다. 그러나 한편으로, 북부 독일의 많은 유적들과 마찬가지로 수시는 중세시대에 매장지로 또다시 사용되었다.

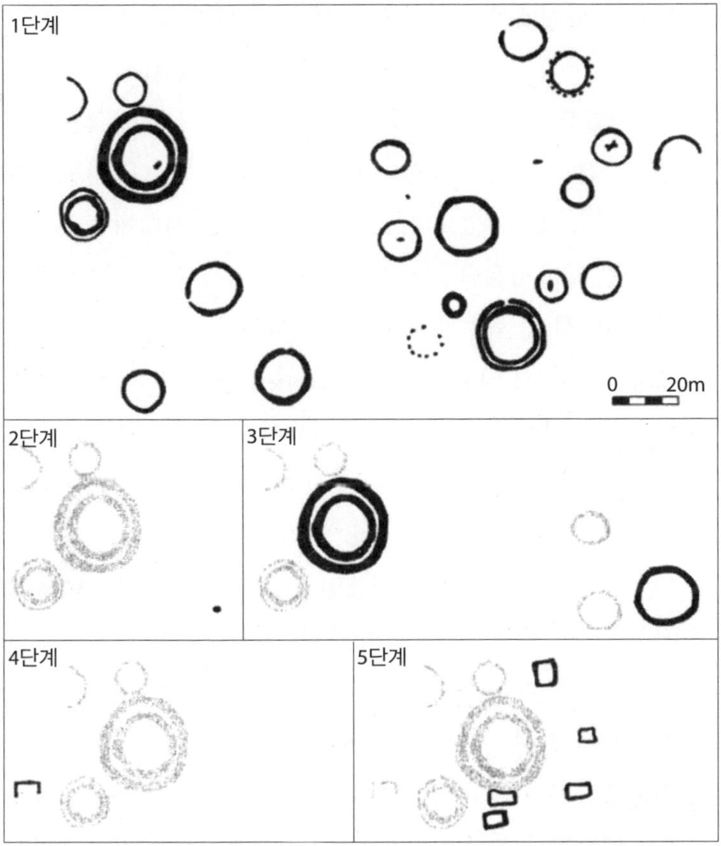

[그림 5.9] 북부 프랑스 수시 유적의 매장지에서 확인된 고고학 자료의 형성 순서
이 유적에서 확인된 선사시대의 인간 활동은 종말기 청동기시대 III단계부터(Phase 1) 라텐 B2단계(Phase 5)까지 이어진다.
출처: Baray et al. (1994)

다른 유적들에서는 청동기시대 토축 구조물과 라텐 단계의 토축 구조물 사이의 관련성이 명백하게 드러난다. 다음의 두 사례들은 특히 많은 시사점을 제공한다. 벨기에의 우르셀로센스트라트(Ursel-Rosenstraat)에서는 전기 혹은 중기 청동기시대에 원형 봉분묘가 축조되었고, 그다음 단계에서는 재건축이 이루어졌다(Bourgeois 1998). 그 후에는 그 모습이 유지된 채 이어지다가 후기 철기시대에 구조물이 또다시 재건되었고, 그 주변으로는 기존의 봉분묘 둘레에 설치되었던 환호의 일부분을 피해서 방형의 담장시설이 세워졌다. 이 유적에는 작은 매장지도 조성되었으며, 그 매장지는 로마시대에 들어와서도 중요한 공간으로 사용되었다. 이렇듯 청동기시대의 원형 봉분묘는 다시 사용되면서 더 적절한 형태로 재건되었던 것이다.

피카르디(Picardy)의 라칼로트리(La Calotterie)에서도 꽤 유사한 현상이 확인되었다. 이곳에서는 두 기의 청동기시대 원형 봉분묘가 발굴된 바 있다(Desfossées 1998)([그림 5.10]). 이 봉분묘 중 하나는 철기시대에까지 그 외관이 유지되었다가, 철기시대 말기에 또 다른 원형 봉분묘의 측면에 작은 방형의 토축 구조물이 축조되었다. 봉분묘 주변에 돌아갔던 기존의 환호를 파괴하며 세워진 이 토축 구조물은 두 개의 주된 분묘군과 관련되어 있었는데, 하나는 그 내부에 분포하며 또 하나는 그 외부에 분포한다. 또한 흔히 그렇듯이 이 유적의 사용 역사는 여기에서 끝나지 않고 후대에 아주 거대한 메로빙(Merovingian) 왕조 시대의 매장지가 조성되었다. 두 기의 청동기시대 원형 봉분묘 사이에 위치한 이 매장지는 원형 봉분묘 중 잔존하는 형체 한 기와 후기 철기시대의 무덤들을 파괴하지 않도록 조성되었다.

이런 서로 다른 관계들은 매우 독특한 모습으로 나타난다. 즉, 라텐 단계의 담장시설 중 일부는 원형 봉분묘들과 관련되어 있다. 많은 유적들에서는 담장시설들이 기존의 매장지에 추가되었고, 그렇지 않은 경우에는 그것들을 앞선 시대의 원형 봉분묘들과 연결시키기도 쉬웠을 것이다. 이는 당시까지도 이런 봉분묘들이 계속 축조되었기

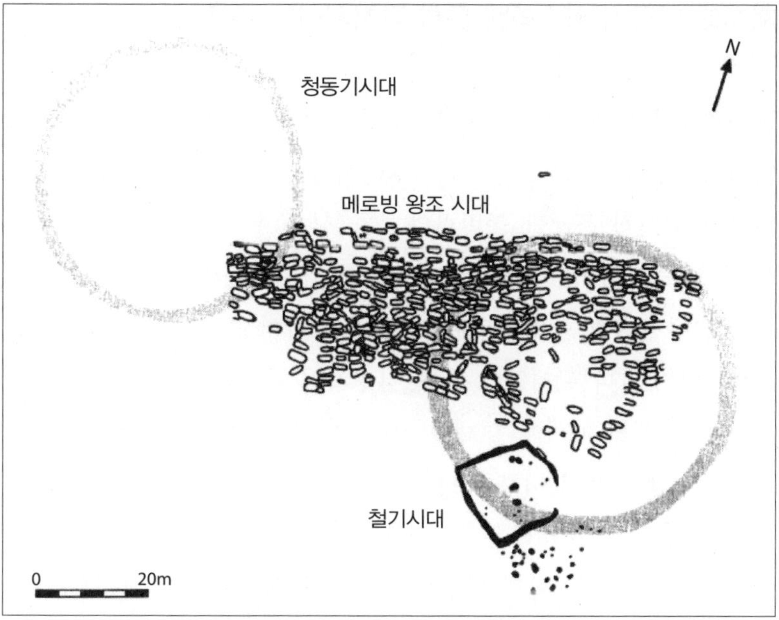

[그림 5.10] 북부 프랑스 라칼로트리의 청동기시대 원형 봉분묘와 그 위에 조성된 청동기시대 담장시설과 관련 무덤군

이후 이 유적은 메로빙 왕조 시대의 매장지로 다시 사용되었다.

출처: Desfossées (1998)

때문이다. 중기 및 후기 철기시대의 담장시설들은 흔히 후기 청동기시대 혹은 심지어 할슈타트 C단계까지 계속 사용되었던 원형 봉분묘들과 연결되어 세워졌다. 이 경우에는 원형 봉분묘들의 의미가 여전히 기억되었을 수도 있고, 잠시 동안의 단절이 다른 유적의 경우와는 달리 중요한 변수로 여길 필요가 없을 수도 있다.

저지대 영국에서의 라텐 문화 담장시설의 수용

철기시대에 작은 방형 혹은 장방형의 담장시설이 수용된 또 다른 지역이 있다. 그곳은 바로 저지대 영국이다. 이 지역의 경우에는 관련 자료가 해석적 문제를 동반한다. 요크셔 동부 지역에서는 이 시설물이 방형의 봉분을 가진 무덤과 함께 나타나는데, 이 무덤들은 대륙 유럽에서 보이는 형식으로, 그 부장 양상이 유난히 화려하다(Stead 1991). 하지만 다른 지역의 경우, 담장시설 기념물은 그 특징을 규정하기 힘들 뿐만 아니라, 연대를 상정하기도 어렵다. 그 기념물 중 일부는 무덤의 일부를 이루기보다는 독립적으로 존재했을 가능성이 있다. 그리고 몇몇 사례들은 작은 목축 건물의 흔적일 가능성도 있다. 그것들이 무덤과 공반되는 경우는 드물다. 흥미롭게도 브리튼 제도에서 이 기념물의 축조 역사는 상당히 길다. 가장 이른 사례들은 철기시대로 올라가지만, 로마시대 유적은 물론 전기 중세시대의 매장지에서도 담장시설이 확인된 바 있다. 블레어(Blair 1995)에 의하면, 이러한 시설물은 이교도 성소에서도 오랫동안 사용되어 왔다.

그런데 이러한 시설물과 유럽 대륙에서 보이는 철기시대 시설물은 형태적으로는 유사하지만 그 사용 방식에서 차이점이 발견된다. 앞서 살펴보았듯이, 유럽 대륙에서 그것들은 흔히 기존의 매장지가 있는 곳에 세워졌으며, 방형 담장시설 및 이에 추가된 봉분묘는 앞선 시대의 원형 봉분묘 무덤 전통을 대체하였다. 유구 간에 시간적 단절이 존재하는 경우에도, 서로 다른 종류의 기념물들과 유사한 양상의 공반 관계가 지속적으로 확인되며, 특히 철기시대에 이 담장시설들은 앞선 시대의 건축물과 깊은 상관 관계를 보인다. 즉, 단절이 존재하더라도, 기존에 존재했던 기념비적 건축물의 의의가 잊히지는 않았을 정도로 짧았을 것으로 보인다.

그런데 영국의 경우에는 이러한 상황이 성립되지 않았다. 왜냐하면 전기 청동기시대 이후로 원형 봉분묘의 축조가 급격하게 쇠퇴했기 때문이다. 따라서 새로운 이데올로기와 관련 문화적 요소들이 저지대 영국으로 소개되었을 때, 앞선 시대의 기념비적 건축물이 가지고 있던 의의는 이미 잊혔을 것이다. 실제로 방형 봉분묘의 전통이 잘 확인된 요크셔 동부 지역에서도 철기시대 기념물들의 위치와 청동기시대 봉분묘의 위치는 서로 다르다(Stoertz 1997).

이쯤에서 우리는 앞서 제1장에서 제시한 철기시대의 전설적 경관에 대한 배럿(Barrett 1999)의 인용문을 떠올릴 수 있다. 그는 후대 집단들이 주변 경관을 경험하는 데 앞선 선사시대의 기념물들이, 설령 더 이상 사용되지는 않더라도 중요하게 작용했을 것이라고 주장한 바 있다. 그것들은 경관 내에서 너무나 눈에 띄었기 때문에 사람들은 자신들의 주변 세상을 이해하는 데 그것들을 편입시켜야 했다. 즉, 그것들을 훼손하지 않는 행위 그 자체를 중요성에 대한 인정으로 이해할 수 있다.

영국 남부 지역을 대상으로 한 배럿의 이러한 주장은 웨섹스 지방의 고고학적 연구에 많은 영향을 끼쳤다. 그의 논문은 그 지역의 고고학 자료를 분석한 뛰어난 연구 사례로 평가할 수 있으며, 요크셔 월즈(Yorkshire Wolds) 지방의 고고학 자료에도 그의 해석적 접근을 적용할 수 있다. 하지만 웨섹스 이외의 지역에서는 그것이 불가능하다. 왜냐하면 그 외의 지역들에서는 철기시대 주민들이 앞선 시대의 잔해를 활용했음을 보여 주는 증거가 증가하는 추세이기 때문이다. 이와 관련해서 특히 소형의 방형 담장시설에 주목하게 된다. 대륙 유럽에서 이 기념물이 종종 앞선 시대의 흔적과 관계를 맺었다면, 영국에서는 이러한 관계 맺음이 일반적으로 나타났다.

물론 청동기시대 봉분묘의 자리 바로 위에 후대의 선사시대 취락이 조성된 경우는 매우 드물며, 철기시대 기념물이 장방형의 봉분묘나 관련 건축물과 직접적으로 연관된 사례도 드물다. 그나마 그 사례로는 요크셔월즈 지방의 커크번(Kirkburn) 유적을 들 수 있는데, 그곳에서는 구가 돌아가는 신석기시대 기념물 위에 방형의 담장시설이 축조되었다(Stead 1991: 24-8). 글로스터셔 지방의 울리(Uley)에서는 철기시대 담장시설이 유사한 형태의 선행 건축물에 추가되었는데, 그곳에서는 인골, 창날, 개인 장신구, 그리고 후기 철기시대 동전들이 출토된 매납 유구들이 발견되었다. 로마시대에 들어와 그것은 중요한 신전 건축물로 발전하였다(Woodward & Leach 1993).

또 다른 중요한 유적은 케임브리지셔 지방의 맥시(Maxey)이다 (Pryor et al. 1985: 2장, 3장)([그림 5.11]). 이 유적에서는 신석기시대의 여러 유구들이 확인되었는데, 그중 당시 특별히 중요하게 여겨졌던 것으로 보이는 기념물도 하나 포착되었다. 이것은 타원형의 봉분묘로, 이 무덤은 커서스(cursus) 기념물 내에 있었다. 그 봉분묘에 바로 인접해서 철기시대의 방형 담장시설 두 기가 세워졌는데, 두 기 모두 타원형의 봉분묘와 장축 방향이 동일했다. 타원형 봉분묘는 더 큰 원형의 토축 시설물 입구에 의도적으로 축조되었던 것으로 보이고, 이 토축 시설물은 헨지(henge) 기념물로 보이는데, 그 내부 중앙에는 원형 봉분묘가 세워져 있었다. 이 헨지 기념물의 바로 외곽에는 일곱 기의 방형 담장시설이 추가적으로 조성되었고, 형태는 비슷하지만

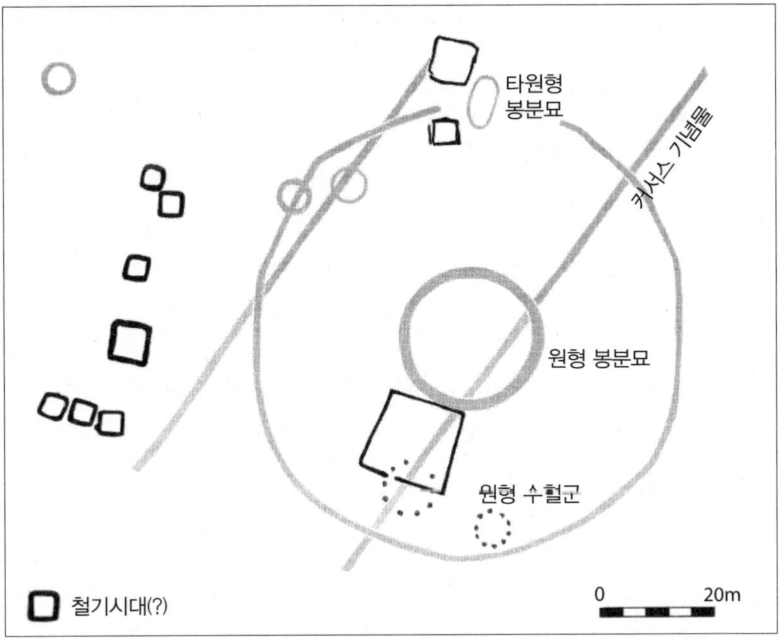

[그림 5.11] 잉글랜드 동부 맥시 유적의 일련의 철기시대 방형 담장시설과 공반하는 앞선 시기의 선사시대 기념물(커서스 기념물, 타원형 봉분묘, 원형으로 배치된 수혈군, 원형 봉분묘 등)

출처: Pryor et al. (1985)

규모가 더 큰 또 하나의 담장시설이 헨지 내부에 세워졌다. 즉, 신석기시대 기념물의 모든 요소들은 철기시대 기념물과 공반되는 양상을 보여 준다.

소규모의 방형 담장시설이 청동기시대 봉분묘와 병치되고 있는 사례는 더 많다. 예를 들어, 우스터셔 지방의 홀트(Holt) 유적에서는 청동기시대 원형 봉분묘 일부가 장방형의 토축 시설물에 포함되어 있었다(Hunt, Shotliff & Woodhouse 1986). 토축 시설물은 원형 봉분묘 중 하나는 훼손하지 않았지만, 또 하나는 절반으로 절단하였다. 그런데 그 내부에서는 주거지의 흔적이 확인되지 않았다. 그 대신 목축 건축물의 흔적으로 보이는 소형의 방형 시설물이 그 내부의 중앙에서 확인되었다. 그 옆에 동일한 형태의 또 다른 시설물이 서 있었는데, 이 경우에는 앞선 시대의 원형 봉분묘 일부 위에 축조되었다. 이 유적에서는 서로 다른 건축 요소들의 배치가 의도적으로 계획되었던 것으로 보인다.

이보다 더 복잡한 양상은 노포크 지방의 케이스터 성 에드먼드(Caistor St Edmund)에서 확인되었다(Ashwin & Bates 2000: 4장)([그림 5.12]). 이 유적에서는 최소한 네 기의 청동기시대 원형 봉분묘와 원형의 주혈군을 둘러싼 원형 토축 시설물이 확인되었다. 후기 청동기시대에는 세 기의 더 작은 봉분묘가 추가로 축조되었던 것으로 보이는데, 당시에는 기존의 매장 구역이 취락 내에 있었다. 후기 철기시대에 들어와서는 완전히 새로운 방식으로 공간이 활용되었다. 이 단계에서는 다섯 기의 방형 혹은 장방형 시설물이 일렬로 축조되었는데, 그 시작점에는 환상목렬이 서 있었고, 그 종점에는 매장 구역 가장자리에 큰 원형 봉분묘가 자리하고 있었다. 이 시설물들의 성격은 명확하지 않지만 그중 하나는 동시기의 고지성 방어 취락에서 보이는 신전들과 유사한 성격의 목조 건물이었던 것으로 보인다. 그 건물에 인접해서 철기시대 화장묘가 발견되었다.

이 건축물은 전기 청동기시대의 토축 담장시설 안에 세워져 있었는데, 그것은 그 담장시설과 관련된 환상목렬 일부를 파괴하면서 축조된 것이다. 또 하나의 방형 시설물은 후기 청동기시대 주거지에 인접해서 발견되었는데, 당시 그 주거지의 위치에 대한 기억이 남아 있었을 수 있다. 한편 철기시대 건축물들의 방향은 모두 선행했던 봉분

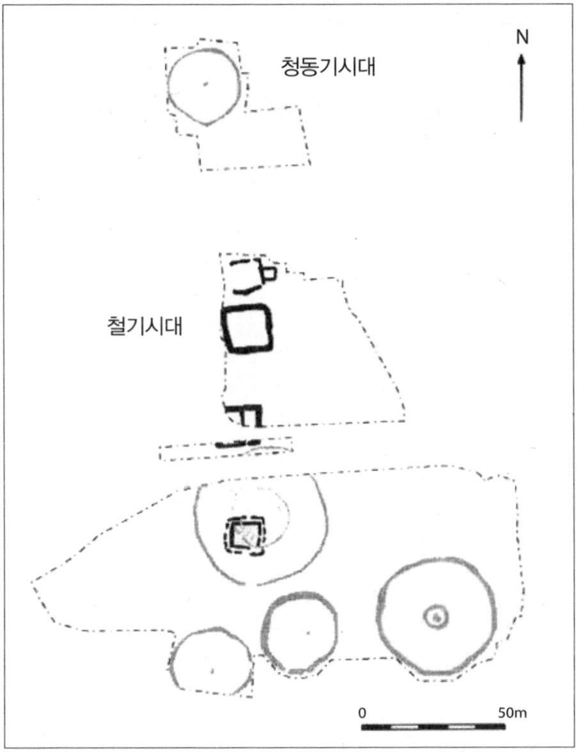

[그림 5.12] 잉글랜드 동부의 케이스터 성 에드먼드 유적에서 확인된 전기 청동기시대 기념물

일련의 철기시대 담장시설과 목조 신전과 함께 나타난다.

출처: Ashwin & Bates (2000)

묘 매장 구역의 제 요소와 관련된 것으로 보인다. 그런데 이 유적의 역사는 철기시대로 끝나지 않았다. 일렬로 배치된 방형 시설물들 너머에서는 앵글로-색슨시대 무덤들도 확인되었다. 즉, 이 기념물들의 재사용은 선사시대 이후로 이어졌다.

기원전 1세기 전반의 매장지가 발견된 서섹스주의 웨스트햄

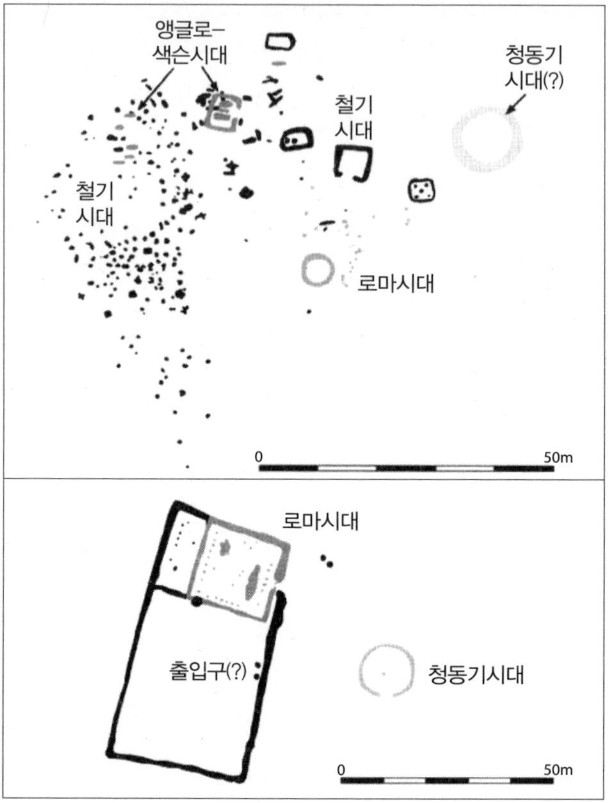

[그림 5.13] 잉글랜드 남부의 웨스트햄프넷에서 철기시대, 로마시대, 그리고 앵글로–색슨시대 방형 담장시설 및 관련 무덤이 원형 봉분묘나 원형 환호와 중복되어 확인된 상황(위)과 이 근처의 다른 유적에서는 아마도 성소였을 것으로 해석된 로마시대의 방형 담장시설의 장축이 청동기시대의 원형 봉분묘를 향하고 있는 모습(아래)
출처: 앤드류 피츠패트릭(Andrew Fitzpatrik)

프넷(Westhampnett)에서도 유사한 현상이 일어났던 것으로 보인다(Fitzpatrick 1997)([그림 5.13]). 이 매장지에서는 다수의 무덤과 화장지가 발견되었으며, 한편으로 가장자리 구역에서는 성소로 해석된 일련의 방형 혹은 장방형의 건축물도 확인되었다. 그것들은 철기시대 무덤들의 동쪽 편으로, 지금은 후대의 경작으로 사라진 두 기의 원형 봉분묘 근처에 있었다. 애석하게도 그 봉분묘에서는 편년에 관한 정보를 제공하는 어떠한 증거도 나오지 않았고, 로마시대와 앵글로-색슨시대의 무덤들도 분포하고 있어서 이 유적의 전개 양상도 매우 복잡하다. 그러나 한편으로, 300m 떨어져 있는 세 번째 원형 봉분묘의 경우에는 전기 청동기시대로 그 연대가 상정되었다. 그 옆에서는 로마시대 유적이 하나 발견되었는데, 이는 성소였을 가능성이 있다. 이 성소는 초기에는 방형 담장시설의 모습이었으나 이후 더 큰 규모로 재건축되었는데, 이 건물은 앞선 시대의 봉분묘를 향하는 동쪽 출입구를 가졌을 수 있다([그림 5.13] 참고, 보고서의 출간에 앞서 이 자료를 참고할 수 있게 해 준 앤드류 피츠패트릭에게 감사를 전한다).

웨스트햄프넷 유적에서 확인된 자료의 양상은 케이스터 성 에드먼드의 것과 유사하며, 각각의 유적에서 발견된 일련의 철기시대 성소들은 청동기시대 원형 봉분묘의 위치를 염두에 두고 그 위치가 정해졌던 것일 수도 있다. 웨스트햄프넷의 경우에는 이것이 가정으로 남을 수밖에 없지만, 기원후 2세기에 해당되는 웨스트햄프넷의 이웃 유적에서는 이러한 현상이 분명히 일어났던 것으로 보인다. 한편 웨스트햄프넷 유적에서는 케이스터 성 에드먼드에서와 마찬가지로 앵글로-색슨시대 무덤들도 있었는데, 그중 방형 담장시설 안에서 발견된 세 기의 무덤은 오랜 시간 동안 유지된 매장 건축물의 한 종류라는 주장에 무게가 실린다(Blair 1995). 철기시대 화장묘 매장지 역시 또 다른 가능성을 환기시켜 준다. 왜냐하면 발굴자는 대체로 비어 있는 원형의 공간을 둘러싸고 화장묘들이 배치되어 있다는 것을 확인했기 때문이다. 이 화장묘들이 후대의 경작으로 그 흔적마저 사라져 버린 봉분묘의 위치를 존중했을 가능성을 생각해 볼 수 있다.

이와 같은 유적들은 청동기시대 원형 봉분묘와 후대의 성소로 생각되는 건축물 간의 공반 관계 중 가장 일반적인 형태를 반영한다. 앞서 보았듯이, 로마시대에 들어와서도 유사한 성격의 공반 관계가 유지되었다. 하지만 이제는 앞선 시대의 봉분을 재사용한 다른 방식도 존재했음을 보여 주는 또 다른 두 군데의 유적을 살펴볼 수 있다. 하나는 노샘프턴셔주의 그렌던(Grendon)이고, 또 다른 한 곳은 베드퍼드셔주의 윌링턴(Willington)이다(Jackson 1995; Dawson 1996)([그림 5.14]). 각각의 경우 청동기시대의 봉분묘는 철기시대의 담장시설과 관련되어 있는데, 이 담장시설은 지금까지 살펴본 것과 같은 소형의 방형 구조물이 아니다. 그것들은 신석기시대의 제의 유적에서 종종 발견되는 긴 장방형의 형태를 하고 있다. 그렌던에서는 사다리꼴 모양의 담장시설이 기존의 봉분묘 앞에까지 다가가지만 그 선행 구조물을 침범하지는 않았다. 이 담장시설 안에는 원형의 건물이 서 있었다. 이 건물은 일반적인 주거지로 해석된 바 있으나, 이보다 더 특화된 기능을 가졌을 수도 있다. 윌링턴에서도 유사한 현상이 확인된다. 즉, 두 유적은 여러 가지 공통점을 보이는데, 규모가 대체로 유사하고, 내부 공간이 분할되었으며, 동서 장축 방향을 따르고 있고, 단벽 쪽에 청동기시대의 원형 봉분묘가 서 있다. 특히 윌링턴에서는 이 두 구조물 사이의 관계가 명확한데, 이는 담장시설의 벽이 봉분묘에 맞닿아 있기 때문이다. 게다가 돼지뼈가 매납된 청동기시대 수혈이 봉분의 한가운데에서 발견되었는데, 그 수혈의 위치는 담장시설의 장축 방향과 일치하고 있다.

이러한 관계 맺음을 설정하는 것이 왜 중요하게 여겨졌는가? 또

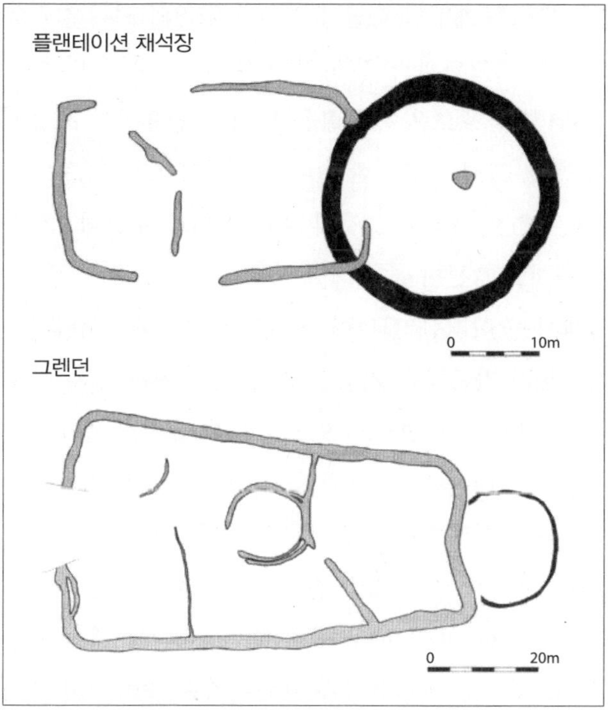

[그림 5.14] 잉글랜드 중부 지역의 그렌던 및 웰링턴 플랜테이션 채석장(Plantation Quarry) 유적

철기시대 방형 담장시설(옅은 음영)은 더 오래된 청동기시대 원형 봉분묘를 포함하고 있다.
출처: Jackson (1995); Dawson (1996)

한 채널 해협의 양쪽 지역에서는 왜 선사시대 구조물들 간의 위치에서 이러한 차이가 나타나는가? 방형 담장시설과 방형 봉분묘의 수용은 브리튼과 대륙 유럽에서 비슷한 시점에 일어났을 가능성이 있으며, 어쩌면 라텐 단계에 들어와 새로운 종교적 관념의 수용을 반영하는 것일 수도 있다. 프랑스, 벨기에, 그리고 네덜란드에서는 이러한 관념이 청동기시대 이후부터 사용되기도 한 매장지들의 조직 양상에도 영향을 끼쳤다. 새로운 개념들은 곧 동화되고 과거의 권위까지 얻게 되었다. 즉, 머나먼 과거와의 연결 고리를 설정하기 위해 더 이상 사용되지 않는 기념물에 새로운 기념물을 추가할 필요성이 드물게 있었던 것으로 보인다. 그러고 그러한 일이 일어나더라도, 기존 기념물이 너무 오래된 것은 아니라서 그것의 원래 의미가 부분적으로나마 기억되고 있었을지도 모른다.

그러나 영국에서는 이러한 상황이 성립되지 않았다. 왜냐하면 이곳에서는 과거로부터 잔존하는 기념물에 새로운 담장시설과 봉분이 직접 연결되었기 때문이다. 요크셔월즈 지방의 경우만 예외였고, 다른 지역에서는 철기시대 동안 전기 청동기시대 혹은 심지어는 신석기시대의 기념물과 직접적으로 연결시킨 기념물들이 축조되었다. 사실 기원전 1000년 이후에 봉분묘를 조성하는 전통이 완전히 단절되었음을 감안하면 놀라운 일도 아니다. 대륙 유럽에서는 계속 사용되고 있는 매장지에 새로운 기념물들을 포함시키는 것이 가능했지만, 영국에서는 그것이 가능하지 않았을 것이다. 그런 이유로 영국에서는 대부분의 작은 방형 담장시설이 훨씬 더 오래전의 기념물들과 관계를 맺고 있는 것일 수 있다. 배럿이 주장한 것과 달리, 청동기시대 봉분묘들은 훼손하지 않는 방식으로 존중되었던 것이 아니라 재사용되었던 것일 수도 있고, 이 과정에서 사자나 초자연적 존재를 기념하는 새로운 방식들에 대한 모종의 정통성을 부여해 주었을 수도 있다.

하나의 유적에서 보이는 기념물의 재사용: 타라 유적의 고고학

앞의 논의는 잉글랜드와 유럽 대륙의 일부 지역 간의 관계에만 한정된 것으로, 선사시대 아일랜드의 상황을 설명한다고 볼 수 없다. 왜냐하면 아일랜드에서는 신석기시대부터 철기시대까지 원형 봉분묘가 축조되었다는 증거가 포착되기 때문이다(Raftery 1994: 4장). 게다가 전 지역에 걸쳐 헨지 기념물과 관련된 대형의 원형 담장시설이 중요한 기념물로 사용되었던 것으로 보인다(Wailes 1982; Raftery 1994: 8장). 특히 타라(Tara) 유적에서는 매우 특징적인 기념물 조성 과정이 보이는데, 이것을 다루면서 이 장을 마치도록 하겠다. 타라 유적에 대한 전면적인 발굴은 시행되지 않았으며, 그나마 이루어진 조사에 대한 보고서도 아직 완전히 출간되지 않은 실정이다. 하지만 최근에 와서 이 유적을 구성하고 있는 개별 기념물들의 성격과 편년에 대한 정보를 제공해 주는 지형적 탐사와 지구물리학적 탐사가 광범위하게 이루어졌다(Newman 1997). 이러한 작업과 더불어 이 기념물들이 후대에 들어와 어떠한 상징적 의미를 가지게 되었는지에 대한 문헌사적 연구도 이루어졌다(Bhreathnach 1995). 아래에서는 이러한 작업의 내용을 전달하겠지만, 필연적으로 일부 사항에 대해서는 단순화시켜 소개할 수밖에 없다.

타라에서 인간 행위는 크게 세 가지 발전 단계로 나눌 수 있다(Newman 1997). 첫 번째 단계에서는 신석기시대 환호와 청동기시대 봉분묘 매장지가 조성되었다. 두 번째 단계는 철기시대에 해당하는 것으로, 이때 기존의 기념물들을 포섭하는 더 복합적인 기념물군이 조성되었다. 바로 이 단계에 들어와 타라는 왕족 중심지(royal center)로 부상하였는데, 그곳은 내번포트(Navan Fort)와 같은 아일랜드의 다른 왕족 중심지와 비견되는 규모를 갖추고 있었다. 마지막으로, 전기 중세시대에 들어와 이 유적은 아일랜드의 문학 작품을 통해 영원불변의 명성을 얻게 되었다. 당시 이곳의 역사적 의의와 그곳이 어떻게 사용되었는가에 대해서는 어느 정도의 정보가 있는데, 현재는 당시 그곳에 새로운 구조물이 조성되었음을 보여 주는 증거가 없다.

첫 번째 단계에서는 앞의 장들에서 살펴본 앞선 선사시대 기념물들과 비슷한 양상이 포착된다([그림 5.15]). 이 유적의 모든 토축 구조물들은 앞서 존재했던 건축물을 감안해서 축조되었던 것으로 보이며, 새로운 건축 단계마다 기존의 건축물은 재사용되거나 재건되었다.

첫 번째 단계의 타라 유적에서는 목책이 돌아가는 신석기시대의 환호 시설이 존재했는데, 이러한 환호는 아일랜드의 다른 유적에서 보이는 환호 시설물과 다르지 않다. 환호 시설물의 보존 상태가 너무나 불량하여 구체적인 논의는 할 수 없지만, 그 주변에 다수의 화장묘를 동반하는 패시지그레이브 무덤이 서 있었음을 알 수 있다. 이 거석 기념물의 입구 앞에는 백색의 화강암 입석 한 기가 서 있었던 것으로 보인다. 나중에 축조된 패시지그레이브 무덤은 선행하는 커서스 기념물이 끝나는 지점 바로 앞에 서 있었던 것일 수 있는데, 이것은 발굴을 통해서 확인해야 할 사항이다. 최근에는 지구물리학적 탐사를 통해 또 하나의 환호 시설물이 발견되었다(Newman 1999). 이 환호 시설물은 일종의 헨지 구조물인 듯하며, 두 줄의 수혈과 그 사이에 위치한 구로 이루어져 있다. 이 서로 다른 시설물들 사이의 시간적 관계는 명확하지 않다. 커서스 기념물은 이 유적의 첫 번째 환

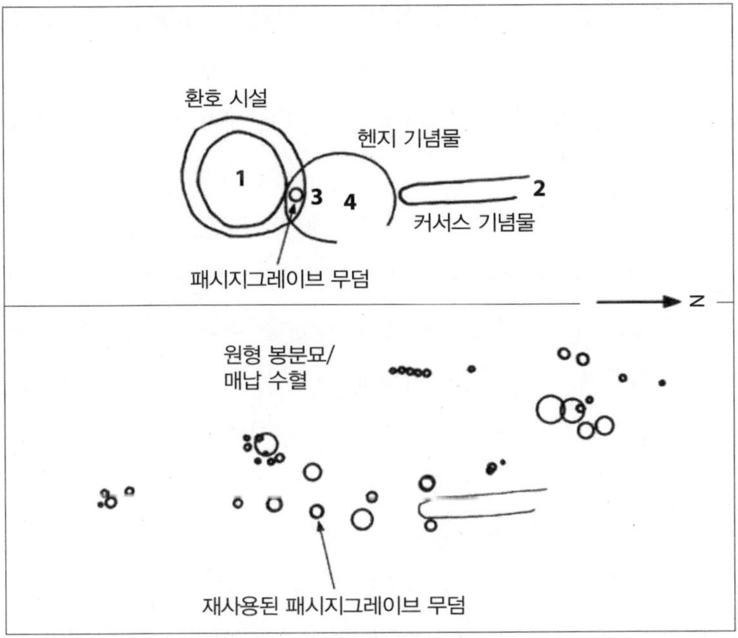

[그림 5.15] 타라의 '왕족 중심지'에서 확인된 앞선 선사시대 기념물들 간의 관계에 관한 모식도

위 그림은 신석기시대의 상황을 보여 주며, 아래 그림은 청동기시대에 나타난 유적의 재구성 양상을 보여 준다. 숫자는 기념물 축조의 순서를 나타낸다.

출처: Newman (1997, 1999)

호 시설물을 향하여 조성되었을 수도 있고, 아니면 패시지그레이브 무덤과 동시대에 조성된 것일 수도 있다. 그런데 분명한 것은 이 헨지 구조물의 평면 형태가 전형적인 원형이 아닌 타원형이라는 점이다. 이렇듯 타원형의 모양을 가지게 된 것은 어쩌면 북쪽에 있던 기존 커서스 기념물을 침범하지 않고, 서쪽의 패시지그레이브 무덤을 포함시키기 위함이었을지도 모른다. 1km 떨어진 지점에는 또 하나의 헨지 기념물이 있어서, 이 모든 기념물들은 함께 더 큰 제의적 복합 공간을 구성했던 것일 수도 있다. 어찌되었든, 타라의 언덕(Hill of Tara)에는 아일랜드의 대표적인 신석기시대 기념물에 해당하는 초기 환호 시설, 거석 무덤, 커서스 기념물, 그리고 헨지 기념물이 병치되어 있다.

이러한 유적의 핵심적 부분 주변으로 더 많은 기념물들이 조성되었다. 뉴먼(Newman 1997)에 의하면, 커서스 기념물과 패시지그레이브 무덤으로 이루어진 배치의 장축 방향을 따라 두 개의 원형 봉분묘가 서 있었고, 또한 청동기시대에는 유적의 다른 지점에 세 기의 원형 봉분묘가 추가적으로 세워졌다. 신석기시대의 봉분묘에서는 시신의 매장이 이루어졌고, 그 봉분 안에 다수의 화장묘가 추가되었다. 이 무덤들을 발굴한 결과, 화려한 부장품이 확인되었다. 중기 청동기시대에 들어와서는 타라 유적에 아주 눈에 띄는 유물들의 매납이 이루어졌는데, 그 원래의 맥락에 관한 정보는 없다. 그러한 유물로는 세 개의 황금 토르크 목걸이, 귀걸이 두 개, 그리고 청동 레이피어(rapier) 검이 있다. 뉴먼은 이 시기에 더 많은 원형 봉분묘들이 조성되었다고 주장하고 있다. 커서스 기념물이 끝나는 지점 주변에는 봉분 및 원형의 구가 군집을 이루고 있으며, 또 다른 일련의 봉분 및 원형의 구들은 커서스 기념물의 장축 방향을 확장시켜 나가는 양상을 보인다.

이 시기부터 타라는 중요한 봉분묘 매장지로 정착되었는데, 흔히 그 봉분묘들은 앞선 시대의 기념물들과 연관되는 양상으로 위치해 있었다. 패시지그레이브 무덤에 대한 재사용이 나타나 그 안에는 아주 많은 수의 시신이 안치되었다. 또한 커서스 기념물의 장축 방향이 가지는 의의는 여전히 유효했을 수 있다. 다만 구릉 정상부에도 봉분묘가 조성된 양상을 보면 신석기시대에 존재했던 배치의 질서는 점차 와해되었던 것으로 보인다.

타라 유적에서의 두 번째 단계는 철기시대에 들어와 왕족 중심지의 모든 요소들을 갖추게 되면서부터이다([그림 5.16]). 새로 축조된 핵심적인 구조물은 내부의 구와 외부의 토성을 이루어진 레이스나리그(Ráith na Rig)[9]라고 불리는 시설물이었다. 이것도 한때 헨지 기념물로 해석되었으나, 최근의 발굴 결과에 의하면 토성의 일부는 철기 제작과 관련된 노 시설 위에 축조되었다(Roche 1999). 따라서 그보다는 선사시대 후기의 제의적 유적에서 보이는 다른 토축 구조물과 관련해서 레이스나리그 시설물의 성격에 접근할 수 있다. 이 시설물은 구릉에 분포하는 앞선 시대 기념물들과의 관계 속에서 그 위치가 정해졌던 것으로 보인다. 그것은 지구물리학적 탐사를 통하여 확인된 선행 헨지 기념물의 가장자리를 침범했으며, 그 내부에는 패시지그레이브 무덤의 잔해가 포함되어 있다. 또한 그 안에는 원형 봉분묘도 몇 기 서 있었던 것으로 보이며, 커서스 기념물의 장축 방향과 일렬로 배치되었다.

뉴먼의 해석에 의하면, 다음으로 축조된 구조물은 레이스나세나드(Ráith na Seanadh)라고 불리는 원형 구와 토성으로 이루어진 시설물

---

9 이 시설물 역시 영어로는 'enclosure'로 불리고 있는데, 여러 겹의 환호와 토성으로 이루어진 이것의 구조는 여기서 '환호'로 번역한 'ditched enclosure'와도 다르고, '둑길 환호'로 번역한 'causewayed enclosure'와도 다르며, 앞의 절에서 '장례용 담장시설'로 번역한 'mortuary enclosure'와도 다르다. 따라서 기존의 번역어 중 그 어느 것을 사용하더라도 혼란이 야기되는 것이 우려되는 만큼, 본문에서는 'Ráith na Rig enclosure'를 '레이스나리그 시설물'과 같은 방식으로 나타냈고, 뒤에 나오는 [표 5.2]의 경우에는 철기시대의 'enclosure'를 '인클로저'로 번역했다. 본서의 해제도 참고할 것.

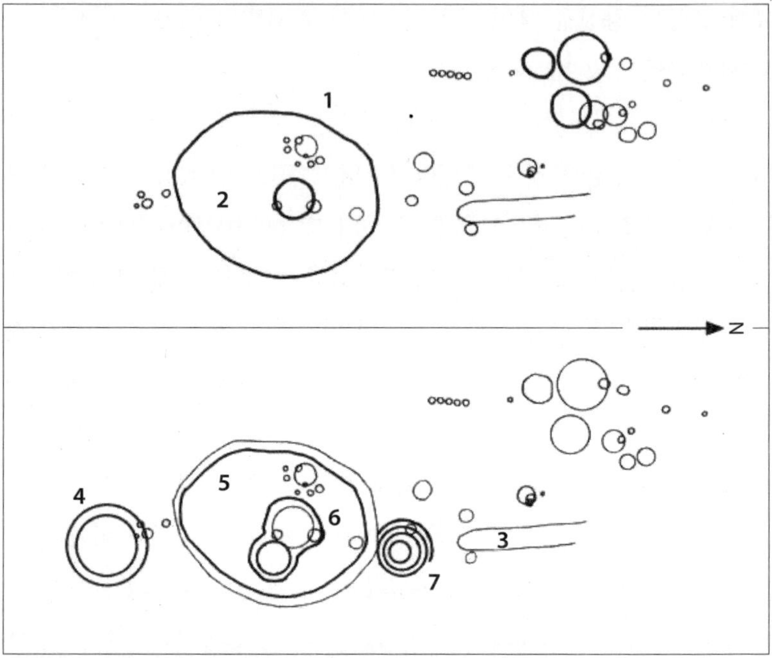

[그림 5.16] 타라의 '왕족 중심지'에서 확인된 철기시대의 확장 순서
위 그림은 처음으로 조성된 기념물군을 보여 주고 있으며, 아래 그림은 이곳이 가장 발달했을 당시의 모습을 보여 주고 있다.
1: 레이스나리그, 2: 중앙의 봉분, 3: 재사용된 커서스 기념물, 4: 레이스로게르, 5: 방어적 시설이 추가된 레이스나리그, 6: 중앙의 봉분이 고지성 방어 취락과 같은 모습을 갖추게 됨, 7: 레이스나세나드
출처: Newman (1997)

이었다. 참고로 이러한 그의 해석은 보고서가 미발간된 1950년대 발굴 조사의 성과를 통해 입증된다. 그것은 레이스나리그 시설물의 외부 토성에 맞닿아 축조되었고, 그 지점의 정반대 방향에 신석기시대 패시지그레이브 무덤이 있었다. 레이스나세나드 시설물은 여러 시기에 걸쳐 사용되었는데, 각 시기마다 그 내부에 무덤과 목조 건축물이 서 있었다. 뉴먼(Newman 1997)은 이 거대한 시설물의 반대 방향에 레

이스로게르(Ráith Lógaire)라고 불리는 또 하나의 덜 화려한 원형 시설물이 서 있었다고 주장하고 있다. 그리고 그 두 시설물 사이에 해당되는 레이스나리그의 한가운데에는 기존의 원형 봉분묘의 잔해 위에 새로운 원형 봉분이 축조되었다.

바로 이 거대한 무대 안에서 타라 유적의 마지막 토축 구조물들이 세워졌다. 그 내부에 존재하던 봉분은 더 큰 규모로 새로 축조되었고, 그 옆에는 환호가 돌아가는 고지성 방어 취락과 같은 공간이 조성되었다. 그리고 이 두 토축 구조물은 서로 연결되어 하나의 디자인을 이루게 되었다. 또한 같은 단계에 레이스나리그는 방어적 성격을 갖춘 기념물로 재건축되었다.

철기시대의 타라 유적은 왕족 중심지의 모든 요소를 갖추고 있었다. 초기의 문헌 기록에도 그렇게 기술되어 있다. 그곳에는 새로운 왕의 즉위식이 이루어지기에 적합한 중심적인 인공 구릉이 있었고, 내부에는 구와 토성이 돌아가는 거대한 시설물이 있다. 레이스나세나드는 동심원 모양의 토축 구조물 네 개로 이루어져 있었는데, 아일랜드에서는 매우 특이한 건축물에 해당된다. 또한 그 안에 세워졌던 목조 건물은 내번포트 및 철기시대의 다른 제의적 유적에서 보이는 건물과 그 모습이 유사하다(Cooney & Grodan 1994: 그림 10.2; Waterman 1997). 타라 유적에서 가장 흥미로운 점은 머나먼 과거가 그곳의 의의에 기여한 바이다. 이 왕족 중심지의 배치 양상을 결정한 것은 여러 신석기시대 및 청동기시대 구조물의 장축 방향이었는데, 그것은 여전히 구릉 위에서 확인할 수 있었고 또한 존중되었던 것으로 보인다. 신석기시대 커서스 기념물이 끝나는 지점에 레이스나세나드가 축조되었고, 레이스나리그는 패시지그레이브 무덤을 둘러싸도록 기획되었다. 레이스로게르는 커서스 기념물 및 패시지그레이브 무덤과 동일한 장축 방향을 따랐고, 이 유적의 한가운데 서 있는 인공 구릉은 앞선 청동기시대 봉분묘의 잔해를 포함하고 있었다. 즉, 새로운 구조물을 조성하는 과정에 앞선 시대의 잔존물이 포함되도록 모든 노력을 기울였던 것이다. 이 노력의 정도를 보면 타라의 왕들이 가졌던 권력이 부분적으로는 이러한 과거와의 연결 고리에서 왔음을 추정할 수 있다. 이 단계가 끝날 무렵, 아마도 이러한 권력에 대한 위협이 등장하면서, 이 유적에는 방어적 성격을 가진 시설물이 처음으로 조성되었다.

타라 유적의 마지막 단계와 관련해서 새로운 논의 사항들이 나타난다. 이 유적이 기원후 1000년 후반 동안 사용된 것은 명백하지만, 이 시기에 새로운 기념물들이 조성되었는지는 불명확하고, 이 시기에 해당하는 유물도 거의 없다. 그런데 흥미롭게도, 아일랜드 문학 작품에서 타라가 유명해진 것은 바로 이 단계이다.

문헌 기록에 의하면, 타라는 신들이 사는 곳으로서, 다른 세상으로 가는 통로가 있는 성스러운 장소이다. 그곳에서 신성한 왕들은 토지의 비옥함을 기원했고, 새로운 왕들의 즉위식이 이루어졌다. 인공 구릉은 대규모의 공적인 집회가 열리는 장소를 제공하기도 했고, 그곳의 왕들은 초기 아일랜드의 왕들 중에서도 특별한 지위를 가졌다. 전설에 의하면, 그곳에서 성 패트릭은 로게어(Lóegaire)왕에게 기독교를 전파했다. 전기 중세시대에 들어와, 서로 다른 집단들은 자신들의 조상이 타라와 연관되어 있다고 주장함으로써 권력의 정당화를 추구했다. 궁극적으로 이 타라의 언덕은 아일랜드 상왕들(High Kings of Ireland)의 자리로 특별한 의미를 부여받게 되었다.

[표 5.2] 타라 유적의 고고학적 유구의 조성 순서에 대한 해석

1단계(신석기시대 및 청동기시대)
1. 목책이 돌아가는 환호 시설, 패시지그레이브 무덤, 커서스 기념물, 헨지 기념물 축조 2. **패시지그레이브 무덤 재사용.** 원형 봉분묘 및 원형 환호 조성, **그중 일부는 커서스 기념물의 장축 방향을 따라서 조성**
중단(?)(후기 청동기시대)
기존 기념물에 금속 유물 매납(?)
2단계(철기시대)
1. **패시지그레이브 무덤이 그 안에 위치하도록** 배치된 중심 '인클로저' 시설물 조성. 인클로저 시설물의 내부 중앙에 커다란 봉분 조성. **커서스 기념물을 중심으로 인클로저 시설물로 들어가는 '접근로'로 활용. 커서스 기념물의 장축 방향을 따라 두 개의 소형 인클로저 시설물 조성** 2. 중앙 봉분에 추가적 건축 작업 진행, 중심 인클로저 내부에 원형의 방어적 시설물 축조. 중심 인클로저에 방어적 시설물 추가 3. 토축 구조물의 조성이 끝남
3단계(전기 중세시대)
1. **구전 전통 및 문헌 기록에서 토축 구조물에 대한 재해석이 이루어짐** 2. **기독교 교회 건축**

굵은 글씨로 강조된 것은 유적의 과거를 환기시키는 건축 행위이다.

기원전 11세기에 더블린이 새로운 정치적 중심지가 되면서 타라는 그 특별한 지위를 상실했다. 하지만 이후에도 전설적 중요성은 유효했다. 그 이후 그곳에 세워진 유일한 건축물은 기독교 교회로, 이 교회는 1212년 이후부터는 확실히 존재했던 것으로 확인된다.

문헌 기록이 사실에 얼마나 부합하는지는 명확하지 않으나, 최후의 토축 기념물이 세워진 이후에도 이 유적은 상당한 기간 동안 그와 같은 목적으로 사용되었을 가능성이 많다. 만약 그것이 사실이라면, 눈에 보이는 고고학적 유구의 조성이 끝나고 시간이 한참 지난 이후

에나 타라의 언덕이 아일랜드의 역사에 등장하게 되었던 것이다. 마지막 단계에는 이 유적의 경관이 오로지 고대의 기념물들로만 이루어졌던 것으로 보인다([표 5.2]).

요약

이 장의 첫 번째 부분에서는 로마시대 및 중세시대의 고고학 자료를 통하여 고대 기념물의 재사용 문제를 살펴보았다. 아직 해결되지 못한 문제가 많이 남아 있지만, 특히 해석, 갈등, 정당화의 세 가지 과정들이 매우 중요했던 것으로 보인다.

이 장의 두 번째 부분에서는 선사시대 유적의 재사용 문제를 다루었다. 이 중 몇몇 유적의 경우, 그 역사는 전기 중세시대까지 이어졌다. 우선 북부 독일에서 일어난 기념물의 재사용에 관한 지역적 연구를 제시하였고, 그런 다음에는 서로 다른 두 가지 분석 단위를 이용해서 더 자세한 연구를 진행하였다. 라텐 문화의 장례용 담장시설과 앞선 시대의 기념물과의 관계가 채널 해협의 양쪽 지역에서 어떻게 서로 달랐는지도 살펴보았다. 마지막으로, 아일랜드의 타라 유적의 발전 과정에 대하여 간단히 살펴보았다. 그렇다면 이러한 작업을 통하여 어떠한 결론에 도달할 수 있는가?

북부 독일에서는 동일한 고고학 자료에 대한 서로 다른 두 가지 해석을 비교할 수 있었다. 거석 기념물의 '일생'을 다룬 홀토르프의 연구와 더 많은 수의 분묘 기념물을 덜 이론적으로 접근한 소프의 연구가 그것이다. 각각의 연구는 과거 사람들이 머나먼 과거의 흔적에 대하여 잘 인식하고 있었으며, 그것들을 아주 선택적으로 재사용했음을 보여 주었다. 다만 관련 자료가 너무나 다양해서 재사용의 여러 가지 패턴들에 관한 간단명료한 설명을 제시하지는 못했다.

두 번째 사례 연구는 이보다는 더 구체적인 관계를 다루었는데, 라텐 장례용 담장시설과 그것과 관련된 기념물들 간의 관계가 그것이다. 유럽 대륙에서 라텐 장례용 담장시설의 등장은 새로운 종교적 믿음 체계의 수용을 반영하는 것일 수도 있으나, 그것들은 흔히 기존의 매장지 안에 조성되었다. 종종 이것이 불가능한 경우에는 이 새로운 종류의 구조물을 원래의 용도에 대한 기억이 남아 있는 청동기시대 혹은 초기 철기시대 봉분묘와 연결시켜 조성하는 것을 선호했다. 반면 잉글랜드에서는 유럽 대륙에서보다 수 세기 전에 봉분묘의 조성이 끝났기 때문에 방형의 장례용 담장시설은 그보다 더 머나먼 과거의 기념물과 연관되었던 셈이다. 즉, 잉글랜드 북동부 지역을 제외하고는 이 토축 구조물과 원형 봉분묘 사이에 동일한 관념적 연관 관계가 성립했던 것으로 보이는데, 다만 이 경우에는 원래의 용도가 잊혔을 만큼 상당히 오래된 건축물들과의 관계 맺음 속에서 그러한 관념이 성립되었다. 이로써 새로운 형태의 제의적 구조물이 과거를 통해 권위를 확보하게 되었던 것일 수도 있다.

타라 유적의 사례는 좀 더 많은 정보를 제공해 준다. 이 유적에서는 이 장의 첫 번째 부분에서 언급했던 모든 과정들이 확인된다. 철기시대의 왕족 중심지가 앞선 선사시대 기념물들의 잔해를 활용해서 세워졌다는 것과, 그렇게 함으로써 선사시대 기념물에 내포된 힘을 일부 확보했음은 의심의 여지가 없다. 아일랜드 전기 청동기시대의 가장 화려한 무덤들이 이 유적의 신석기시대 패시지그레이브 무덤의 재사용과 관련되어 있음은 우연이 아니다. 마찬가지로, 기원후 1,000년 동안 각자 자기들의 위치를 앞세우고자 했던 서로 다른 집단들은 자신들과 타라의 관계를, 때로는 거짓으로 주장하였다.

제6장 결론: 선사시대

스타우어헤드에서

1830년대에 다윈이 떠난 여정이 선사시대에 대한 인식을 확립하는 데 하나의 굵은 획을 그었다면, 한 세대 앞서 일어났던 나폴레옹 전쟁 역시 그러했다. 이는 전쟁으로 지중해 지역으로 가는 교통로가 막혔기 때문이다.

다윈과 마찬가지로 리처드 콜트 호어 경(Sir Richard Colt Hoare)은 젊은 시절에 여행을 널리 했던 사람인데, 그들 간의 공통점은 그것뿐이다. 그들의 가족 배경은 매우 달랐다. 다윈의 할아버지는 유명한 의사이자 시인이며 발명가이자 과학자였다(King-Hele 1968). 반면 콜트 호어 경의 할아버지는 성공적인 은행가였고 스타우어헤드(Stourhead)라는 정원을 만든 사람으로 유명하다(Woodbridge 1970: 1장). 콜트 호어 경은 그 영지를 물려받았지만 젊은 시절에는 몇 년 동안 외국에서 살면서 고전기 세계를 돌아다녔다. 그리하여 1819년에는 『이탈리아와 시칠리아에서의 고전기 여행(*A Classical Tour through Italy and Sicily*)』

이라는 책도 출간했다. 그런데 이 책이 출간되었을 무렵, 그는 선사시대 브리튼에 대한 고고학적 연구의 기반을 마련한 웨섹스 백악층(Wessex Chalk)에 대한 발굴을 준비하고 있었다(Woodbridge 1970: 2-4부; Annable & Simpson 1964: 1-6).

이러한 방향 전환에 대해 좀 더 자세히 살펴볼 필요가 있다. 그의 할아버지인 헨리 호어(Henry Hoare)는 18세기 중반에 스타우어헤드에 정원을 만들었고 그곳에 집도 지었다. 그런데 이 두 가지를 이해하기 위해서는 그것들이 각각 어떻게 과거와 관련이 있는지 살펴보아야 한다.

그 집은 잉글랜드의 팔라디안(Pallaidan) 양식으로 건축되었다. 그것은 약 200년 전에 안드레아 팔라디오(Andrea Palladio)라는 사람이 지은 이탈리아의 건물들을 모델로 삼은 건축 양식이었다. 그런데 팔라디오의 건물들은 고전기 건축의 영향을 받았던 것으로, 시골의 빌라를 가진다는 것 자체도 고전기 저술가들로부터 비롯되었다. 헨리 호어는 로마시대의 시골 저택에 살고 있었던 것이다.

그가 스타우어헤드에 조성한 경관의 근원은 다른 곳에 있었다. 그것은 한편으로는 클로드 로랭(Claude Lorrain)과 푸생(Poussin)의 17세기 그림들의 영향을 받았던 것인데, 두 화가 모두 고전기의 경관을 묘사했다. 스타우어헤드는 이러한 요소들을 많이 공유했다. 나무들은 군집을 이루고, 깊은 계곡과 호수가 있으며, 아주 멀리 구릉들도 보인다. 거기에 고전기 양식의 신전과 인공 석굴(grotto)도 있다([그림 6.1]). 우드브리지에 의하면, 그러한 디자인은 클로드 로랭의 작품 〈델로스에서의 아이네아스(*Aeneas at Delos*)〉에서 따온 것이었다(Woodbridge 1970: 33과 그림 2b). 이러한 비교는 여기에서 끝나지 않는다. 왜냐하면

[그림 6.1] 잉글랜드 남부에 있는 스타우어헤드의 경관

스타우어헤드에는 고대의 작품을 모사한 일련의 조각상도 있고, 건축물 두 곳에는 베르길리우스(Virgil)의 작품을 인용한 문구가 새겨져 있기 때문이다. 경관의 모든 부분은 특정한 지점에서 관찰되도록 의도되었고, 각각의 경관적 요소는 하나의 서사를 형성하도록 고안되었다. 우드브리지에 의하면 여기에서 다루어지고 있는 서사는 『아이네이드(*Aeneid*)』로, 이러한 사실은 호어가 직접 쓴 편지에서도 확인된다(Woodbridge 1970: 33-6).

그렇다면 왜 그러한 구체적인 연관을 설정하는 것이 중요했을까? 두 가지 가능성이 있다. 일단 어찌 보면 개인적인 의의가 있을 수 있다. 비어즐리(Beardsley)가 말한 바를 인용해 보자.

[스타우어헤드의 배치를 통해 확보된] 시각적·정신적 복합성의 기저에는 아주 풍부하고 자서전적인 밑바탕이 있다. 인공 석굴 안으로 들어가는 출입구에는 『아이네이드』 제1권에 나오는 구절이 있다. 또한 플로라 신전(Temple of Flora)에는 제2권에 나오는 구절이 있다. 한편 호수를 돌아가는 경로는 아이네아스의 여정과 관련된 우화를 나타낸 것일 수도 있는데, 특히 아이네아스가 그의 아버지를 만나기 위하여 지하 세상으로 들어갈 때 그 출발점이 아베르누스(Avernus) 호수임을 감안하면 그러하다. 호어의 독자(獨子)는 1751년에 사망했으므로, 그는 특히 이러한 아버지와 아들 사이의 만남을 떠올리고자 했을 수 있다.

(Beardsley 1989: 65)

우드브리지는 이보다는 훨씬 간단한 설명을 제시했다. 어쩌면 호어가 로마의 성립을 기념하고자 했을 수 있다는 것이다. 왜냐하면 그는 아이네아스와 마찬가지로 어떤 장소에 그의 가족을 정착시켰던 것이기 때문이다. 이것은 제2장에서 다룬 기원 신화에 관한 논의를 떠올리게 한다. 스타우어헤드의 기념물들 중 로마 세계와 관련이 없는 것은 이러한 관점에서 접근할 수 있다. 이것은 바로 앨프리드왕(King Alfred)에게 헌정된 벽돌탑이다. 그것은 스페인과의 전쟁을 기념하기 위해 축조되었다. 하지만 이 벽돌탑이 몬머스 출신의 제프리가 남긴 브리튼 왕들의 기록에 등장하는, 잉글랜드 왕들이 아이네아스 손자의 후손이라는 이야기와 관련이 있을 수 있음을 우드브리지는 제안하고 있다(Woodbridge 1970: 36). 물론 이것은 확실한 내용이 아니다. 왜냐하면 호어는 늙어서는 고딕 양식에도 관심을 가졌고, 스타우어헤드의 디자인에는 중세시대의 요소들도 추가되었기 때문이다.

그의 손자의 상상력을 자극했던 것은 고전기 세계와 관련되는 사항들이었다. 그가 이렇게 고전기 세계의 이미지들에 둘러싸여 있었던 것을 감안하면 리처드 콜트 호어 경이 고대 로마의 문화에 깊이 심취했음은 놀랄 만한 일이 아니다. 그가 스물일곱 살 때 부인이 죽자 그는 유럽 대륙을 널리 여행하면서 6년 동안 영국을 단 한 차례만 방문했다. 그의 여정은 이탈리아, 시칠리아, 스페인, 스위스, 독일, 그리고 말타섬으로까지 향했고, 연구에 맛을 들인 그는 에트루리아인들(Etruscans)의 도시를 조사하기 시작했다(Woodbridge 1970: 2부). 그가 집에 돌아오자 프랑스는 너무나 극적인 갈등 상황에 봉착해 있었고, 그리하여 당분간 유럽 대륙에 나갈 만한 현실적인 여건이 되지 않았다.

그래서 브리튼 제도에서 활동할 수밖에 없게 되자, 콜트 호어 경은 아주 다른 웨일스의 경관으로 눈을 돌리고, 중세시대의 역사와 건축물에 관심을 가지게 되었다. 그리고 한편으로는 주변 지역에 대한 연구에도 관심을 가지게 되었다. 이것은 윌리엄 커닝턴(William Cunnington)의 연구 결과 때문인데, 그는 윌트셔(Wiltshire)에 있는 선사시대 봉분묘에 대하여 일련의 발굴을 진행했다. 곧이어 콜트 호어 경도 이 작업에 관여하게 되었다. 그는 봉분묘의 발굴에 투자했고, 토축 기념물에 대한 실측도 의뢰했으며, 발굴 보고서의 출간도 기획했다. 그 결과 이 발굴에 대한 기록은 오늘날에도 사용된다(Annable & Simpson 1964: 1-6; Piggott 1989: 153-7).

그리하여 선사시대의 가장 이른, 그리고 가장 오래 지속된, 연구 중 하나가 원래는 완전히 다른 연구 분야에서 성장했던 학자에 의하여 진행되었다. 그는 로마시대의 빌라에 살았고, 그 빌라는 베르길리우스의 저술에 영향을 받았던 경관의 가장자리에 위치해 있었다. 그의 집 주변 영지는 17세기의 그림처럼 보이도록 되어 있었으나, 정작 그는 4,000년 전에 이곳에 살았던 사람들이 남긴 토축 기념물과 무덤을 연구하는 데 노력을 바쳤다.

다윈의 연구가 인간의 태고성에 대한 정설과의 단절을 의미했듯이, 콜트 호어 경의 윌트셔 봉분묘에 대한 연구 역시 단절을 가져왔다. 두 경우 모두 그 선행 전통은 강력했지만, 몇십 년이 지나자 그들의 입장은 선사시대 고고학의 주된 요소로 자리 잡게 되었다. 다윈의 사고는 시간 축의 연장을 필요로 했는데, 시간은 가장 오래된 문헌 기록이 등장했던 그 시점 너머로까지 이어질 필요가 있었다. 또한 콜트 호어 경과 커닝턴의 연구는 순전히 물질 자료만 가지고 역사를 재구성해야 하는 문제에 직면했다. 대륙의 알려진 유적들에 더 이상 접근할 수 없게 되자, 콜트 호어 경은 새로운 방식의 고고학에 집중하게 되었다. 연구자로서의 그의 경력에서 그러한 단절은 큰 학문적 발전의 계기를 상징한다.

과거를 새로 만들기

이러한 변화들이 왜 의미심장했는지 이해하는 것은 매우 중요하다. 일단 시간의 문제가 관련되어 있다. 콜트 호어 경이 지중해에 대한 연구를 진행할 당시는 이미 편년 체계가 존재했다. 그것은 고대 역사학자들의 저술과 로마 황제들의 연대기에 입각해 있었다. 또한 그것은 잘 기록된 사건을 통해서도 입증되었다. 그는 이 편년 체계를 이해하는 데 어려움이 없었을 것이다. 왜냐하면 그가 이해할 수 있는 방식의 체계였기 때문이다. 즉, 시간은 과거에서 현재까지 이어지는 하나의 전개를 가졌다. 제1장에서는 이러한 시간 개념이 자본주의의 산물임을 강조한 바 있다. 그렇다고 하면 은행을 소유했던 고고학자에게 이보다 더 적합한 시간 체계가 있었을까?

물론 콜트 호어 경은 이것 이외의 시간 인식 단위들에 대해서도 알고 있었을 것이다. 하나는 로마 문학의 중심축을 이루는 전설과 신화를 통해 기념되는 신들의 역사를 이루었던, 흐름이 존재하지 않는 시간이었다. 그것은 그 정의 자체가 말해 주듯이 창조의 시점으로 거슬러 올라갔다. 이것보다 더 중요한 것은 로마의 기원 신화였다. 이 신화는『아이네이드』서사시에 암호화되어 있는데, 그것을 통하여 로마 도시의 첫 등장은 트로이 전쟁 이야기와 연결되었다. 콜트 호어 경의 할아버지는 이 서사를 이용해서 스타우어헤드의 공원을 디자인했다. 이러한 주제가 사용된 것은 그것이 자서전적 의미를 가졌기 때문일 것이다. 물론 중세시대에 이 기원 신화를 이용해서 잉글랜드 왕조의 등장도 설명했음을 기억해야 한다.

콜트 호어 경이 조사한 선사시대의 잔적은 그의 상상력을 발동시켰다. 웨섹스에 존재하는 개별 기념물들이 로마시대 이전으로 거슬러 올라간다는 사실은 로마인이 남긴 도로들이 그것을 훼손했기에 쉽게 알 수 있었다. 그런데 이럴 경우, 그 잔적에 대한 연구가 기댈 수 있는 틀은 순전히 과거의 물질적 흔적 — 그가 측량한 기념물, 그가 발굴한 봉분묘, 그리고 그가 봉분묘에서 발굴한 유물군 등 — 을 통해서만 제공된다. 결국 19세기 말과 20세기 초에 들어와서야 고고학자들은 이러한 정보에 대하여 나름대로의 순서를 매겼고, 콜트 호어 경이 한 것보다 훨씬 더 정교한 방식으로 그 잔적에 대하여 서술하게 되었다. 그들의 작업은 웨섹스 지방에 있는 일련의 독특하고 특징적인 기념물들의 순서와 그것들 간의 관계, 그리고 그 내용물을 파악함으로써 이루어졌다(Piggott 1938). 특히 무덤에서 출토된 유물 복합체들의 순서를 매기는 데에는 대륙에서 확인된 비슷한 자료와 비교하는 것이 중요했다. 하지만 콜트 호어 경의 경우에는 그것이 가능하지 않았다. 그가 발굴한 자료들 사이에 존재하는 편년적 간극을 파악하기 위해서는 많은 시간이 지나야만 했다. 그는 그 길이가 어느 정도인지도 모르는 고고학 자료의 전개 양상에 직면하게 되었다. 또한 그 속에서 인간의 행위 변화는 그가 도저히 가늠할 수 없는 속도로 느리게 진행되었다. 선사시대는 문헌 자료가 부재한 상태만이 아니었다. 그것은 시간에 대한 새로운 접근을 요구했다.

콜트 호어 경은, 설령 그것이 문헌 기록과 아무런 연관이 없을지라도, 물질적 자료의 흔적에 대하여 기록하는 것을 매우 중시했다. 그에게 이것은 쉬운 작업이 아니었다. 왜냐하면 스타우어헤드의 디자인이 잘 보여 주듯이, 그가 성장한 전통에서는 고전기시대의 문화에 대한 참고를 통하여 개별 유물과 기념물에 대한 파악이 쉽게 이루어졌기 때문이다. 청동기시대의 부장품에 대한 보고서를 내면서 그에게는 지침이 될 만한 그 어떠한 문헌 자료도 없었다. 그는 처음부터 이러한 사실을 인지했고, 그래서 그의 인생 가훈은 '우리는 이론이 아닌 사실로부터 말한다'가 되었다.

이 인생 가훈은 콜트 호어 경이 진행한 연구의 특징을 잘 말해준다. 그는 주로 정보를 수집하고 정리하는 데 관심을 가졌다. 그는 발굴한 많은 유물을 직접 그리기도 했고, 그것을 보존하기 위해 사람들도 잘 조직했다. 그래서 오늘날에도 그 자료를 잘 연구할 수 있는 것이다. 그런데 또 다른 측면에서는 이 인생 가훈이 참으로 안타깝다. 왜냐하면 이것은 고고학자가 하는 작업이, 그들의 선입견이나 기대와는 상관 없는, 사실만을 수집하는 것이라는 생각을 나타내고 있을 뿐만 아니라, 자료에 입각한 이론화를 피해야 한다고 시사하고 있기 때문이다. 그의 발굴은 원래 윌트셔의 역사에 대해 기여할 목적으로 진행되었지만 그의 발굴 보고서는 그 지역의 선사시대 유물과 그 맥락에 대한 묘사에 불과했다. 그것을 기반으로 그 자료가 얼마나 오래되었는지 파악하는 작업은 100년이 지난 후에야 피곳(Piggott 1938)에 의해 이루어졌다.

이러한 시제의 이유는 우선 역사 서사에서 물질문화가 중심적인 역할을 할 수 있게 하는 방법론이 개발되어야 했다는 점에 있다. 참고로 이것은 선사시대 고고학의 발전을 이끈 또 하나의 주된 요소였다. 선사시대 고고학과 대부분의 역사적 연구는 각각 다루는 시간 단위가 다를 뿐만 아니라, 정보의 원천도 매우 다르다. 많은 역사학자들이 물질문화를 참고하지만 선사학자들은 그 모든 문헌 자료로부터 완전히 단절되어 있다. 그리하여 콜트 호어 경 이후 100년이라는 시간이 지난 후에야 차일드의 작업을 통해 물질 자료에 입각한 인류 역사 서술의 아주 명확한 방법론이 형성되었던 것이다. 그때가 되어서야 콜트 호어 경의 '사실들'에 대한 이론화가 가능해졌다.

야외 고고학에서의 과거: 수직과 수평

이 책은 다윈의 연구 경력에서 시작하여 콜트 호어 경의 연구 경력에서 끝을 맺었다. 그들이 동시대에 같은 국가에서 살았던 것은 우연의 일치이다. 필자가 이 두 인물을 선택한 것은 그들의 연구가 선사고고학의 발달에서 두 개의 서로 다른 줄기를 반영하고 있기 때문이다.

다윈의 저서는 고고학자들의 연구 방법에 지대한 영향을 끼쳤다. 이는 부분적으로 그가 인류의 태고성을 증명했기 때문이다. 또 한편으로는 그 자신과 그의 동시대 연구자들이 활용한 시간 측정의 방법 때문이기도 하다. 다윈은 지질학의 영향을 받았고, 그에게 진화의 확실한 증거를 제공한 것도 화석 자료였다. 그는 살아 있는 동물들에 대한 관찰을 통하여 종의 기원 메커니즘에 관한 몇 가지 추정을 했다. 하지만 장시간에 걸친 그 과정을 확인할 수 있었던 것은 화석 자료를 통해서였다.

시간적 순서의 측정에 대한 강조는 선사고고학의 발전, 특히 야외 고고학의 조사 방법에 큰 영향을 미쳤다. 여기에서 주된 인물은 피트 리버스(Pitt Rivers) 장군이다(Thompson 1977; Bowden 1991). 그는 지질학적 모델을 도입하여 현장에서 확인되는 층위에 따라 고대 물질문화의 발전을 측정했다. 그의 유명한 유물표는 마치 콜트 호어 경이 윌트셔의 서로 다른 봉분묘에서 출토된 유물에 대한 그의 기록을 믿었듯이, 당시 발견된 자료에 관한 객관적 기록으로 제시되었다(Pitt Rivers 1887-98). 하지만 피트 리버스의 진정한 목적은 이동할 수 있는 유물을 오랜 시간에 걸쳐 진화한 생물학적 유기체와 비슷한 방식으로 다루는 것이었다. 그는 고대 유물이 살아 있는 생물과 동일한 원리에 따라 진화했으며, 똑같이 적자생존의 과정을 경험했다고 보았다. 다만 이 경우 적자생존이란 그 실용성에 의하여 결정되는 것이었다. 즉, 가장 잘 기능하는 발명이 물질문화의 진화에 더 기여했다는 것이다. 그는 고대 유물의 성격을 고대 유물이 발견된 층위와 관련해서 이해했다. 그러한 방식으로 그는 민족지적 자료에 입각한 추측의 역사를 보완했다(Lucas 2001: 19-26).

피트 리버스는 발굴하는 과정에 지질학의 원리를 도입했지만 그 기저에는 이론적 틀도 존재했다. 만약 물질문화도 다윈이 주장한 진화의 원리를 따른다고 보여 줄 수만 있다면, 인간 사회의 변화가 아주 천천히 일어난다고 주장할 수 있다는 것이 그의 생각이었다. 피트 리버스는 스펜서의 사회진화론에 영향을 받았으며, 급격한 변화는 자연의 이치에 부합하지 않는다고 결론 내렸다(Bradley 1984). 그는 정치를 하고지 했으나 실패했고, 자신의 메시지를 널리 알리기 위하여 스스로 박물관을 개관했다. 그리하여 다윈의 연구는 고고학 자료가 어떻게 인식되는지에 대해서 영향을 미쳤을 뿐만 아니라, 사회 전반에 대한 해석에도 기여했다.

이러한 영향력은 20세기에 들어와서도 유효했다. 과정주의 고고학의 주된 발전 요소 중 하나가 사회 조직에 대한 연구였다. 그리고 서비스(Service)와 프리드(Fried) 같은 인류학자들이 제안한 추측에 기초한 역사는 엄청난 영향력을 가지게 되었다. 하지만 다윈의 유산이 가장 크게 작용한 것은 야외 고고학에서였다. 20세기 전반에 특히 휠러(Wheeler)와 같은 일련의 발굴자들은 피트 리버스가 주장한 발굴 과정에서 층위적 순서의 중요성을 강조했다. 야외 고고학에 대한 휠러(Wheeler 1954)의 책을 보면 그가, 그의 많은 동료들이 그러했듯이, 피트 리버스 연구의 기저에 있었던 이론적 아젠다를 간과했고, 피트 리버스를 순전히 천재적인 테크니션으로만 간주했음을 알 수 있다. 그리하여 층위적 순서를 확인하는 것에 대한 강조는, 구석기시대 동굴에서부터 철기시대 고지성 취락의 방어 시설에 이르기까지 너무나도 심해졌는데, 그 결과 인간 활동의 다양성에 대한 증거는 충분히 언급되지 못했다. 흥미롭게도 넓은 범위에서의 발굴이 진행되었음에도 불구하고 이러한 수직적 순서에 대한 집착은 여전히 유효하다.

이것은 야외 조사에 대한 보고서와 발굴의 기록 방식에서도 보인다(Lucas 2001: 5장). 가장 중요하게 사용되는 도구 중 하나가 층위도인데, 이것은 발굴을 통해서 확인된 모든 맥락들 사이의 편년적 관계를 도식화해서 나타낸다. 사실 그러한 기술은 책 한 권의 주제가 되기도 했다(Harris 1989). 또한 야외 조사의 기술을 다룬 그 어떠한 논의에서 그것은 압도적으로 다루어진다. 물론 그렇다고 층위의 중요성을 부정하는 것은 아니다. 다만 그것이 다윈의 진화론과 동일한 시간 개념을 동반하고 있음을 지적하고 싶을 뿐이다. 그것에 의해서는 과거에서 현재로 이어지는 단 하나의 시간 축만이 제공되는데, 그러한 측면에서 볼 때 발굴 보고서들은 시간을 어떻게 인식하고 어떻게 특정하는지에 대한 서양의 생각을 재생산하고 있다. 이러한 사실은 특히 발굴 보고서를 통하여 확인할 수 있는데, 발굴 보고서에서 층위와 유물의 순서에 관한 연구는 여전히 다른 측면의 연구를 압도하고 있다.

그러나 이러한 상황은 층위 발굴을 할 때 확인되는 두 가지 요소를 감안하면 문제가 많다. 일단 앞선 퇴적층을 침범하는 유구에 대하여 충분히 감안하지 못하며, 또한 발굴 당시 확인되는 '잔여(residual)' 유물을 너무나도 하찮은 것으로 치부하게 된다. 구나 수혈은 축적된 층위를 깎아 들어가기도 하며, 이 사실을 확인해야만 층위적 순서를 제대로 파악할 수 있다. 이러한 요소는 유적의 역사에서 중요한 역할을 했을 수 있다. 하지만 고고학자들이 그러한 성격의 유구를 명확히 확인하고자 하는 것은 앞선 층위를 파고 들어가면서 노출된, 더 오래된 고고학 자료가 그 안에 포함되어 있을 수 있기 때문이다. 이러한 자료는 연대 측정의 측면에서는 아무런 의미가 없으므로 '잔여' 유물이라고 묘사한다. 발굴된 구조물의 연대를 확인하기 위해서 그 유물은 완전히 배제되어야 한다.

하지만 이러한 자료와의 관계를 바라보는 또 하나의 방식이 있다. 19세기부터 답습해 온 지질학적 모델에 부합하는 선사시대 유적은 거의 없다. 후속 지표면은 시기적으로 앞선 맥락까지 침범하는 유구에 의해 깎여 나가며, 현대의 발굴에서는 마찬가지로 더 오래된 유물이 다시 지표면으로 노출된다. 이러한 비교는 더 진행될 수 있는데, 후속 세대들은 이렇듯 깎아 들어가는 유구를 통해 과거의 유물을 접하게 된다. 선사시대에도 사람들은 이러한 현상을 인지하고 있었을 것이다. 수많은 발굴에서 층위적 순서를 보면 더 앞선 시대의 고고학 맥락을 침투하는 틈들이 있는데, 이것은 과거와 현재를 이어 주는 일종의 통로로 여길 수 있다. 이러한 관찰 사항은 항상 해석에서 문제로 나타났는데, 현대의 고고학자들은 그것을 피하면서 작업하는 방법을 고안해 냈다.

다윈의 연구가 고고학의 발전 방향에 영향을 미쳤다면 콜트 호어 경의 경우도 마찬가지이다. 콜트 호어 경의 연구는 세 개의 서로 다른 세계에 걸쳐 있었다. 지금까지는 연구의 초점이 로마시대의 시각적·문학적 문화에서 선사시대의 이동할 수 있는 유물로 바뀐 것에 대하여 논의했다. 그런데 중요한 것은 그가 야외 고고학의 선구자였다는 점이다. 이 경우에도 그에게는 뛰어난 능력의 동업자가 있었는데, 그가 바로 필립 크로커(Philip Crocker)였다(Woodbridge 1970: 210-7).

두 사람은 함께 웨섹스의 저지대에 현존하는 토축 구조물을 많이 기록했다. 그들의 노력 덕분에 현대 농업에 의한 파괴가 일어나기 전에 그것들을 확인할 수 있었던 것이다. 물론 그들이 이러한 연구를 진행한 최초의 사람들은 아니었지만, 그들이 진행한 연구와 맞먹는 야외 조사가 진행되기까지는 수 년이 흘러야만 했다.

콜트 호어 경과 커닝턴이 발굴한 봉분묘 외에도, 경작지, 토지 분할체계, 고지성 방어 취락, 그리고 환호 시설도 조사의 대상이 되었다. 19세기 초에도 이러한 토축 기념물이 확인될 수 있었다는 사실 역시 고고학자의 시간 관념과 관련해서 중요한 시사점을 제공한다.

지질학적 모델에서 파생된 수직적 모델과는 반대로 야외 고고학은 '수평적' 축을 강조한다. 그것은 넓은 지역에 걸쳐 존재하는 과거의 잔적을 지도에 표시하는 것에 관심을 두고 있다. 물론 그렇다고 해서 편년적 관계의 설정을 무시하는 것은 아니다. 경관 내에서 특정한 요소들이 어떠한 순서로 발전했는지 확인하는 것은 분명히 중요하다. 그것은 흔히 서로 겹쳐 있는 토축 기념물의 구조적 순서를 확인하는 방식으로 진행된다. 이러한 과정은 발굴과 다르지 않지만, 이 경우에는 '수직적' 요소가 관여하지 않는 것이다.

야외 조사는 과거의 잔적을 시각적으로 확인할 수 있다는 가정에 바탕을 두고 있다. 그것이 땅에 묻혀 있는 것이 아니라 지표면에 나타난다고 본다. 시간의 흐름은 이 요소들을 숨기지 않았다. 오히려 그러한 요소의 남발이 이루어졌기에, 고고학자가 해야 하는 작업은 고고학적 양상의 가장 기본적인 흐름을 파악하는 것이다. 오늘날 우리 눈으로 과거 행위의 결과물을 볼 수 있듯이, 선사시대 사람들도 그것을 볼 수 있었을 것이다. 이는 콜트 호어 경이 지중해 지역에서 대면

한 고대 건축물의 경우뿐만 아니라, 잉글랜드 저지대에서 기록한 토축 기념물의 경우도 마찬가지였다. 이러한 증거는 항상 관심의 대상이었기 때문에 그것에는 서로 다른 시간의 흔적들이 집결되어 있다. 고고학 발굴의 이미지는 숨겨져 있던 것을 드러낸다는 것이다. 야외 고고학은 그 시작점부터 끝난 시점까지 일어난 여러 시대의 현상들이 응집된 상황에서, 그 서로 다른 시대의 현상을 비교하는 것이다.

이러한 대조는 고대에도 중요하게 작용했을 것이다. 이동할 수 있는 물질문화는 그것이 생산되고 나서 한참 동안 순환되었을 것이고, 어떤 물품들은 전세품이 되었고 또한 어떤 물품들은 처음 매납된 이후 다시 발견되기도 했다. 그런데 토축 기념물을 축조하거나 다른 방식으로 지형의 모습을 변형시킨 경우는 이와는 상황이 달랐다. 구조물은 항상 존재했고, 후속 세대에게 문제로 작용했다. 그것의 존속 자체는 여러 가지 선택을 동반했다. 그것을 무시할 수 있었고, 훼손시킬 수도 있었으며, 그것의 의미를 재해석할 수도 있었다. 혹은 그것의 물질적 외관을 새로 재건하기도 했다. 이것은 지속성이라는 단순한 차원에서 접근할 문제가 아니다. 그것은 이 요소들이 원래 가지고 있던 기능이 한참 잊힌 후에 일어난 전략적 선택의 결과였다. 원칙적으로 각각의 발굴 맥락은 특정 순간의 사진과 같은 기능을 한다. 넓은 경관 속에서 잔적이 지표면에 살아남은 경우에는 서로 다른 시대의 산물이 동시에 모습을 드러냈을 것이고, 그러한 측면에서 시간을 단선적으로 보는 시각을 고수하기가 상당히 어려웠을 것이다. 경관은 서로 다른 시간 축들이 교차하는 지점이며, 고고학자들은 항상 이러한 사실을 받아들여 왔다. 그들이 종종 잊고 있는 것은 과거의 흔적에 직면했을 과거의 사람들 역시 그러했을 것이라는 점이다.

필자는 고고학자들이 과거에 대하여 생각하는 서로 다른 두 가지 방식을 보여 주기 위해 서로 다른 현장 조사 방법을 비교해 보았다. 각각은 19세기에 있었던 전통과 연관시킬 수 있다. 사실 지형에 대한 조사의 역사는 더 오래전으로 거슬러 올라간다. 각각의 방법론은 시간에 대한 특정한 관념을 동반한다. 발굴은 맥락이 쌓인 순서에 기초하고 있는 반면, 야외 조사는 지표면의 요소들이 점진적으로 축적된다는 것에 기초하고 있다. 그래서 전자의 경우 시간은 단선적이고, 맥락들은 순차적으로 쌓인다. 후자의 경우에는 다수의 시간 축이 존재하고, 시간은 서로 겹쳐 있다. 콜트 호어가 윌트셔에서 조사한 토축 기념물들은 수백 년에 걸쳐 축적되었던 것이다. 필자는 바로 이러한 후자의 시간 개념이 고고학적 연구에는 더 적합하다고 생각한다. 앞 장에서는 특히 이러한 유산을 받아들인 선사시대 사람들이 이를 어떻게 활용했는지에 대해 살펴보았다.

코다(Coda): 시간의 정원

이 절의 제목은 발라르(J. G. Ballard 1984)의 작품에서 따왔다. 그것은 선사시대에 관한 작품은 아니지만, 많은 것을 연상시키는 이 표현은 콜트 호어 경의 스타우어헤드 영지에도 적용될 수 있다.

앞서 필자는 스타우어헤드의 조성 과정에서 그 기저에 존재했던 관념들에 대해 묘사했으며, 특히 그것들이 어떻게 고전기와 중세 시대의 문헌에 기초했는지 살펴보았다. 그 관념들은 스타우어헤드의 모습으로 콜트 호어 경을 거쳐 그의 손자에게로 전해졌고, 과거에 대한 후자의 시각에 많은 영향을 미쳤다.

또 다른 차원에서 정원의 배치는 고고학 자체에 관한 이미지를 제공해 주기도 한다. 이 이미지는 특히 이 학문이 가지고 있는, 시간에 대한 독특한 접근 방식을 강조하고 있다. 스타우어헤드에서는 서로 다른 시대의 시각적 문화가 하나의 디자인에 뒤섞여 있다. 고전기 시대의 조각상도 있지만 중세시대의 십자가도 있다. 또한 공원에는 이교도 신전도 있다. 그리고 호수의 한쪽 끝에는 현대의 마을도 위치해 있다. 한때 이곳에는 고전기 건축물과 함께 고딕 양식으로 지어진 허물어진 수녀원도 있었고, 콜트 호어 경이 살았던 집에도 16세기에 건축된 부분과 훨씬 더 오래전으로 거슬러 올라가는 고대의 원형이 뒤섞여 있다. 그의 집은 로마시대 저술가들이 묘사한 로마의 시골 빌라를 재해석한 것이었는데, 이것은 공원의 배치 역시 고전기 그림에 영향을 받았듯이, 한편으로는 과거가 재창조되고 또한 재사용될 수 있음을 보여 준다. 또 다른 한편으로, 스타우어헤드의 경관은 고고학 자료의 또 다른 측면을 나타내기도 한다.

콜트 호어 경이 윌트셔의 봉분묘에서 습득한 유물들의 컬렉션은 한때 그의 집에 전시되었지만, 정작 집의 주변 경관은 주로 로마시대의 과거를 연상시킨다. 그것은 선사시대의 이미지로도 활용될 수 있다. 그 호수의 가장자리에는 서로 다른 시대의 기념물들이 예술적으로 잘 배치되어 있다. 그것들을 이해하기 위해서는 각각의 기념물이 원래 축조되었을 당시에 그것의 영감이 된 바를 떠올리면 안 된다. 왜냐하면 이 건축물들 사이의 관계가 개별 요소들의 합보다는 더 크기 때문이다. 스타우어헤드에서는 서로 다른 시대의 표상들이 함께 어우러지게 되었고, 그러한 측면에서 이곳은 진정한 의미에서 시간의 정원이다. 여기에서의 삶은 여러 개의 서로 다른 과거들이 존재한다는 것을 인식하는 삶이었고, 과거와 현재가 만나는 삶이었다. 선사시대에도 이와 비슷했을 것이며, 이 책에서는 이것이 어떻게 이루어졌는지에 대해 몇 마디를 하고자 했던 것이다.

❁ 참고문헌

Adam, B. 1990 *Time and Social Theory*, Cambridge: Polity Press.

Anati, E. 1968 *Arte rupestre nella regione occidental della Peninsula Iberica*, Brescia: Archivi di Arti Preistorica.

Andre, J. 1961 'Les dolmens morbihanais remployés á I'époque romaine', *Ogam* 75: 248-54.

Annable, K. and Simpson, D. 1964 *Guide Catalogue to the Neolithic and Bronze Age Collections in Deuizes Museum*, Devizes: Wiltshire Archaeological Society.

Appadurai, A. (ed.) 1986 *The Social Life of Things*, Cambridge: Cambridge University Press.

Ars, E. 1997 'Les figurines gallo-romaines en terre cuite en Morbihan', *Bulletin et Memories de la Societe Polymathique du Morbihan* 123: 41-54.

Ashwin, T. and Bates, S. 2000 'Excavations on the Norwich Southern Bypass: Part 1', *East Anglian Archaeology* 91.

Bailey, D. 2000 *Balkan Prehistory*, London: Routledge.

Bailloud, G., Boujot, C., Cassen, S. and Le Roux, C.-T. 1995 *Carnac. Les premiéres architectures de pierre*, Paris: CNRS.

Bakels, C. 1978 'Four Linearbandkeramik settlements and their environment', *Analecta Praehistorica Leidensia* 11.

Ballard, J. G. 1984 'The garden of time', in J. G. Ballard, *The voices of Time*, pp. 115-23, London: Jonathan Cape.

Baray, L., Le Goff, I., Thébault, D. and Villeneur, I. 1994 'La nécropole de soucy/ Mocques Bouteilles', in L. Baray, S. Deffresigne, C. Leroyer and I. Villeneur (eds.) *Nécropoles protohistoriques du Séonais*, pp. 84-171, Paris: Editions des Sciences de I'Homme.

Barber, L. 1980 *The Heyday of Natural History 1820-1870*, London: Jonathan Cape.

Barclay, A. and Harding, J. (eds.) 1999 *Pathways and Ceremonies: the Cursus Monuments of Britain and Ireland*, Oxford: Oxbow.

Barfield, L. 1995 'The context of statue-menhirs', *Notizie Archeologische Bergomensi* 3: 11-20.

Barnatt, J. 1998 'Monuments in the landscape: thoughts from the Peak', in A. Gibson and D. Simpson (eds.) *Prehistoric Ritual and Religion*, pp. 92-105, Stroud: Sutton.

Barrett, J. 1999 'The mythical landscape of the British Iron Age', in W. Ashmore and A. B. Knapp (eds.) *Archaeologies of Landscape*, pp. 253-65, Oxford: Blackwell.

Bauch, W., Clausen, I., Kramer, W. and Kuhn, H.-J. 1989 'Sechster Arbeitsbericht des Landesantes für Vor- und Frügeschichte von Schleswig-Holstein. Grabungs-berichteder Jahre 1978-1979', *Offa* 46: 333-98.

Beardsley, J. 1989 *Earthworks and Beyond. Contemporary Art in the Landscape*, New York: Abbeville Press.

Bhreathnach, E. 1995 'The topography of Tara: the documentary evidence', *Discovery Programme Reports* 2: 68-77.

Billard, C., Carré, F., Guillon, M. and Treffort 1998 'L'occupation funéraire des monuments mégalithiques pendant la haut moyen age. Modalités et essai d'interpretation', *Bulletin de la Société Préhistorique Française* 93: 279-86.

Binford, L. 1965 'Archaeological systematics and the study of culture process', *American Antiquity* 31: 203-10.

Birdwell-Pheasant, D. and Lawrence-Zuñiga, D. (eds.) 1999 *House Life. Space and Family in Europe*, Oxford: Berge.

Bittel, K. 1998 *Die keltischen Viereckschanzen*, Stuttgart: Theiss.

Blair, J. 1995 'Anglo-Saxon pagan shrines and their prototypes', *Anglo-Saxon Studies in Archaeology and History* 8: 1-28.

Boston, R. 1975 *The Admirable Urquart*, London: Fraser.

Boujot, C. amd Cassen, S. 1993 'A pattern of evolution for the Neolithic funerary structures in the west of France', *Antiquity* 67: 477-91.

Boujot, C. and Cassen, S. 1998 'Tertres armoricains et tertres carnacéens dans le cadre de la néolithisation de la France occidentale', in J. Guilaine (ed.) *Sépultures d'Occident et genéses des mégalithismes*, pp. 107-26, Paris: Errance.

Bourdieu, P. 1977 *Outline of a Theory of Practice*, Cambridge: Cambridge University Press

Bourgeois, J. 1998 'La nécropole laténienne et Gallo-Romain d'Ursel-Rozenstraat (Flandre orientale, Begique)', *Revue Archéologique de Picardie* 1: 111-25.

Bowden, M. 1991 *Pitt Rivers*, Cambridge: Cambridge University Press.

Bowden, M. 1999 *Unravelling the Landscape: an Inquistive Approach to Archaeology*, Stroud: Tempus.

Bradley, R. 1984 'Archaeology, evolution and the public good: the intellectual development of General Pitt River', *Archaeological Journal* 140: 1-9.

Bradley, R. 1988 'Status, wealth and the chronological ordering of cemeteries', *Proceedings of the Prehistoric Society* 54: 327-8.

Bradley, R. 1998 *The Significance of Monuments*, London: Routledge.

Bradley, R. 2000 *The Good Stones. A New Investigation of the Clava Cairns*, Edinburgh: Society of Antiquaries of Scotland.

Bradley, R. 2001 'Orientations and origins: a symbolic dimension to the long house in Neolithic Europe', *Antiquity* 75: 50-8.

Bradley, R., Ball, C., Croft, S., Campbell, M., Phillips, T. and Trevarthen, D. 2000 'Tomnaverie stone circle, Aberdeenshire', *Antiquity* 74: 65-6.

Bradley, R. and Ellison, A. 1975 *Rams Hill: a Bronze Age Defended Enclosure and its Landscape*, Oxford: British Archaeological Reports.

Bradley, R., Entwistle, R. and Raymond, F. 1994 *Prehistoric Land Divisions on Salisbury Plain*, London: English Heritage.

Brainerd, G. 1951 'The place of chronological ordering in archaeological analysis', *American Antiquity* 16: 301-13.

Braudel, F. 1969 *Écrits sur l'histoire*, Paris: Flammarion.

Büchsenschütz, O., Olivier, L. and Ailliéres, A-M. (eds.) 1989 *Les Viereckschanzen et les enceintes quadrilaterales en Europe celtique*, Paris: Errance.

Bueno Ramirez, P. and de Balbin Behrmann, R. 1997 'Ambiente Funerario en la sociedad megalitica ibérica: arte megalitico peninsular', in A. Rodriguez Casal (ed.) *O Neolíttico Atlántico e as origines do megalitismo*, pp. 693-718, Santiago de Compostela: Universidade de Santiago de Compostela.

Bueno Ramirez, P. and de Balbín Behrmann, R. 2000 'Art mégalithique et art en plein air. Approches de la définition du terriroire pour les groups producteurs de la péninsule ibérique', *L'Anthropologie* 104: 427-58.

Burl, A. 1993 *From Carnac to Callanish. The Prehistoric Stone Rows and Avenues of Britain, Ireland and Brittany*, New Haven, CT: Yale University Press.

Burl, A. 2000 *The Stone Circles of Britain, Ireland and Brittany*, New Haven, CT: Yale University Press.

Butler, J. 1991a *Darmoor Atlas of Antiquities*, Volume 1 Exeter: Devon Books.

Butler, J. 1991b *Darmoor Atlas of Antiquities*, Volume 2, Exeter: Devon Books.

Butler, J. 1993 *Darmoor Atlas of Antiquities*, Volume 4, Exeter: Devon Books.

Butler, J. 1994 *Darmoor Atlas of Antiquities* Exeter, Volume 3, Exeter: Devon Books.

Butler, J. 1997 *Darmoor Atlas of Antiquities*, Volume 5 Exeter: Devon Books.

Calado, M. 1997 'Cromlechs alentejanos e arte megalitica', *Brigantium* 10: 289-97.

Calvino, I. 1992 *Six Memos for the New Millennium*, London: Jonanthan Cape.

Carré, F. 1993 'Deux habitats et une nécropole á Tournedos-sur-Seine', in D.

Cliquet, R. Remy-Watte, V. Guichard and M. Vaginay (eds.) *Les Celtes en Normandie*, pp. 55-76, Rennes: Révue Archéologique de I'Ouest Supplément 6.

Carsten, J. and Hugh-Jones, S. (eds.) 1995 *About the House*: Lévi-Strauss and Beyond, Cambridge: Cambridge University Press.

Cassen, S. 2000 'Stelae reused in the passage graves of western France: history of research and sexualisation of the carvings', in A. Ritchie (ed.) *Neolithic Orkney in its European Context*, pp. 233-46, Cambridge: McDonald Institute for Archaeological Research.

Champion, T. 1982 'The myth of Iron Age Invasions in Ireland', in B. Scott (ed.) *Studies on Early Ireland*, pp. 39-44, Belfast: Association of Young Irish Archaeologists.

Chapman, J. 2000 *Fragmentation in Archaeology. People, Place and Broken Objects in the Pre-history of South-eastern Europe*, London: Routledge.

Chapman, M. 1992 *The Celts: the Construction of a Myth*, Basingstoke: Macmillan.

Childe, V. G. 1956 *Piecing Together the Past*, London: Routledge

Chippindale, C. 1988 'The invention of words for the idea of "prehistory"', *Proceedings of the Prehistoric Society* 54: 303-14.

Cleal, R. 1988 'The occurrence of drilled holes in Later Neolithic pottery', *Oxford Journal of Archaeology* 7: 139-45.

Collum, V. 1935 *The Tressé Iron Age Megalithic Monument*, Oxford: Oxford University Press.

Connerton, P. 1989 *How Societies Remember*, Cambridge: Cambridge University Press.

Cooney, G. and Grogan, E. 1994 *Irish Prehistory. A Social Perspective*, Dublin: Wordwell.

Corchón, M. S. 1997 *La cueva de La Griega de Pedraza (Segovia)*, Zamora: Junta de Castillay León.

Coudart, A. 1998 *Architecture et société. L'unité et la variation de la maison danubienne*, Paris: Editions de la Maison des Sciences del I'Homme.

Creighton, J. 2000 *Coins and Power in Late Iron Age Britain*, Cambridge: Cambridge University Press.

Cunliffe, B. 2001 *Facing the Ocean: the Atlantic and its Peoples 8000 BC-AD* 1500, Oxford: Oxford University Press.

Daniel, G. 1972 *Megaliths in History*, London: Thames and Hudson.

Dawson, M. 1996 'Plantation Quarry, Willington: excavations 1988-1991', *Bedfordshire Archaeology* 22: 2-49.

De Marinis, R. 1995 'Le stele antropomorfe di Aosta', *Notizie Archeologische Bergomensi* 3: 213-20.

Demoule, J. P. 1999 *Chronologie et société dans les nécropoles celtiques de la culture Aisne-Marne du VI au IIIe siécle avant notre ére*, Amiens: Revue Archéologique de Picardie numéro special.

Desfossées, Y. 1998 'L'approt des fouilles de sauvetages sur l'autoroute A 16: l'example de la vallée de la Cande', *Histoire et Archéologie du Pas-de-Calais* 15: 10-28.

Desmond, A. and Moore, J. 1991 *Darwin*, Harmondsworth: Penguin.

Fabian, J. 1983 *Time and the Other. How Anthropology Makes its Object*, New York: Columbia University Press.

Fitzpatrick, A. 1997 *Archaeological Excavation on the Route of the A27 Westhampnett Bypass 1989-91, Volume 2*, Salisbury: Wessex Archaeology.

Fleming, A. 1988 *The Dartmoor Reaves*, London: Batsford.

Fokkens, H. 1998 'The Ossen Project. The first decade of excavations at Oss', *Analecta Praehistorica Leidensia* 30.

Fokkens, H. and Roymans, N. (eds.) 1991 *Nedezzetingen uit de bronstijd en de ijzertid in de lage landen*, Amersfoort: Rijksdienst voor het Oudheidkundig Bodermonderzoek.

Foster, J. 1986 *The Lexden Tumulus*, Oxford: British Archaeological Reprots.

Gallay, A. 1995 'Les stéles anthropomorphes du site mégalithique du Petit-Chasseur á Sion (Valais, Suisse)', *Notizie Archeologische Bergomensi* 3: 167-

94.

Galliou, P. 1987 *Les tombes romaines d'Armorique*, Paris: Editions de la Maison des Sciences de I'Homme.

Gamble, C. 1999 *The Palaeolithic Societies of Europe*, Cambridge: Cambridge University Press.

Gell, A. 1992 *The Anthropology of Time*, Oxford: Berg.

Gell, A. 1998 *Art and Agency*, Oxford: Clarendon Press.

Gerritsen, F. 1999 'To build or to abandon. The cultural biography of late prehistoric houses and farmsteads in the southern Netherlands', *Archaeological Dialogues* 6(2): 78-114.

Gibson, A. and Kinnes, I. 1997 'On the urns of a dilemma: radiocarbon and the Peter-borough problem', *Oxford Journal of Archaeology* 16: 65-72.

Giot, P. R. 1980 'Souterrains et habitats á I'Age du Fer en Armorique', in *Les Gaules d'Armorique*, pp. 56-61, Rennes: Archéologie de I'Ouest Supplément 3.

Giot, P. R. 1987 *Barnenez, Carn, Cuenoc*, Rennes: Université de Rennes.

Giot, P. R. Marguerie, D. and Morzadec, H. 1994 'About the age of the oldest passage graves in Brittany', *Antiquity* 68: 624-8.

Goody, J. 1977 *The Domestication of the savage Mind*, Cambridge: Cambridge University Press.

Gosden, C. 1994 *Social Being and Time*, Oxford: Blackwell.

Gosden, C. and Lock, G. 1998 'Prehistoric histories', *World Archaeology* 30: 2-12.

Gregg, S. A. 1988 *Foragers and Farmers. Population, Interaction and Agricultural Expansion in Prehistoric Europe*, Chicago, IL: Chicago University Press.

Grinsell, L. 1978 'Dartmoor barrows', *Proceedings of the Devon Archaeological Society* 36: 85-180.

Haggarty, A. 1991 'Machrie Moor, Arran: recent excavations of two stone circles', *Proceedings of the Society of Antiquaries of Scotland* 58: 51-94.

Haldane, J. B. S. 1985 'God-makers', in J. B. S. Haldane, *On Being the Right*

Size and Other Essays, pp. 85-100, Oxford: Oxford University Press.

Harris, E. 1989 *Principles of Archaeological Stratigraphy*, Second edition, New York: Academic Press.

Harsema, O. 1992 'Bronze Age Habitations and other archaeological remains near Hijken, province of Drenthe, Netherlands', in C. Mordant and A. Richards (eds.) *L'habitat et l'occupation du sol á l'age du bronze en Europe*, pp. 77-87, Paris: Editons du Comité des Travaux Historiques et Scientifiques.

Hawkes, C. 1950 'British prehistory halfway though the century', *Proceedings of the Prehistoric Society* 17: 1-15.

Henige, D. 1974 *The Chronology of Oral Tradition: Quest for a Chimer*a, Oxford: Clarendon Press.

Herne, A. 1986 'A time and place for the Grimston bowl', in J. Barrett and I. Kinnes (eds.) *The Archaeology of Context in the Neolithic and Bronze Age: Recent Trends*, pp. 9-21, Sheffield: Sheffield University Department of Prehistory and Archaeology.

Hodder, I. 1982 *Symbols in Action: Ethnoachaeological Studies of Material Culture*, Cambridge: Cambridge University Press.

Hodder, I. 1990 *The Domestication of Europe*, Oxford: Blackwell.

Hodder, I. 1993 'The narrative and rhetoric of material culture sequences', *World Archaeology* 25: 268-82.

Holtorf, C. 1998 'The life-histories of megaliths in Mecklenburg-Vorpommern (Germany)', *World Archaeology* 30: 23-38.

Hoskins, J. 1998 *Biographical Objects*, London: Routledge.

Howell, R. 2000 'The demolition of the tetrapylon in Caerleon: an erasure of memory?', *Oxford Journal of Archaeology* 19: 387-95.

Hughes, D. and Trautman, T. (eds.) 1995 *Time: Histories and Ethnologies*, Ann Arbor, MI: University of Michigan Press.

Hugh-Jones, C. 1979 *From the Milk River*, Cambridge: Cambridge University Press.

Hunt, A., Shotliff, A. and Woodhouse, J. 1986 'A Bronze Age barrow cemetery and Iron Age enclosure at Holt', *Transaction of the Worcestershire Archaeological Society* 10: 7-46.

Hunter-Anderson, R. 1977 'A theoretical approach to the study of house form', in L. Bindford (ed.) For *Theory Building in Archaeology*, pp. 287-315, New York: Academic Press.

Hutton, P. 1993 *History as an Art of Memory*, Hanover, NE: University Press of New England.

Jackson, D. 1995 'Archaeology at Grendon Quarry Northamptonshire, Part 2', *Northamptonshire Archaeology* 26: 3-32.

Jones, S. 1997 *The Archaeology of Ethnicity*, London: Routledge.

Kafka, F. 1963a [1931] 'The Great Wall of China', in F. Kafka, *The Complete Short Stories of Franz Kafka*, pp. 235-48, Harmondsworth: Penguine.

Kafka, F. 1963b [1934] 'The news of the building of the Wall: a fragment', in F. Kafka, *The Complete Short Stories Franz Kafka*, pp. 148-9, Harmondsworth: Penguine.

Keates, S. 2000 'The ancestralisation of the landscape: monumentality, memory and the rock art of the Copper Age Valcamonica', in G. Nash (ed.) *Signifying Place and Space*, pp. 85-102, Oxford: British Archaeological Reports.

Keeley, L. and Cahen, D. 1987 'Early Neolithic forts and villages in north-east Belgium', *Journal of Field Archaeology* 16: 157-66.

Kind, C.-J. 1989 *Ulm-Eggingen. Die Ausgrabungen 1982 bis 1985 in der bankeramischen Siedlung und de mittelatlichen Wüstung*, Stuttgart: Theiss.

King-Hele, D. 1968 *The Essential Writings of Erasmus Darwin*, London: McGibbon and Kee.

Kinnes, I., Gibson, A., Ambers, J., Bowman, S., Lees, M. and Boast, R. 1991 'Radiocarbon dating and British Beakers: the British Museum programme', *Scottish Archaeological Review* 8: 35-78.

Kristiansen, K. 1984 'Krieger und Häuptlinge in der Bronzezeit Dänemarks.

Ein Beitrag zur Geschichte des Bronzezeitlichen Schwertes', *Jahrbuch des Römisch-Germanischen Zentralmuseum Mainz* 31: 187-208.

Küchler, S. 1987 'Malangan: art and memory in a Melanesian society', *Man* 22: 238-55.

Küchler, S. 1999 'The place of memory', in A. Forty and S Küchler (eds.) *The Art of Forgetting*, pp. 53-73, Oxford: Berg.

Laser, R. 1959 'Neolithisch-frühbronzezeitliche Gräber und Slawischer Reihengräber-friedhof bei Cörmigk, Kr. Bernburg', *Ausgrabungen und Funde* 4: 36-42.

Lecerf, T. 1999 *Monte neuf: les pierres droites. Reflections autour les menhirs*, Rennes: Association pour la Diffusion des Recherches Archéologiques de I'Ouest de la France.

Lecornec, J. 1994 *Le Petit Mont*, Arzon, Rennes: Documents Archéologiques de I'Ouest.

Le Men, R. 1868 'Subterranean chambers at La Tourelle near Quimper, Brittany', *Archaeologia Cambrensis* 14: 293-313.

Le Roux, C.-T. 1984 'A propos des fouilles de Gavrinis (Morbihan): nouvelles Données sur I'art mégalithique Armoricain', *Bulletin de la Société Préhistorique Française* 81: 240-5.

Le Rouzic, Z. 1930 *Les cromlechs d'Er Lannic, commune d'Arzon*, Vannes: Lafoyle et Lamarzelle.

Le Rouzic, Z. 1932 *Tumulus de Mont St-Michel*, Vannes: Lafoyle et Lamarzelle.

L'Helgouac'h, J. 1965 *Les sepltures mégalithiques en Armorique*, Rennes: Université de Rennes.

L'Helgouac'h, 1999 'The megalithic culture of western France – continuity and change in extraordinary architecture', in K. Beingauser, C. Guksch and S. Kus (eds.) *Studien zur Megalithik. Forschunungsstand und enthnoarchäologische Perpspektiven*, pp. 133-45, Weissbach: Beier und Beran.

Longworth, I. 1984 *Collared Urns of the Bronze Age in Great Britain and Ireland*,

Cambridge: Cambridge University Press.

Lubbock, J. 1865 *Pre-historic Times*, London: Norgate.

Lubbock, J. 1870 *The Origin of Civilization and the Primitive Condition of Man*, London: Longman, Green and Co.

Lucas, G. 2001 *Critical Approaches to Fieldwork*, London: Routledge.

Lüning, J., Kloos, U. and Albert, S. 1989 'Westliche Nachbarn des bandkeramischen kultur: La Hoguette und Limburg', *Germaina* 67: 355-420.

Lüning, J. and Stehli, P. 1994 *Die Bandkeramik in Merzbachtal auf der Aldenhoven Platt*, Bonn: Pheinische Ausgrabungen 36.

Mallory, J. 1995 'Statue-menhirs and Indo-Europeans', *Notizie Archeologische Bergomensi* 3: 67-73.

Marshall, A. 1981 'Environmental adaptation and structural design in axially-pitched long houses from prehistoric Europe', *World Archaeology* 13: 10-23.

Martín Valls, R. 1983 'Las insculturas del castro salmantino de Yecla da Yeltes y sus relaciones con los petroglifos gallegos', *Zephyrus* 36: 217-31.

Martínez García, J. 1995 'Grabados prehistoricos, grabados histiricos. Reflexiones sobre un debrate a superar', *Revista de Arqueologia* 172: 14-23.

Mattheuser, E. 1991 'Die geographische Austrichtung bandkeramischer Häuser', *Studien zur Siedlungsärchäologie* 1: 1-49.

Menez, Y. 1994 'Les enclosede type "ferme indigéne" en Bretagne: quelques réflections issues de treize ans de fouilles' in O. Büchsenschütz and P. Méniel (eds.) *Les installations agricoles de I'age du Fer en Ile de France*, pp. 255-76, Paris: Press de I'Ecole Normal Superieure.

Mezzena, F. 1998a 'Le stele antropomorfe in Europa', in F. Mezzena (ed.) *Dei di pietra: la grande statuaria del III Milenio a* C, pp. 14-88, Skira: Regione autonoma Valle d'Austa.

Mezzena, F. 1998b 'Le stele antropomorfe nell'area megalitica di Aosta', in F. Mezzena (ed.) *Dei di pietra: la grande statuaria del III milenio a* C, pp. 91-121, Skira: Regione autonoma Valle d'Austa.

Midgley, M. 1992 *TRB Culture*, Edinburgh: Edinburgh University Press.

Midgley, M. 2000 'The earthen long barrow phenomenon in Europe: creation of monumental cemeteries', in *In Memoriam Jan Rulf*, pp. 255-65, *Pamatky archeologické Supplementum* 13.

Miller, D. 1985 *Artefacts as categories: a Study of Ceramic Variability in Central India*, Cambridge: Cambridge University Press.

Modderman, P. 1988 'The linear pottery culture. Diversity in unity', *Berichten van der Rijksdienst voor het Oudheidkundig Bodermonderzoek* 38: 63-139.

Mordant, C. 1998 'Emergence d'une architecture funéraire monumentale (vallées de la Seine et de I'Yonne)', in J. Guilaine (ed.) *Sépultures d'Occident et genéses des mégalithismes*, pp. 73-88, Paris: Errance.

Morris, I. 1986 'The use and abuse of Homer', *Classical Antiquity* 5(1): 81-138.

Müller, J. 1997 'Neolithische und chalkolithische spondylus-Artefakte. Ammerkunden zu Verbreitung, Tauschgebiet und Sozialer Funktion', in C. Becker (ed.) *Beitrage zur prähistorischen archäologie zwisches Nord-und Sudeuropa*, pp. 91-106, Espelkamp: Marie Leidorf.

Müller, J. 1999 'Zur Entstehung der Europäischen Megalithik', in K. Beingauser, C. Guksch and S, Kus (eds.) *Studien zur Megalithik. Forschuningestand und ethnoarchäologische Perspektiven*, pp. 51-81, Weissbach: Beier und Beran.

Newman, C. 1997 *Tara. An Archaeological Survey*, Dublin: The Discovery Programme.

Newman, C. 1999 'Astonishing new monument at Tara', *Past* 33: 1.

Olivier, L. 1999 'Duration, memory and the nature of the archaeological record', in A. Gustafsson and H. Karlsson (eds.) *Glyfer och arkeologiska rum – ein vänbok till Jarl Nordbladh*, pp. 529-35, Gothenburg: Gotarc.

Ong, W. 1988 *Orality and literacy. The Technologizing of the Word*, Londod: Routledge.

Parker Pearson, M. and Ramilisonina 1998 'Stonehenge for the ancestors: the stones pass on the message', *Antiquity* 72: 308-26.

Patton, M. 1993 *Statement in Stone. Monuments and society in Neolithic Brittany*, London: Routledge.

Petrie, G. 1839 'On the history and antiquities of Rara Hill', *Transactions of the Royal Irish Academy* 18: 25-232.

Piggott, S. 1938 'The Early Bronze Age in Wessex', *Proceedings of the Prehistoric Society* 4: 52-106.

Piggott, S. 1989 *Ancient Britons and the Antiquarian Imagination*, London: Thames and Hudson.

Pinnigre, J.-F. 1990 'La Nécropole de I'Age du Bronze de Conchil-le-Temple (Pas-de-Calais)', *Les Cahiers de Préhistoire du Nord* 8: 79-89.

Pitt Rivers, A. 1887-98 *Excavation in Cranborne Chase, Volumes 1-4*, Privately published.

Pitts, M. 2001 'Excavating the Sanctuary: new investigation on Overton Hill, Avebury', *Wiltshire Archaeological Magazine* 94: 1-23.

Pollard, J. 1992 'The Sanctuary, overton Hill: a Re-examination', *Proceedings of the Prehistoric Society* 58: 213-26.

Price, T. D., Bentley A., Lüning, J., Gronenborn, D. and Wahl, J. 2001 'Prehistoric human migration in the Linearbandkeramik of Central Europe', *Antiquity* 75: 593-603.

Pryor, F. 1998 *Etton: Excavation at a Neolithic Causewayed Enclosure Near Maxey, Cambridgeshire 1982-87*, London: English Heritage.

Pryor, F., French, C., Crowther, D., Gurney, D., Simpson, G. and Taylor, M. 1985 'Archaeology and environment in the Lower Welland Valley', *East Anglian Archaeology* 27.

Raftery, B. 1994 *Pagan Celtis Ireland*, London: Thames and Hudson.

Renfrew, C. 1998 'Mind and matter. Connitive archaeology and external symbolic storage', in C. Renfrew and C. Scarre (eds.) *Cognition and Material Culture: the Archaeology of Symbolic Storage*, pp. 1-6, Cambridge: Mcdonald Institute for Archaeological Research.

Rideout, J. 1997 'Excavation of a Neolithic enclosures at Cowie Road, Bannockburn, Stirling, 1984-1985', *Proceeding of the Society of Antiquaries of Scotland* 127: 29-68.

Roche, H. 1999 'Late Iron Age activity at Tara. Co. Meath', *Riocht na Midhe* 10: 18-30.

Sanches, M. J., Santos, P. M., Bradley, R. and Fábregas, R. 1998 'Land marks. a new approach to the rock art of Trás-os-Montes, Northern Portugal', *Journal of Iberian Archaeology* (1998): 85-104.

Scarre, C. 1992 'The Early Neolithic of Western France and megalithic origins in Atlantic Europe', *Oxford Journal of Archaeology* 11: 121-54.

Scarre, C. 1998, 'Traditions of death, mounded tombs, megalithic art and funerary ideology in Neolithic Western Europe', in M. Edmonds and C. Richards (eds.) *Understanding the Neolithic of North-western Europe*, pp. 161-187, Glasgow: Cruithne Press.

Scarre, C., Switsur, R. and Mohen, J. P. 1993 'New radiocarbon dates from Bougon and the chronology of French passage-graves', *Antiquity* 67: 856-9.

Sellier, D. 1995 'Elements de reconstitution du patsage prémégalithique sur le site des alignements de Kercado (Carnac, Morbihan) á partir les critéres geomorphologiques', *Revue Archéologique de I'Quest* 12: 21-44.

Shanks, M. and Tilley, C. 1987 *Social Theory and Archaeology*, Cambridge: Polity Press.

Shee Twohig, E. 1981 *The Megalithic Art of Western Europe*, Oxford: Clarendon Press.

Sherratt, A. 1990 'The genesis of megaliths: monumentality, ethnicity and social complexity in Neolithic north-west Europe', *World Archaeology* 22: 147-67.

Simonin, D. 1997 'Analyse spatial d'un site d'habitat du Néolithique ancien á Echilleuse (Loiret)', in A. Bocquet (ed.) *Espaces physiques, espaces sociales dans I' analyse des sites du Néolithique á I'age du Fer*, pp. 345-68, Paris: Editions du CNRS.

Simpson, D. 1996 'Excavation of a kerved funerary monument at stoneyfield, Raigmore, Inverness, Highland 1972-3', *Proceedings of the Society of Antiquaries of Scotland* 126: 53-86.

Sisam, K. 1990 'Anglo-Saxon royal genealogies', in E. Stanley (ed.) *British Academy Papers on Anglo-Saxon England*, pp. 145-204, Oxford: Oxford Unveristy Press.

Sopp, M. 1999 *Die Wiederaufnahme lter Bestattungspl tze in den nachfolgenden vor- und frügeschichtlichen Perioden in Norddeutschland*, Bonn: Habelt.

Stäuble, H. and Lüning, J. 1999 'Phosphatanalysen in bandkeramischen Häusern', *Archäologisches Korrespondenzblatt* 29: 165-87.

Stead, I. 1991 *Iron Age Cemeteries in East in East Yorkshire*, London: English Heritage.

Stead, I. 1998 *The Salisbury Hoard*, Stroud: Tempus.

Stepanovic, M. 1997 'The age of clay. the social dynamics of house destruction', *Journal of Anthropological Archaeology* 16: 334-95.

Stoertz, C. 1997 *Ancient Landscapes of the Yorkshire Wolds*, Swindon: Royal Commission on the Historical Monuments of England.

Taylor, A. 1986 *The Welsh Castles of Edward I*, London: Hambledon Press.

Tempel, W. 1981 'Ein völkerwanderungzeitlicher Gräbhugel beim sächsischen Gräber-feld von Gudendorf, Stadt Cuxhaven, *Studien zur Sachsenforschung* 2: 447-55.

Therkorn, L. and Abbink, A. 1987 'Some levée sites', in R. Brandt, W. Groenma-van-Waateringe and S. van der Leeuw (eds.) *Assendelver Polders Papers* 1, pp. 115-67, Amsterdam: Cingula 12.

Thomas, J. 1996 *Time, Culture and Identity*, London: Routledge.

Thomas, J. 1999 *Understanding the Neolithic*, London: Routledge.

Thomas, J. 2000 'The identity of place in Neolithic Britain: examples from south-west Scotland', in A. Ritchie (ed.) *Neolithic Orkney in its European Context*, pp. 79-89, Cambridge: McDonald Institute for Archaeological

Research.

Thompson, M. W. 1977 *General Pitt Rivers. Evolution and Archaeology in the Nineteenth Century*, Breadford on AvonL Moonraker Press.

Todd, M. 1987 *The South-West to do AD 1000*, Harlow: Longman.

Trigger, B. 1980 'Archaeology and the image of the American Indian', *American Antiquity* 45: 662-76.

Trigger, B. 1989 *A History of Archaeological Thought*, Cambridge: Cambridge University Press.

Vandkilde, H. 1999 'Social distinction and ethnic reconstruction in the earliest Danish Bronze Age', in *Eliten in der Bronzezeit*, pp. 245-76, Mainz: Römisch-Germanische Zentralmuseum.

Vansina, J. 1985 *Oral Tradition as History*, Madison, WI: University of Wisconsin Press.

Veit, U. 1996 *Studien zur Problem der Siedlungbesattunng in europäischen Neolithikum*, Mainz: Waxman.

Wailes, B. 1982 'The Irich "royal" sites in history and archaeology', *Cambridge Medieval Celltic Studies* 3: 1-29.

Wainwright, F. T. 1953 *The Problem of the Picts*. Edinburgh: Nelson.

Wainwright, G. and Smith, K. 1980 'The Shaugh Moor Project: second report – the enclosures', *Proceedings of the Prehistory Society* 4: 65-122.

Wall, J. 1987 'The role of daggers in Early Bronze Age Braitain: the evidence of wear analysis', *Oxford Journal of Archaeology* 6: 115-8.

Waterbolk, H. 1959 'Die bandkeramisches Siedlung von Geleen', *Palaeohistoria* 6-7: 132-67.

Waterbolk, H. 1961 'Bronzezeitlicher dreischiffinge Häuser von Elp', *Helinium* 1: 126-32.

Waterbolk, H. 1964 'The Bronze Age settlement of Elp', *Helinium* 4: 97-131.

Waterbolk, H. 1986 'Elp', in H. Beck, H. Jankuhn, K. Ranke and R. Wenksus (eds.) *Reallexikon der Germanischen Altertunskunde* 7: 163-75, Berlin: De

Gruyter.

Waterman, D. 1997 *Excavation at Navan Fort*, Belfast: Stationery Office.

Wesselinger, D. 2000 'Native neighbours. Local settlement systems and social structure in the Roman period at Oss (the Netherlands)', *Analecta Praehistorica Leidensia* 32.

Wheeler, R. E. M. 1954 *Archaeology from the Earth*, Oxford: Clarendon Press.

Whittle, A. 1996 *Europe in the Neolithic. The Creation of New Worlds*, Cambridge: Cambridge University Press.

Whittle, A. 2000 '"Very like a whale". Menhires, motifs and myths in the Mesolithic-Neolithic transition of northwest Europe', *Cambridge Archaeological Journal* 10: 243-59.

Wilhelmi, K. 1990 'Ruinen und Nordhorn – zwischen Ijssel und Ems: besondere Rechteck- und Quadratgraben der Eisenzeit', *Helinium* 29: 92-122.

Williams, G. 1985 *When Was Wales?*, Harmondsworth: Penguin.

Woodbridge, K. 1970 *Landscape and Antiquity. Aspects of English Culture at Stourhead 1718 to 1838*, Oxford: Clarendon Press.

Woodward, A. 1999 'When did pots become domestic? Special pots and every-day pots in British prehistory', *Medieval Ceramics* 22-3: 3-10.

Woodward, A. 2000 'The prehistory pottery', in G. Hughes (ed.) *The Lockington Gold Hoard*, pp. 48-61, Oxford: Oxbow.

Woodward, A. and Leach, P. 1993 *The Uley Shrines: Excavation of a Ritual Complex on West Hill, Uley, Gloucestershire*, London: English Heritage.

York, J. 2002 'The life cycle of Broze Age metalwork from Thames', *Oxford Journal of Archaeology* 21: 77-92.

❁ 찾아보기

리처드 브래들리(Richard Bradley)

영국 옥스퍼드대학교를 졸업하고 레딩대학교에서 40년 넘게 고고학을 가르친 유럽 선사고고학의 권위자이다. 현재 레딩대학교 명예교수로 재직하고 있다. 지은 책으로는 *Rock Art and the Prehistory of Atlantic Europe: Signing the Land*, *The Significance of Monuments: On the Shaping of Human Experience in Neolithic and Bronze Age Europe*, *The Prehistory of Britain and Ireland* 등이 있다.

고일홍(高一弘)

서울대학교 고고미술사학과를 졸업하고 영국 셰필드대학교에서 고고학으로 석사 학위와 박사 학위를 받았다. 서울대·경희대·숭실대·충남대 등에서 가르쳤고, 서울대학교 인문학연구원 HK연구교수를 거쳐 현재는 서울대학교 아시아연구소 선임연구원으로 재직하고 있다. 지은 책으로는 『문명 밖으로』(공저), 『청동기문화개론』(공저), 『동서양의 접점』(공저) 등이 있으며, 옮긴 책으로는 『인류사의 사건들』, 『유럽문명의 여명』이 있다. 주요 논문으로는 「고고학 해석의 지평 넓히기」, 「청동기시대 북한지역의 초석 주거지에 대한 검토」, 「'사회적 시간'의 고고학적 연구」 등이 있다.

❁ 문명총서 발간사

서울대학교 인문학연구원은 2007년 11월 한국연구재단의 인문한국(HK) 사업을 수탁하여 HK문명연구사업단을 출범시켰다. 한국과 아시아, 세계를 향한 문명연구의 허브를 구축하기 위해 '한국 인문학'의 정립을 목표로 인문학 제 분야는 물론 인근 분야의 전공자들까지 한 지붕 아래 모였다.

인문학연구원이 한국 인문학의 도약을 위해 핵심 과제로 주목한 것은 문명에 대한 새로운 이해이다. 문명이란 장구한 세월 동안 인류가 일구어낸 정신적·물질적 성과들의 종합이며, 타 문명들과 서로 영향을 주고받으며 진화해 온 복합적 실체이다. 이에 대한 심층적인 이해가 선행되지 않는다면, 현재와 미래에 대한 유효적절한 준비와 대응은 불가능하다.

문명텍스트총서는 인문학 안팎의 다양한 전공을 가진 우리 연구원의 연구자들이 자신의 영역에서, 과거와 현재 문명의 정수와 그에 대한 인식을 담은 중요한 텍스트를 선정하여 번역하고 주해한 결과물이다. 이는 긴 시간의 노동을 요하면서도 성취가 단기간에 가시화되지 않는 우직한 작업이지만, 인류의 유산을 한국화하는 이 같은 작업이 주체적으로 세계문명을 사유하고 새로운 문명을 개척하는 데 발판이 되리라고 믿는다. 문명텍스트총서가 현재와 과거를 엮는 씨줄 놓기 작업이라면, 문명공동연구총서는 인간과 세계를 총체적으로 이해하려는 날줄 얽기라고 할 수 있다. 오랫동안 자신의 분야에서 전문화를 추구했기에 공동연구가 쉬운 일은 아니지만, 문명 이해의 융합적 시각뿐만 아니라 한국 인문학의 새로운 전망을 써 내려가는 방법론을 제시할 수 있기를 희망한 결과물이다. 또한 문명지평총서는 연구원 안팎의 연구자들이 참여한 연구서와 교양서를 아우르고 있다.

아무쪼록 문명총서 시리즈가 동서고금의 문명을 더 깊고 더 넓게 이해하는 창발의 효과를 가져오길 기대하며, 국내외의 학자들이 참여하고 교류하는 열린 연구공간이 되길 바란다.

2014년 4월

서울대학교 인문학연구원 원장